Vadim Tschenze

Übersinnliche Phänomene

VADIM TSCHENZE

ÜBERSINNLICHE PHÄNOMENE

MYSTISCHE BEGEBENHEITEN AUS DER ANDERSWELT

SILBERSCHNUR

Hinweis
Alle in diesem Buch enthaltenen Angaben wurden vom Autor nach bestem Wissen zusammengestellt. Die Informationen in diesem Buch sind aber nicht dazu gedacht, einen Arzt oder Therapeuten zu ersetzen. Eine Haftung des Autors bzw. des Verlags für Personen-, Sach- und Vermögensschäden ist ausgeschlossen.

ISBN 978-3-89845-254-0

1. Auflage 2008

Gestaltung & Satz: XPresentation, Boppard
Abbildungen: Vadim Tschenze
Druck: Finidr, s.r.o. Cesky Tesin

Verlag »Die Silberschnur« GmbH · Steinstraße 1 · D-56593 Güllesheim

www.silberschnur.de
e-mail: info@silberschnur.de

INHALTSVERZEICHNIS

Widmung

Dieses Buch widme ich meinen Fernsehzuschauern und Lesern, die an meiner Arbeit Interesse gefunden haben. Durch dieses Buch finden Sie den Weg zu einem Geheimnis: Leben. Es gibt vieles zwischen Himmel und Erde, was wir nicht verstehen, doch diese Dinge existieren trotzdem. Wir reden nicht gerne darüber, was wir nicht kennen oder nicht anfassen können, versuchen Sie dennoch, auch bei "unerklärlichen Sachen" zu diskutieren und mit Ihrem Herzen der Wahrheit nachzuspüren.

Danksagung

Ich bedanke mich bei jedem, der mich bei meiner Arbeit unterstützt hat.
Mein besonderes Dankeschön geht an meine Familie und an meine Freunde, die die Veröffentlichung von diesem Buch möglich gemacht haben.

Mein größtes Dankeschön geht an meinen verstorbenen Vater.

VORWORT

> "Suche den Klang,
> der nie vergeht.
> Suche die Sonne,
> die niemals untergeht."
> *Rumi*

Liebe Leserin, lieber Leser,

ein Sprichwort aus den USA sagt: "Die Waage unterscheidet nicht zwischen Gold und Blei." So unterscheiden auch wir oftmals nicht zwischen Gegebenheiten. Was ist wahr, und was ist falsch? Auch wenn wir etwas sehen, zweifeln wir oft an der Echtheit des Gesehenen, und was wir nicht kennen oder nicht verstehen, das lehnen wir leider sehr oft einfach ab. Doch ist das nicht verrückt? Denn die Welt und ihre Geheimnisse bleiben auf diese Weise für uns weiterhin unerforscht - und das nur, weil wir diese Forschung nicht zulassen ...

Für viele Menschen gehören Mystik und Übersinnliches mittlerweile - Gott sei Dank - zum Leben, und jeder Zweite hat schon mindestens einmal etwas Unerklärliches erlebt. Viele von uns versuchen sogar, das Erlebte zu verstehen. Vor allem Geister, Engelkontakte und Telepathie sowie Wahrträume und UFO-Sichtungen gehören zu den Phänomenen, über die man immer wieder hört oder in der Presse liest.

Ich bin der Meinung, dass jeder Mensch übersinnliche Kräfte besitzt und dass es mehr zwischen Himmel und Erde gibt, als wir uns vorstellen können. Auch Sie, meine lieben Leser, haben diese Wahrnehmung! - Haben vielleicht auch Sie in Ihrem Leben etwas Unheimliches erlebt, wofür Sie keine Erklärung finden konnten? Dann sollten Sie weiterlesen, und wenn Sie danach mit von Ihnen erlebten Sachen immer noch nicht zurecht kommen, dann berichten Sie mir Ihre Geschichte per Brief. Vielleicht komme ich in meinem nächsten Buch dazu, sie zu klären und zu entschlüsseln.

Solche Geschichten von mir selbst sowie aus meiner Praxis von meinen Klienten sind auch in diesem Buch gesammelt. Ich gebe zu allen Ereignissen eine detaillierte Erklärung, die etwas mehr Licht in die Geschehnisse bringen soll. Suchen Sie in diesem Buch jedoch keine wissenschaftlichen Beweise für die Fälle! Es gibt Dinge, die einfach passieren und die mit dem Verstand nicht erklärt werden können. Wir können jedoch darüber reden und versuchen, das Unheimliche zu verstehen. Entscheiden Sie selbst, an was Sie glauben und an was Sie nicht glauben wollen ... Dann kann selbst das Unheimliche vertraut und alltäglich werden.

Natürlich erhebt mein Buch keinen Anspruch auf Vollständigkeit. Es wäre auch unmöglich, sämtliche Erkenntnisse aus mehreren Jahren der Forschung in einem einzigen Buch bis ins Detail zu beschreiben.

Falls Sie also am Ende des Buches noch mehr wissen und lernen möchten oder eine Beratung wünschen, dann schreiben Sie einfach eine E-Mail an

vadim@vadimtschenze.de

oder besuchen Sie meine Homepage

www.vadimtschenze.de

Für weitere Fragen steht Ihnen mein Sekretariat zur Verfügung:
0041 (0) 71 670 1785

Man kann ein Haus,
aber kein Zuhause kaufen.

Man kann ein Bett,
aber keinen Schlaf erwerben.

Man könnte sich eine Uhr,
aber keine Zeit zulegen.

Man kann ein Buch,
aber kein Wissen leihen.

Man kann eine Stelle,
aber keine Anerkennung kaufen.

Man kann für einen Arzt,
aber nicht für Gesundheit zahlen.

Man kann seine Seele,
aber kein Leben verkaufen.

Man kann Sex,
aber keine Liebe kaufen.

Denken Sie einmal über diese alte chinesische Weisheit nach ...

EINFÜHRUNG

Das Höchste,
wozu der Mensch
gelangen kann, ist das Erstaunen.
(Johann Wolfgang von Goethe)

Paranormale Phänomene sind überall

Die Idee, dieses Buch zu schreiben, hatte ich schon vor Jahren. Nach der erfolgreichen Veröffentlichung meiner anderen bereits erschienenen Bücher, bin ich auf die Idee gekommen, den Lesern das Thema Phänomene näherzubringen und meine eigenen Erkenntnisse zusammenzufassen und mit einfließen zu lassen. In diesem Buch beantworte ich Ihnen die Fragen, die Sie vielleicht schon immer interessiert haben. Sie erfahren, warum und wieso etwas passiert oder passieren kann. Mein Buch wird Sie staunen lassen - versprochen!

Ich möchte Ihnen einige Fälle aus meinem Leben sowie aus meiner parapsychologischen Praxis erzählen. Wir erleben oft etwas, was wir mit unserem Verstand nicht nachvollziehen oder begreifen können. Dann bezeichnen wir das als Aberglauben oder als ein "unerklärliches Phänomen". Irgendwo in unserem Inneren denken wir jedoch: Vielleicht gibt es das doch, vielleicht war es doch real?

Es gibt aber auch viele alltägliche Situationen, in denen wir sehr wohl auf vermeintlichen Aberglauben eingehen. Wir gehen zum Beispiel nicht weiter, weil eine schwarze Katze unseren Weg kreuzt, oder wir klopfen auf Holz, um Unheil abzuwenden. Oder tun Sie das etwa nie ...?

Bis heute ist das Thema Grenzwissenschaften mit einem unseriösen Anstrich versehen - völlig zu Unrecht. Doch was man nicht sieht oder nicht anfassen kann, kann auch nur schwer rein wissenschaftlich nachgewiesen werden. Aber nur weil die gängige Wissenschaft nicht in der Lage ist, diese Dinge zu erklären, heißt das nicht, dass es selbige nicht gibt.

Wir sind bislang nur fähig, einen geringen Teil von dem, was wir von unserem Universum vorfinden, zu entschlüsseln, zu erklären. Daher möchte ich mit aller Deutlichkeit erneut betonen: Parapsychologie ist auch eine Wissenschaft, und wir sollten nicht gleich etwas bestreiten, nur weil wir es *noch* nicht verstehen können. Denn es gibt tatsächlich vieles, was wir nicht kennen oder sogar nicht verstehen sollen, was aber letztendlich dennoch existiert.

Wir hören immer wieder etwas über Geister, lesen etwas über Engel und denken, dass dies ein Märchen wäre. Doch auch den Glauben an Gott, unabhängig von der Religion, kann man nicht wissenschaftlich beweisen. Er ist jedoch in unserem Herz. Haben wir ihn aber je gesehen, seine Existenz beweisen können? Bestimmt werden einige nun sagen: "Ich habe Gott gefühlt." Sehen Sie - wir wissen einfach, dass er da ist, auch wenn wir ihn nicht sehen können. Doch warum fällt es uns dann so schwer, auch andere nicht greifbare Dinge zu akzeptieren?

Das Thema Rückführung war in den letzten Jahrzehnten noch unbekannt bis verpönt, selbst die TCM (Traditionelle chinesische Medizin) wurde als Hokuspokus angesehen. Und heute? Beide Methoden werden selbst von Wissenschaftlern als wirkungsvoll angesehen und anerkannt, obwohl man immer noch keine Energiemeridiane im Körper mit der Hand spüren kann.

Daher bin ich sicher, dass es nur noch eine Frage der Zeit ist, bis auch "para-normale" Erscheinungen nur mehr "normal" sein werden ...

Paranormale Erscheinungen gab es schon immer, in allen Ländern und zu allen Zeiten. Im Laufe seines Lebens erlebt fast jeder Mensch mindestens einmal etwas, das er nicht kennt, nicht einordnen kann oder nicht versteht. Ich als Parapsychologe beschäftige mich mit solchen Erscheinungen wie Hellsehen, Hellfühlen, Geister, Engel und Ähnliches. Ich habe auch mehrere paranormale Phänomene selbst erleben dürfen - und darüber werde ich im Buch ebenfalls berichten.

Die heutige Forschung kann noch keine Antworten geben, was genau hinter paranormalen Erscheinungen steckt, welche Energien dabei wirken und wie sie wirken. Wie funktioniert beispielsweise das Hellsehen oder Telepathie, wie bemerkt man eine Engelanwesenheit, und was wollen die Verstorbenen von uns, wenn sie uns kontaktieren? - Ich werde versuchen, auf solche Fragen Antworten zu finden, doch beweisen kann man es nicht ... Noch nicht!

Es ist allerdings nicht immer der Fall gewesen, dass ich z. B. an das Leben nach dem Tod geglaubt habe. Doch im Alter von zwölf Jahren, als ich in einen Unfall verwickelt war und kurzfristig meinen Körper verlassen habe, war plötzlich alles klar!

Für mich sind paranormale Phänomene während jahrelanger Arbeit mittlerweile zur Normalität geworden. Was ich vor Jahren nicht glaubte, ist heute die Grundlage meiner Tätigkeit. Durch meine Kunden erfuhr ich tausende paranormaler Fälle, ich bekam tausende Fragen gestellt und suchte nach Antworten - so ist dieses Buch entstanden.

Jeder Autor, der sich mit Parapsychologie beschäftigt, versucht, der Sache nach eigenem Ermessen nachzugehen. Natürlich gehe auch ich von meinem eigenen Empfinden aus, und ich möchte Sie ermuntern, ebenfalls über Ihr Gefühl zu gehen - schalten Sie Ihren Kopf ab und Ihr Bauchgefühl ein ...

Gruppen der Parapsychologie und Magie

Wenn man die Parapsychologie genauer betrachtet, kristallisieren sich mehrere Gruppen heraus: Erscheinungen, die mit dem Raum zu tun haben (Telepathie oder auch Geistheilung), Erscheinungen, die mit der Zeit zu tun haben (Hellsehen, Karma oder auch das Vorahnen), Erscheinungen, die mit Energie zu tun haben (Geister, Seelen, Engel, Wasseradern, Energieheilvorgänge) und Erscheinungen, die mit der Materie zu tun haben (Einwirkungen der Energien auf physische Dinge, z. B.

einen Hauch auf der Haut fühlen oder wenn Tiere etwas spüren, was wir nicht sehen können).

All die Kräfte, die heute von Parapsychologen untersucht werden, sind Naturkräfte, die nach Naturgesetzen funktionieren, und viele dieser Kräfte, wie z. B. das Geistheilen oder das (Ver-) Wünschen, haben ihren Ursprung in der Psyche des Menschen. Diese Kräfte sind die stärksten.

Sie haben sich sicherlich schon häufig gefragt, wieso etwas passiert, was wir nicht wollen. Warum ziehen wir etwas an, was wir scheuen? Nun, weil wir durch unsere Gedankenenergie sehr viele Sachen in der materiellen Welt beeinflussen können, wir ziehen immer genau das an, was wir aussenden - und wenn wir beispielsweise Gefühle der Angst ausstrahlen, dann müssen wir uns nicht wundern, wenn nach dem Resonanzgesetz Situationen auf uns zukommen, die uns Angst machen ... Unseren Gedanken wohnen unglaublich starke Kräfte inne, das sollten wir nie vergessen.

Doch dies ist nicht die einzige Energieform, mit der sich die Magie beschäftigt, sondern auch die Sonnenenergie, die Mondenergie, Elektrizität und andere Energiearten wie Bioenergie oder Auren sind Bestandteile der Magie. Magie ist kein Hokuspokus, sondern eine Beeinflussung verschiedener Energien durch einen Willen. - Alles nur Aberglaube? Natürlich nicht. Lesen Sie gerade bei dem Wort "Aberglaube" doch auch einmal zwischen den Zeilen: Aber - Glaube!

Ich bin der Meinung, dass sich die ganzen früheren großen Zivilisationen der Erde, die sich alle fast ausnahmslos mit so genanntem "Aberglauben" beschäftigt haben und alle ihre festen Rituale hatten, nicht alle irren konnten. Einiges an verlorenem Wissen dieser Zivilisationen spiegelt sich heute noch in manchen Bräuchen wider, die wir aber gerne als Aberglauben abtun ... Beispielsweise heilen Schamanen in der ganzen Welt mit Tauwasser (aus Eis gewonnenes Wasser) und haben damit große Erfolge. Warum wirkt das eigentlich? Und warum gerade Tauwasser? Nun, normales Wasser ähnelt nicht dem Wasser, woraus ein menschlicher Körper besteht. Nach dem Einfrieren und Abtauen allerdings verändert sich die Wasserstruktur und ist unserem Zellwasser ähnlich, so dass sich der Körper dadurch regenerieren und reinigen kann. Aberglaube? Nein, das hat

Hand und Fuß und kann sogar wissenschaftlich nachgeprüft werden. (Apropos: Eingefrorenes und wieder aufgetautes Wasser hilft auch beim Abnehmen ...)

Das Wort Phänomen geht auf das griechische phainomenon zurück, was so viel heißt wie "Erscheinung" oder "sich zeigen". Nach Immanuel Kant stellt das Phänomen etwas dar, das als solches nicht unmittelbar im (vgl. http://de.wikipedia.org/wiki/Bewusstsein, abgerufen am 22.7.08) Bewusstsein des Beobachters erscheint; es zeigt sich nur indirekt - als Phänomen*. Diese regen uns dazu an, uns Gedanken zu machen, was dahinter stecken könnte. Und genau das ist auch der Sinn dieses Buches. Hier finden Sie nicht nur die Fragen, sondern auch die Antworten darauf - und was noch wichtiger ist, alles ist aus erster Hand - die Geschichten stammen nämlich von mir und meinen Klienten, die sie mir über die Jahre berichtet haben. Lesen Sie, und staunen Sie über die Mannigfaltigkeit unserer Welt ...

Verstorbene und Jenseitskontakte

Ich habe mein Leben lang viel mit dem Thema Tod zu tun gehabt; alleine im letzten Jahr hatten wir fünf Todesfälle in der Familie. Doch ich will hier nicht auf den traurigen Aspekt des Todes eingehen, sondern ich werde versuchen, die Grenzen Ihres Denkens zu sprengen, damit Sie den Tod als das sehen, was er ist: ein Übergang in eine andere Dimension, ein Hinüberwechseln - aber kein Ende.

Geniesse es

Alles begann ganz harmlos an einem schönen Vormittag vor mehreren Jahren. Ich fuhr zu meiner Oma, und da sah ich auf einmal ein Licht - ein Licht von unheimlicher Schönheit. Als Kind denkt man nicht viel darüber nach, was es wohl darstellen könnte, man sieht einfach nur das Licht. Die Wärme reichte bis in meine Knochen, und ich fühlte pure Liebe. "Die Urgroßmutter hat sich dir gezeigt", meinte meine hellsichtige Oma Walja - "genieße es."

"Verstorbene zeigen sich gerne deinem Herzen", sagte Oma Walja und ging weiter. "Auch ich werde dich später begleiten. Du gehst deinen Weg in die spirituelle Heilung." Meine Oma Walja verstarb in hohem Alter, doch sie begleitet mich heute täglich und zeigt sich gerne in meinem Herzen und in meinen Träumen. Aber auch in meinen Arbeitsräumen, unterwegs und in meiner Wohnung begleitet sie mein Dasein. Auch mein vor Kurzem verstorbener Vater zeigt sich immer häufiger.

Wodka, Brot und eine Umarmung

Nach dem Tod meines Vaters am 27.02.2008 stellten wir nach einem alten russischen Brauch ein Glas Wodka, auf dem eine Scheibe Brot lag, damit sich der Wodka nicht verflüchtigen kann, zu Ehren des Verstorbenen für 40 Tage zu seinem Porträt. Danach wird das Glas mit dem Brot sowie das Foto weggeräumt. Man sagt, dass sich die Seele 40 Tage lang noch auf der Erde aufhält und sich von uns verabschiedet.

Eines Tages rief mich meine Mutter an und erzählte zitternd: “Ich schlief schon, aber ich spürte auf einmal einen Druck auf meinem ganzen Körper, vom Kopf bis zum Fuß, jede Zelle meines Körpers wurde betroffen. Ich konnte nichts sagen, ich hörte nur das Quietschen der Matratze durch den Druck seiner Umarmung ... Es passierte wieder und wieder, bis ich ihn bat, mich in Ruhe zu lassen.” Meine Mutter war überzeugt, dass mein Vater sie in dieser Nacht besucht hatte.

Am nächsten Tag hat sie auch noch eine andere Bestätigung dafür entdeckt, denn als sie, wie gewöhnlich, morgens eine Kerze am Bild meines Vaters anzünden wollte, bemerkte sie, dass das Wodkaglas fast leer war. “Da hat mein Mann wohl etwas von getrunken, na, dann geht es ihm gut ...”, dachte sie nur.

Schwiegervatergruss

Eine andere wahre Geschichte habe ich als Jugendlicher mit 17 erlebt. Ich besuchte damals meine Tante in Kasachstan, die dort ein großes Haus besaß. Doch der Hauseingang war eigenartig: Man kam erst durch eine zweite breite Tür in den Korridor, und die war immer zugeschlossen.

Ihr Schwiegervater war zu dieser Zeit mit einem Gallenblasenproblem in ein Krankenhaus eingeliefert worden. Alle saßen am Abendtisch, und da passierte es: Jemand klopfte an die zweite, die innere Abschlusstür. Alma, so heißt meine Tante, ging an die Tür und öffnete sie, doch dahinter war niemand zu sehen. Sie zuckte mit den Schultern und setzte sich wieder an den Tisch. Ich erinnere mich, dass ich noch auf die Uhr geschaut habe - es war 18:33 Uhr.

Kurze Zeit später klopfte es wieder an der Innentür. Doch wieder war niemand zu sehen, als Alma nachsehen ging. Doch sie wollte nun die Außentür abschließen, damit uns keiner mehr stören konnte; sie war überzeugt davon, dass die Nachbarskinder sich einen Scherz erlaubt hatten. - Doch zu ihrem Erstaunen hat sie feststellen müssen, dass die Außentür bereits zugesperrt war ... In diesem Moment bekam sie Panik und sagte leise: “Ich spüre eine unangenehme Nachricht.” Einige Stunden später erreichte sie dann die Nachricht, dass ihr Schwiegervater um 18:33 Uhr verstorben war.

Ich weiß, dass er sich in dieser Zeit von meiner Tante verabschiedet hat und seine Anwesenheit durch die Geräusche an der Tür zeigte.

Oma Walentina

Verstorbene können sich auf verschiedenste Weise von uns verabschieden. Meine 2007 verstorbene Oma Walja verabschiedete sich von mir sogar mehrmals, und ich merke täglich, dass sie mich heute als Schutzengel begleitet.

Zu ihren Lebzeiten war sie Geistheilerin und Schamanin gewesen, eine Heilfrau in ihrem Dorf. Es gab Zeiten, in denen sie bis zu 20 Kranke am Tag empfangen konnte. Mit zunehmendem Alter litt sie jedoch selbst an verschiedenen Altersleiden. Sie wurde blind, und ihre letzten drei Wochen hat sie im Bett verbracht. An ihrem Todestag ging sie aber auf einmal alleine in die Küche und konnte anscheinend sehen. Sie sprach zu ihrer Schwiegertochter: "Marina, ich werde bald gehen, ich danke dir, dass du mir geholfen hast. Übrigens, die Küche hat sich verändert." Dann ging Oma Walja zum Kühlschrank, nahm etwas Butter heraus, schmierte sich ein Brot und hat es gegessen. Anschließend ging sie ins Bett. Eine Stunde später ist sie für immer eingeschlafen.

Zuerst habe ich Oma Walja in meinem Traum sehen dürfen, vier Wochen nach ihrem Tod. Ich sah sie in ihren jüngeren Jahren. Sie ging auf mich zu und legte, ohne etwas zu sagen, ihre Hand auf meinen Kopf. Ich habe unendliche Liebe gefühlt, das Gefühl kann man kaum beschreiben. Es war unbeschreiblich schön, warm, liebevoll, gigantisch, alles in einem.

Nach dem Aufwachen habe ich mich gefühlt, als würde ich schweben. Dieses Schwebegefühl hielt noch einige Minuten lang an.

Einige Tage später hatte ich gerade Besuch bekommen, als ich noch am Laptop einen Artikel schrieb. Das Ehepaar wartete höflich, doch als ich hochblickte, merkte ich, dass die Frau wie gebannt auf meinen Bildschirm starrte. Ich legte die Papiere, in denen ich geblättert hatte, zur

Seite - und da sah ich es auch: Der Cursor der Maus bewegte sich von alleine hin und her und schien richtige Muster auf den Bildschirm zu malen. Ich fasste die Maus an, und sofort war der Cursor wieder ruhig. In diesem Moment dachte ich nicht weiter darüber nach, sondern ging kurz in einen Nebenraum, wo ich einige Papiere ausdrucken wollte. Dort bemerkte ich zu meinem Erstaunen, dass der Cursor an dem PC-Bildschirm ebenfalls von alleine unheimliche Figuren zeichnete.

Ich dachte immer noch nicht an etwas Besonderes, sondern habe meine Besucher ins Wohnzimmer gebeten, mich für die Verzögerung entschuldigt und den Fernseher eingeschaltet. Das Ehepaar sollte noch ein paar Minuten warten, bis die Papiere ausgedruckt waren. Doch auf einmal ging die Lautstärke des Fernsehgeräts aus heiterem Himmel in die Höhe, es wurde sehr laut. Das Ehepaar saß auf der Couch, und die Angst stand ihnen ins Gesicht geschrieben. Ich habe den Ton wieder leiser gedreht - aber kaum hatte ich mich umgedreht, da ging er auch schon wieder in die Höhe. Dasselbe Spiel hatten wir dann auch noch mit dem Sound des Heimkino-Systems.

Ich schaltete schließlich alle Geräte aus und sagte dann laut: "Oma, es freut mich, dich da zu haben. Nun weiß ich, dass du da bist. Hör aber bitte auf, meine Klienten zu erschrecken." Seitdem ist nichts mehr vorgefallen.

Ich träume seit Jahren permanent jede Nacht, und das letzte Mal zeigte sich meine Oma wieder in einem meiner Träume. Sie sah sehr ruhig und zufrieden aus und strahlte Freude und Licht aus. Ich konnte tiefe Liebe fühlen, ein bombastisches Gefühl, das man hier auf der Erde so nicht kennt.

Eine Seele verabschiedet sich

"Meine Geschichte ist nicht unheimlich, sie ist aber nicht normal", schrieb mir eine Kundin. Sie wollte anonym bleiben, deshalb erzähle ich ihre Geschichte selbst. Marta, so nenne ich diese Frau, ist eine reife 40-jährige Dame, die vieles im Leben versteht. Als ihre Mutter starb, war sie mit ihrem Bruder Ivan, der leider mittlerweile auch verstorben ist, sowie mit ihren beiden Schwestern Sarah und Yvonne, ihrer Tante Halina und einer Krankenschwester im Sterbezimmer ihrer Mutter. In diesem Moment läutete das Telefon und Tante Halina ging ran. Die kleinste Schwester, Antonia, war in der Leitung. Damit waren alle Kinder zum Zeitpunkt des Todes versammelt.

"Meine Mutter starb keinen schönen Tod, sie erstickte und wir mussten es uns ansehen", erzählte Marta in ihrem Schreiben. "Bei ihrem letzten Atemzug hat sie sich sehr erschrocken, und dann kam der Tod. Alles war dann sehr friedvoll, und wir merkten, dass sie keinen Schmerz und keine Leiden mehr hatte. Wir sahen kurz danach einen durchsichtigen weißen Rauch. Er ging zu jedem im Zimmer, berührte uns und kreiste um jedes anwesende Kind. Das dauerte ein paar Minuten. Dann flog er aus dem kleinen Fenster und verschwand. Ich fragte die Krankenschwester: "Was ist das?", und sie sagte, dass das die Seele war. Sie erzählte uns, dass sie solche Begegnungen öfter hätte. "Die Seele braucht etwas länger, um sich zu verabschieden", meinte sie.

Dort, wo Martas Mutter hinging, gib es nur Frieden für alle Wesen. Es gibt dort keine Schmerzen und keine Leiden, sondern nur Glückseligkeit und Liebe.

Viele Menschen können die Seele nicht nur spüren, sondern auch sehen. Es gibt in jeder Familie so genannte Bänder, die so stark sind, dass sie sichtbar werden. Der Geist darf sich jedoch nicht immer zeigen. Er bekommt nur in seltenen Fällen die Erlaubnis, sich als Rauchschleier von nahestehenden Menschen verabschieden zu dürfen. Das ist somit ein Privileg.

Nach dem Tod meines Mannes muss meine Tochter etwas Verbotenes getan haben ...

"Wie ich dir in unserem Gespräch schon erzählt habe, ist mein Mann ganz plötzlich verstorben", schrieb mir Maria, eine meiner Kundinnen. Ihr Mann war nicht alt gewesen, und der Tod kam mehr als unerwartet. Die Todesursache lag am Herzen.

Marias Kinder wollten nicht wahrhaben, dass ihr Vater gestorben war. Die älteste Tochter sagte, sie könne das nicht hinnehmen, und sie werde diesen Verlust nie verarbeiten. Sie bezeichnete sich selbst als weiße Hexe und wollte etwas bewirken.

Maria schrieb: “Nach dem Tod meines Mannes muss meine Tochter etwas Verbotenes getan haben.” Denn als es dunkel wurde, konnte jeder im Haus spüren, dass vor den Fenstern etwas Bedrohliches war. Ins Haus konnte es nicht kommen, da sie es vor dem Einzug per Gebet geschützt hatten. Maria sagte zu ihrer Tochter nur: “Egal, was du getan hast, mach es rückgängig.” Diese ging weinend weg, aber am nächsten Abend war das Bedrohliche verschwunden.

Man sollte die Verstorbenen gehen lassen. Versuchen Sie loszulassen, und denken Sie nicht nur an sich selbst. Klar, wir sind traurig, wenn jemand geht, doch der Verstorbene DURFTE gehen. Das sollten wir akzeptieren. Es bringt uns auch nicht weiter, wenn wir uns tausend Fotos der Verstorbenen aufstellen oder sie täglich auf dem Friedhof besuchen. Wir sollten unsere Toten ruhen lassen und nicht versuchen, sie zurückzuhalten.

Energien von Verstorbenen

Eine Kollegin erzählte mir eine sehr seltsame Begebenheit. Seitdem sie in einem sehr alten Haus in Italien wohnt, passieren ihr immer wieder merkwürdige Dinge. Eines Abends war sie spazieren gewesen, und als sie nach Hause zurückkam, entdeckte sie, dass ein Fenster, das sie noch nie aufgemacht hatte, offenstand. Sie ging in das Zimmer – und sah dort, dass das Fenster doch zu war. Sie dachte, sich geirrt zu haben, ging aber trotzdem noch einmal auf die Straße, um zu sehen, ob das Fenster nun zu war. Es stand wieder offen.

“Geister spielen mit dir ein Spiel”, sagte sie sich und ging schlafen. Nach ein paar Minuten hörte sie, wie ein fest verschlossenes Fenster plötzlich wie durch einen Windstoß aufging, ein Bilderrahmen mit dem Foto ihres bereits verstorbenen Vaters fiel auf den Boden und der Rahmen ging zu Bruch. Sie hob das Bild auf, legte es auf den Tisch und ging wieder ins Bett. In der Früh war sie verwundert, denn das Bild stand plötzlich auf einer Kommode – aber verkehrt herum.

Die Kollegin arbeitet selbst als Medium. "Wie gut, dass ich vor diesen Dingen keine Angst habe", meinte sie im Gespräch. Das war der Abschied von ihrem Vater, er hatte sich ihr gezeigt.

Ihre Schwester beschäftigte sich zu dieser Zeit mit Pendeln und Engeln, und auch in ihrer Wohnung kamen sehr merkwürdige Dinge vor. Wenn sie z. B. abends vor dem Schlafengehen das Licht ausmachte, ist es am nächsten Morgen wieder an gewesen. Sie hat es bewusst mehrmals kontrolliert, weil sie zunächst dachte, sie hätte es nur vergessen auszumachen. Doch, Pustekuchen! Das Licht war über Nächte hinweg immer wieder an.

Ich kenne es auch von anderen Kunden, dass Verstorbene sich oft per Lichtschalter verabschieden; oft verbrennen oder platzen beim Abschied auch Glühbirnen, oder an der Decke hängende Lampen beginnen zu schwingen. Ich habe auch Geschichten gehört, in denen sich Wandbilder drehten oder zu Boden fielen; manchmal ist im Haus auch etwas zerplatzt, was gar nicht zerplatzen darf.

Vaters Stimme

"Ich hatte vor Jahren einen Traum von meinem verstorbenen Vater", erzählte mir meine Nachbarin Monika. "Er sprach sehr leise, seine Stimme hat mich im Schlaf aber so erschreckt, dass ich fast aus dem Bett gefallen bin! Ich wachte auf, hatte Angst und fing an zu beten. Das war sehr real, mehr als real ... Ich war Monate davor bei einer Familienaufstellung gewesen, und es kam heraus, dass ich den Tod meines Vater wohl nie richtig verarbeitet hatte ... Wir haben uns nie ausgesprochen und waren uns oft fremd. Mit meiner Mutter lebte mein Vater seit Jahren nicht mehr zusammen, und auch wir hatten kaum Kontakt. Nun, nach dem Tod, hat er den Kontakt zu mir gesucht und gefunden. Also da kann man nur sagen: Es gibt Dinge, die für uns fast unerklärlich sind."

Natürlich gibt es diese "Dinge". Verstorbene sind in der Lage, Kontakt zu uns herzustellen. Auch Monika sprach mit ihrem Vater fast wöchentlich nach diesem Vorfall und bekam immer wieder Antworten auf ihre tausend Fragen. Viele meiner Anrufer und private Kunden erzählen ebenfalls immer wieder davon, wie sie den Kontakt zu einem

Verstorbenen erlebten. Viele sehen Gestalten am Bett sitzen, die nach dem Aufstehen eine Delle im Bett hinterlassen. Andere hören Stimmen und bekommen sogar verschiedene Anweisungen. Es ist zwar verschiedenartig, wie die Kontakte zustande kommen, sie werden jedoch immer sofort wahrgenommen.

Lieber Opa

Meine Klientin Marianne erzählte mir folgende Geschichte, die bereits vor vielen Jahren in einem kleinen Ort in der Nähe von Berlin vorgefallen ist, aber Mariannes Seele seitdem keine Ruhe lässt:

"Ich hatte ein unheimliches Erlebnis, als ich sieben Jahre alt war. Dieses Erlebnis macht mir bis heute noch Angst, da ich leider nie dahintergekommen bin, was 'ES' gewesen sein könnte. Damals starb mein Großvater, und als ich mich in der Nacht danach schlafen legte, sah ich in der Ecke meines Zimmers eine unheimlich blinkende, helle Gestalt stehen, die etwa so groß war wie ein fünfjähriges Kind. Sie strahlte licht und hell, trug jedoch schwarze Kleidung. Ich hatte solche Angst, dass ich das Zimmer verlassen musste. In den Nächten danach hörte ich immer leise Schritte auf dem Boden, so als ob jemand barfuß laufen würde.

Ich bin nie dahintergekommen, was das wohl gewesen sein könnte, aber es belastet meine Seele auch nach so vielen Jahren noch."

Ich konnte Marianne sehr schnell beruhigen. Sie hatte die Seele ihres Opas gesehen, der sich von ihr verabschiedet hat. Wir sehen unsere Verstorbenen sehr oft jünger und kleiner, als sie tatsächlich als Menschen waren.

Wir nehmen Abschied

Eine Kundin aus dem Allgäu erzählte mir, dass sie in ihrer Jugend Folgendes erlebt hat: "Ich war 17 Jahre alt, als ich eines Tages allein zu Hause war und es an der Tür klopfte. Ich öffnete sie, aber es war niemand da. Zurück im Zimmer stellte ich mich ans Fenster, von dem aus ich die andere Seite der Tür sehen konnte - da klopfte es wieder. Aber es war nach wie vor niemand zu sehen! Ich bekam Angst und traute meinen Augen nicht. Ich konnte mir das nicht erklären."

Später hat sich herausgestellt, dass eine Nachbarin meiner Kundin an diesem Tag gestorben war. Da sich die Familien kannten, kam sie nach ihrem Tod wahrscheinlich, um Abschied zu nehmen. So etwas passiert oft.

Gabe zu Gabe

Sie merken, dass sich viele Geschichten, obwohl sie von verschiedenen Personen erlebt und erzählt wurden, ähneln. So auch hier: Mit 30 lebte ich noch in meiner Wohnung in München, in der immer wieder unerklärliche Geräusche vorkamen. Ich habe jedoch gedacht, es seien Energien, die durch meine Energiearbeit entstanden. So dachte ich, bis sich eines Tages Folgendes ereignete: Eines Nachts gegen drei Uhr wurde ich plötzlich wach, weil ich ein Klopfen hörte. Nur wenige Meter von meinem Bett entfernt stand eine weibliche, mittelgroße Gestalt, die ein blaues Kleid trug. Sie gab sich zu erkennen und nannte sich Alexandra. Ihr Gesicht war jung, und sie kam mir sehr bekannt vor.

Ich war in diesem Moment wie gelähmt und konnte mich überhaupt nicht bewegen. Nach ein paar Minuten sagte sie zu mir: "Gib mir deinen kleinen Finger." Ich sah, dass meine Hand diesem Befehl nachging, ich konnte mich nicht dagegen wehren. Sie berührte meinen kleinen Finger und sagte: "Ich gebe dir meine Gabe. Meine Gabe zu deiner Gabe. Ich muss gehen. Ich bin Alexandra." Und dann verschwand sie ziemlich schnell.

Erst eine Woche später kam eine Nachricht aus meiner Heimat Usbekistan: Unsere damalige Nachbarin Alexandra war vor ein paar Tagen verstorben.

Sofort danach habe ich mich gefragt, um welche Gabe es denn gehen könnte ... Denn ich wusste kaum etwas von der Verstorbenen. Ich rief also meine Oma an, und sie erzählte mir, dass Alexandra sich schon seit 20 Jahren mit Heilung befasst hatte. Sie hatte Kontakte zum Jenseits und konnte Engel sehen. Ich war baff. Warum sie ihre Gabe ausgerechnet mir geben wollte, bleibt ihr Geheimnis.

Grossvater Georg

Elisabeth war eine gute Freundin meiner Tante. Als sie 30 Jahre alt war, vernahm sie eines Nachts eine Stimme, die "Hallo, du" sagte. Diese tiefe, warme Stimme machte ihr Angst, und sie war wie gelähmt. Eine Minute später sagte die Stimme: "Ich bin dein Urgroßvater Georg. Ich stehe dir zur Seite und behüte dich." Elisabeth stand auf und schrieb das Gesagte auf.

Am nächsten Tag fragte sie ihre Mutter, ob sie einen Opa namens Georg hätte. Ihre Mutter bestätigte, dass es so eine Person gegeben hat, obwohl Opa Georg nicht mit ihrer Oma zusammenlebte.

Dieser Fall beweist uns, dass es doch eine Anderswelt gibt, in der Verstorbene weiter existieren. Wie könnte Elisabeth sonst den Namen eines verschollenen Familienmitgliedes erfahren?

Die Rose der Seele

Einen Kundin berichtete mir: "Mein siebenjähriger Sohn bekam plötzlich Angst in seinem Zimmer und wollte nicht alleine sein ... Abends wollte er nicht einschlafen und beschrieb es selber als ein 'unangenehmes Gefühl'. Merkwürdigerweise vermisste er abends seine Oma sehr, die uns jedoch oft besuchte.

Ich wusste mir irgendwie keinen Rat und rief eine Schamanin an. Sie meinte, dass eine verstorbene Seele sich im Zimmer meines Sohnes aufhalte. Sie sagte, dass die Seele verloren sei und nicht gehen wolle. Sie sah einen älteren Herrn. Wir wohnen in einem sehr schönen Haus, und bevor wir hier einzogen, wohnte ein älterer Herr in diesem Haus, der verstorben ist."

An dieser Stelle möchte ich erwähnen, dass Verstorbene diese Welt nicht sofort verlassen. Sie können uns begleiten und noch so genannte "unerledigte Dinge" zu erledigen versuchen. Sie zeigen sich uns oft, weil sie noch nicht gehen wollen. Schließlich existiert für eine Seele keine Zeit. Wenn uns eine Seele jedoch lästig wird, können wir versuchen, sie ins Licht zu begleiten. Dazu sollten Sie sich am besten an Menschen wenden, die sich damit auskennen und die Rückführung dieser verlorenen Seelen zu ihrem Beruf gemacht haben.

Aber nun wieder zu Reginas Geschichte. "Als ich die Schamanin fragte, was ich dagegen tun könnte, bekam ich den Rat, mit Hilfe einer weißen Kerze die Seele freundlich zu bitten, endlich ins Licht zu gehen. Dabei sollte ich mir vorstellen, wie die Knospe einer Rose in meinem Herzchakra erblüht und mich sowie mein ganzes Umfeld mit viel Licht und Liebe umhüllt. Ich tat, was sie sagte, und wartete auf die Erfolge. Bei diesem Vorgang konnte ich kaum etwas spüren. Ich war mir daher unsicher, ob die Seele gegangen war."

Eine Stunde später wollte Regina ihren Sohn zur Schule bringen, und als sie ins Auto stieg, lag eine rote Rose auf ihrer Fensterscheibe! Sie rief natürlich noch am selben Tag die Schamanin an, die jedoch keine Erklärung dafür hatte. Sie meinte, dass die Seele immer noch in der Wohnung wäre und einfach nicht gehen wolle ... Doch die Ängste des Sohnes waren verschwunden, und er konnte alleine in seinem Zimmer einschlafen. Somit kann man davon ausgehen, dass die Seele aus dem Haus ihren Frieden gefunden hat.

Eine verwirrte Seele kann uns durch ihr Verhalten irritieren. Wir sollten aber nicht vergessen, dass wir in einem Energiemeer leben mit unzähligen von Seelen. Es ist nicht ausgeschlossen, dass mehrere Dimensionen oder Realitäten oder gar Welten auf der Erde parallel und gleichzeitig existieren und sich entwickeln. Sogar in der Kosmologie bahnt sich seit Kurzem eine Sensation an: Unser Universum ist nur eines von vielen anderen. Es gibt mittlerweile auch die "Multiversum-Theorie", die besagt, dass das, was wir als Universum bezeichnen, nur ein kleines Teilchen des Ensembles von "Universen" ist. Wissenschaftler vermuten sogar, so PM von Mai 2008, dass jeder von uns in vielen Welten gleichzeitig leben könnte. Das Universum ist so winzig wie ein Sandkorn in der Wüste. Und es ist nicht ausgeschlossen, dass irgendwo da draußen sogar die Dinosaurier überleben konnten.

Wir wollen uns mit solchen Gedanken aber meist nicht auseinandersetzen. Warum eigentlich nicht? Vielleicht verstehen wir dann etwas mehr von unserer Realität und unserer Welt. Regina hat bis heute den Eindruck, als ob ihre Familie in der Wohnung nicht allein wohnen würde ...

Todesgesichter: Verstorbene begleiten uns

"Ich sehe, wenn ich einschlafen möchte, manchmal komische Gesichter", schrieb mir Marion. "Die Gesichter sind oft verzerrt, wirken sehr böse und kommen mir unheimlich vor. Einige Gesichter sind jedoch auch kindlich und lieb. Auch als Kind habe ich diese Gesichter schon gesehen. Manchmal habe ich das Gefühl, dass sie mir etwas mitteilen wollen, ich weiß aber nicht was. Ich habe öfter von meinen Eltern geträumt, die bereits verstorben sind. Ich habe mich im Traum mit ihnen unterhalten, als ob sie wirklich vor mir stehen würden. Das war so echt. Und auch in diesen Träumen sehe ich die Gesichter!"

Was bedeuten solche Träume? Wir verarbeiten unseren Alltag in den Träumen und bekommen wichtige Informationen aus der Traumwelt. Meistens nehmen sogar die Verstorbenen über Träume Kontakt zu uns auf, denn in einem Traum ist es am leichtesten, uns zu erreichen, weil sich unsere Seele in den Traumphasen lockert und dadurch viel zugänglicher für Informationen ist, die an uns gesendet werden.

Ein Jenseitskontakt

"Vor drei Wochen", berichtete Nadine, eine Beamtin aus München, "hatte ich einen Termin mit einer Expertin vereinbart, die einen Kontakt zu meinem verstorbenen Vater herstellen sollte, weil ich noch einiges mit ihm zu klären hatte. Zunächst bewegte sich nur der Tischläufer leicht, obwohl in dem Zimmer kein Fenster und keine Tür offenstand. Ich fragte: 'Papa, bist du das? Mach dich bitte deutlicher bemerkbar.' – Und plötzlich rollte sich die eine Seite des Läufers nach oben! Ich hatte aber keine Angst dabei, sondern es war eher ein wohliges Gefühl."

Wie Sie sehen können, finden wir auch in dieser Geschichte eine Bestätigung, dass Verstorbene uns auch nach dem Tod begleiten. Ich habe schon Geschichten erfahren, wo Vorhänge und Tischdecken, aber auch Teppiche sich bewegt haben und Verstorbene uns so Antworten auf unsere Fragen gaben. Sie sind da, und sie unterstützen uns auch nach ihrem Tod. Man sollte sie jedoch generell in Ruhe lassen und vor allem im ersten Jahr nicht (zu oft) befragen.

Fahr morgen nicht mit dem Auto!

Marta, eine Kundin aus Hamburg, erzählte mir, wie sie von ihrer verstorbenen Tante kontaktiert wurde. Marta ist Ärztin und hat mit der Welt der Verstorbenen kaum etwas am Hut. Sie war sehr aufgeregt, als sie mir ihre Begebenheit berichtete: "Meine Lieblingstante zeigte sich kurz nach ihrem Tod bei mir im Zimmer", erzählte Marta. "Sie hatte zu mir in der Nacht gesprochen. Ich schlief noch nicht und war voller Sorgen. Mir ging es nicht gut dabei. Ich habe ihre Stimme ganz deutlich und laut in meinem Ohr gehört. Es war unheimlich. Sie sprach zu mir und nannte ganz deutlich meinen Namen. Sie warnte mich: 'Fahr morgen nicht mit dem Auto.' Ich vergaß das Gesagte aber. Am nächsten Tag ging ich zu meiner Garage, setzte mich wie gewöhnlich in mein Auto und fuhr los. - Kurz danach krachte ein anderes Auto in meinen Wagen. Mir passierte nichts, doch in dem Moment, als beide Autos kollidierten, dachte ich sofort an die Worte meiner Tante ... Ich spürte, dass sie in diesem Moment auch bei mir war."

Was für eine schöne Begebenheit ...

Da war die Stimme ...

Andreas, ein weiterer Klient, hört, seit er 15 Jahre alt ist, immer wieder eine Stimme, die ihm Anweisungen gibt oder ihm hilft, wenn er Probleme hat. Die Stimme sagte ihm auch, dass es sein Vater sei, der da zu ihm spreche.

"Letztens hatte ich eine Situation im Auto", erzählte Andreas. "Als ich einmal zur Seite statt nach vorne blickte, hörte ich ein lautes 'Bremse!' im Ohr und trat auf die Bremse. Das war gerade noch rechtzeitig, denn vor mir hatte ein Bus angehalten, auf den ich sonst aufgefahren wäre."

Vor diesen Erlebnissen glaubte Andreas nicht an das Jenseits und hatte sich nie mit dem Thema auseinandergesetzt. Seitdem ihn die Stimme aber begleitet, fragt Andreas seinen Vater oft um Rat, nicht nur im Straßenverkehr.

Licht und Musik

"Es war vor etwa zwei Jahren", begann Marina ihr Erlebnis, "als an zwei aufeinanderfolgenden Montagen die Stehlampe in meinem Schlafzimmer, die durch einen Fußregler bedient wird, langsam ihr Licht erhellte. Es geschah von alleine. Eine Minute später schien sie auf hellster Stufe, und dann ging sie von selbst langsam wieder aus.

Ich bin eine leidenschaftliche Sammlerin von Uhren und besitze eine Menge Spieluhren. An einem anderen Abend fing eine meiner Spieluhren, die ich in einer abgeschlossenen Vitrine aufbewahre, von selbst an zu spielen. Es hat mich erschreckt und überrascht. Ich hörte auf einmal das Lied 'Ave Maria'.

In der Nacht dann sah ich im Traum meinen vor Monaten verstorbenen Schwiegervater. Ich trug ihn nackt auf meinen Armen in die Küche, wo er plötzlich angezogen war. Dann lächelte er mir zu und verließ den Raum durch die Wand."

Das ist eine interessante Schilderung eines Abschieds. Die Verstorbenen verabschieden sich häufig von uns und tun das, um uns zu zeigen, dass sie uns lieben.

»Deine dich liebende Mutter«

Emilia, eine meiner langjährigen Klientinnen, erlebte Folgendes. "Meine Mutter starb mit 55 Jahren an Krebs. Sie hatte vier Jahre vergeblich gekämpft, und obwohl ihr Wille zu leben groß war, wurde er ihr von oben nicht erfüllt. Mit meiner Mutter hatte ich ein sehr inniges und auch freundschaftliches Verhältnis. Leider war ich damals beruflich sehr eingespannt und konnte mit meiner Mama nicht so viele Tage verbringen. Ich sagte mir oft, dass sie, wenn ich den Beruf aufgegeben oder nur noch halbtags gearbeitet hätte und mich besser um sie gekümmert hätte, vielleicht noch leben könnte."

Ich sagte Emilia, dass es nicht in ihrer Hand lag. Krebs ist eine sehr karmische Krankheit. Wir können dem Erkrankten versuchen zu helfen, aber meistens können wir nur wenig bewirken, weil nur der Kranke allein für seine Heilung etwas tun kann.

"Bei ihrem Tod war ich vor Schock wie gelähmt und habe tagelang nur geweint. Keiner hatte so schnell damit gerechnet, doch Metastasen hatten sich ausgebreitet. Um mit der Trauer fertig zu werden, betete ich jeden Morgen für sie. Ich las Gebete aus der Bibel, und dies gab mir etwas Energie und beruhigte mich.

Eines Abends nach einem Einkaufsbummel erzählte ich meiner Kollegin auf der langen Rückfahrt von meiner Mutter. Ich erinnerte mich an ihr Leben und ihr Leiden ... Ich weinte während des Erzählens so, dass ich kaum die Autobahn sah. Ich machte mir weiter enorme Vorwürfe. Ich hatte zuvor nie mit jemandem so ausführlich über meine Gedanken und Gefühle gesprochen. Es war schon spät, als ich nach Hause kam, und ich ging sofort zu Bett. Doch kurze Zeit später wachte ich wieder auf und sah plötzlich ein Licht im Fenster. Es war blau und verbreitete sich nur neben mir im Zimmer. Es verwandelte sich dann in Tinte und schrieb etwas auf die Decke im Schlafzimmer.

So wurden vor meinen Augen mehrere Seiten Text auf der Decke verfasst. Die Schrift der ersten beiden Seiten sah aus wie die einer Tante, die im Kloster lebt, doch die dritte war von meiner Mutter. Ich begann, den Brief von Anfang an zu lesen, und als ich ihn las, bemerkte ich, dass die Schrift langsam wieder verschwand. Ich schaute schnell auf die dritte Seite und konnte gerade noch den Satz "Deine dich liebende Mutter" lesen ...

Die Schrift verschwand dann vollständig, und das hell erleuchtete Zimmer wurde wieder dunkel. Ich ärgerte mich, dass ich nicht gleich zu lesen begonnen hatte, war aber gleichzeitig auch glücklich über die Nachricht."

Eine rührende Begebenheit ...

Ludmilas Abschied

Vor einigen Jahren erzählte mir eine meiner Kolleginnen folgende Begebenheit: "Ich kannte eine junge Frau, Ludmila. Sie war leider sehr krank und hatte Krebs. Doch die arme Frau wollte nicht sterben, denn sie war verheiratet und hatte einen erst sechsjährigen Sohn. Sie wurde als unheilbar aus der Klinik entlassen ...

Ein Heiler, den ich auch selbst kannte, half ihr mit Geistheilung. Nach einiger Zeit verbesserte sich ihr Zustand, und sie schöpfte wieder Hoffnung. Ihre Krebsabwehr stieg rasant. Leider erlitt der Heiler ganz plötzlich einen Schlaganfall und konnte sich nicht mehr um sie kümmern. Ab diesem Zeitpunkt verschlechterte sich ihr Zustand zunehmend, und sie verstarb kurze Zeit danach.

An ihrem Todestag erschien mir nachts am Bett ein helles Licht, und ich sah jemanden neben meinem Bett stehen, ich konnte 'es' riechen. Das Licht entfernte sich dann langsam wieder.

Ich weiß, es war Ludmila, die sich von mir verabschiedet hat. Heute noch spüre ich eine starke Verbindung zu ihr. Das hat mich sehr beeindruckt."

Verstorbene verabschieden sich häufig von uns. Erschrecken sollte es uns jedoch nicht, denn die Verstorbenen wollen uns nur mitteilen, dass es ihnen gut geht.

Ivan

Meine Oma, die leider nicht mehr am Leben ist, hatte vor Jahren einen guten Freund, Ivan. Er hatte damals einen Schlaganfall und lag im Krankenhaus. Meine Oma besuchte ihn zusammen mit meinem Onkel Alexander. Der träumte in der folgenden Nacht, dass er Ivan in seinem Krankenbett gesehen habe, wo er ihm sagte: "Ich liebe euch, bleibt hier. Weckt mich nicht, ich will hier im Paradies bleiben." Alexander konnte mit der Information aus dem Traum aber nichts anfangen.

Am nächsten Tag erzählte Ivan meiner Oma, dass er letzte Nacht im Traum das Paradies gesehen habe, und ein paar Stunden später starb er.

Somit kann ich vermuten, dass man auch kurz vor dem eigenen Tod Zugang zur anderen Welt hat. Man kann sagen, der Sterbende bekommt einiges als "Vorgeschmack" zu sehen und darf hinter die Kulissen schauen. Die Seele lockert sich und erkundet die neue Umgebung.

Auch mein Vater hat einige Tage vor seinem Tod berichtet, er sehe Lichtgestalten und bereits verstorbene Familienmitglieder an seinem Bett stehen. Ist das alles nur Einbildung? Nein, bestimmt nicht. Für mich ist das vielmehr ein Beweis für die Existenz des Jenseits.

Tante Grete

Meine Kollegin erzählte mir, dass sie sich, zum großen Erstaunen ihrer Mutter, schon beim Eintreffen der Hochzeitseinladung zur Vermählung von Bekannten, geweigert habe, auch nur Vorbereitungen dafür zu treffen. Sie wusste einfach, dass sie nicht zu dieser Hochzeit gehen würde, weil ihre Tante Grete sterben würde.

Die Zeit verging, der Tag der Hochzeit rückte näher - und tatsächlich, an diesem Tag erreichte sie ein Anruf, dass ihre Tante Grete verstorben war, was es ihnen unmöglich machte, an der Hochzeit teilzunehmen.

Wie auch in anderen Fällen, die ich in meinem Buch bereits beschrieben habe, geht es auch hier um eine wahre Begebenheit. Bevor jemand aus unserer Umgebung geht und diese Welt verlässt, bekommen wir vom Universum eine Art Warnung oder sogar die genaue Zeit mitgeteilt, damit wir uns von dieser Person verabschieden können.

Nun kann ich gehen

Klara ist eine junge Frau von 30 Jahren, deren Mann in den Bergen abgestürzt ist und sie früh zur Witwe gemacht hat. Nach dem Tod ihres Mannes kam es öfter vor, dass Klara und ihre kleine Tochter seine Zigaretten rochen.

Klara zündete auch immer ein rotes Grablicht sowohl am Grab ihres Mannes als auch in der Wohnung bei seinem Bild an. Doch eines Morgens sah sie, dass das Licht vor dem Bild nicht mehr brannte, denn die Leuchte war ausgebrannt und hatte dabei sogar das Plastik geschmolzen. Sie sah auf dem Regal ein großes Brandloch, aber weiter keine Folgen ... Im Grunde hätte das Haus brennen müssen. Klara ist bis heute davon überzeugt, dass höhere Mächte im Spiel waren und die Seele ihres Mannes das Feuer löschte.

Jahre später träumte sie von ihrem verstorbenen Mann. Er stand in der Tür, hielt einen Koffer in der Hand und trug einen Mantel. Er sagte zu Klara: "Nun kann ich gehen." Dann ging er in ein ganz helles Licht. Dieser Vorfall bestätigte Klara, dass ihr Mann sie in der besagten Nacht gerettet hatte.

Ihr Mann starb damals plötzlich, ohne Vorwarnung, und es waren noch so viele Dinge zu erledigen, die eigentlich nur er bewerkstelligen konnte. Doch als sie in Situationen war, die schwierig waren, hatte Klara immer das Gefühl, ihr verstorbener Mann sage ihr die Lösung, und so hat sie alles im Leben bewältigen können. Noch heute betet sie nach "oben" um Hilfe ...

Ein Windhauch an meiner Schulter

Ramona, eine junge Mutter, hat eine sehr lange Zeit gebraucht, um sich nach dem Tod ihres Sohnes wieder zu finden. Das schlimmste Unglück in der Welt ist, wenn eine Mutter ihr Kind verliert. Sie erzählte mir ihre Geschichte mit Tränen in den Augen: "Vor etwa fünf Jahren ist mein Sohn Lukas im Alter von elf Jahren gestorben." "Er war von Geburt an körperlich schwerstbehindert, aber er war mein Kind, und ich habe ihn sehr geliebt. Ein paar Tage nach seinem Tod wachte ich nachts auf und hörte Stimmen. Ich lauschte im Schlafzimmer und entdeckte, dass mein Fernseher plötzlich eingeschaltet war. Als ich abends zu Bett ging, hatte ich den Fernseher aber ausgeschaltet.

Ein paar Tage später stellte ich mein Auto auf dem Parkplatz ab, und als ich wiederkam, da brannte das Licht. Es konnte jedoch nicht sein, dass ich es angelassen hatte, denn das Auto gibt einen Warnton ab, wenn man versucht auszusteigen, ohne das Licht auszuschalten.

Außerdem habe ich immer das Gefühl, als ob Lukas mich berührt. Es fühlt sich wie ein Windhauch an meiner Schulter an! Ich habe das Gefühl, dass er noch immer als mein Schutzengel bei mir ist. Ich weiß, dass er es dort, wo er jetzt ist, besser hat."

Diese Geschichte hat mich tief berührt ...

Meine freundlichen Witwen

Alle meine freundlichen verwitweten Kundinnen erzählen oft ähnliche Geschichten. Sie bekommen mehrmals im Jahr im Traum angenehmen Besuch von ihren verstorbenen Männern. Bei einigen dauert das länger, bis der Liebste sich zeigt, und bei anderen passiert es kurze Zeit nach dessen Tod, so wie es z. B. auch bei meiner Mutter war, der sich mein Vater sehr bald nach seinem Tod zeigte.

Bei meiner Kundin Gabi dauerte es vier Jahre, bis sich der verstorbene Ehemann im Traum zeigte. Sie sah in diesem Traum, wie sie vor einem Orkan flüchtete und ihr Mann sie rettete. "Plötzlich lag ich mitten auf der Straße. Der Wind zerrte mich von links nach rechts", erzählte Gabi. Dann sah sie ihren Mann ... Er kam zu ihr und legte seine Hände unter ihre Hüften und trug sie weg. Plötzlich wurde sie wach und sah ihn an ihrem Fußende sitzen. Sie konnte seine Hände an ihren Hüften immer noch spüren.

Gabi dachte damals, ihr Mann wolle sie vor einem Unfall warnen, aber dieser Traum ist Jahre her, und Gabi hat bis heute keinen Unfall gehabt. Seitdem zeigte sich ihr Mann noch einige Male bei ihr. Er besucht sie einfach gerne nachts, wie in alten Zeiten ...

Eric

Elvira sah, als sie vor einigen Jahren zum Krankenhaus fuhr, zuerst einen Blitz, und dann hörte sie eine Stimme in ihrem Kopf, die sagte: "Mir geht es gut, mir geht es endlich gut. Ich habe keine Schmerzen mehr." Elvira wusste sofort, dass das ein Freund ihrer Kinder war, der vor einigen Tagen verstorben war. Der Gedanke kam von alleine. Sie fragte in Gedanken trotzdem nach, ob es Eric, so hieß der Junge, sei. Die Antwort ließ nicht lange auf sich warten: "Ja."

Elvira zweifelte an ihrem Verstand und dachte: "Jetzt bin ich verrückt! Ich kannte den Jungen nur flüchtig, warum ausgerechnet ich?"

Später erfuhr Elvira von Erics Mutter, das sie schon vor Jahren einen großen Eindruck bei Eric hinterlassen hatte. Genau deswegen nahm er auch von ihr persönlich Abschied.

Hallo, mein Schätzchen

Margo, eine ältere Dame, hat viel Leid in ihrem Leben erleben müssen. Zuerst starb ihr Mann an Krebs, ein Jahr später starb ihr Sohn. So blieb sie alleine zurück.

Als sie ihren Sohn damals aber identifizieren musste und zu dem Tisch begleitet wurde, auf dem die Leiche ihres Sohnes lag, füllte sich der ganze Raum mit dem Duft von "Route 66". Das war das von ihrem Sohn bevorzugte Rasierwasser. Niemand anders konnte es jedoch riechen. Margo hatte Desinfektionsmittel erwartet, aber ... Sie roch "Route 66". Das war sein Duft.

"Später habe ich immer öfter seine ganz persönliche Präsenz gerochen", sagte mir Margo. "Ich sage dann immer nur noch 'Hallo, mein Schätzchen, auch mal wieder da?'"

Die deutliche Berührung

Als Halina einmal mit ihrem Mann und ihrer Tochter spazieren ging, spürte sie eine deutliche Berührung am Rücken. Sie war sehr erschrocken und wollte einfach nur nach Hause. Ihr Mann spazierte mit der Tochter weiter.

Um sich abzulenken, fing Halina zu Hause an, die Küche zu putzen. Doch nun spürte sie erneut eine Berührung an ihrem Hals. Es war äußerst komisch und unangenehm. Kurz danach hörte sie etwas im Flur. Im Glauben, ihr Mann und die Tochter wären zurückgekommen, drehte sie sich um, doch da war niemand ... Sie lief durch die ganze Wohnung, aber es war immer noch niemand zu finden. Halina bekam panische Angst und rief ihren Mann auf dem Handy an. Sie wusste nicht, was da passierte.

Erst später hat sie sich erinnert, dass ein paar Monate zuvor ihr kleiner Bruder ganz plötzlich verstorben war. Er war gerade mal 16 Jahre alt gewesen, und damals hatte sie sich nicht von ihm verabschieden können. So kam er selbst zu ihr und berührte sie.

Oma Luise

Träume sind ein Türchen zu unserem Unterbewusstsein. Wir verarbeiten in ihnen den Alltag, aber wir können durch einen Traum auch Informationen aus der Zukunft empfangen. So war das auch bei Sarah.

"Mein Erlebnis war seltsam", berichtete sie. Sarah lag an einem Samstagnachmittag auf ihrer Couch und war traurig: Sie hatte schon lange nichts mehr von ihrem Herzensmann gehört. Sie erinnerte sich an den Tag, an dem sich beide zuletzt gesehen hatten, und sah das Bild, auf dem er seinen Arm um sie gelegt hatte. Nach einiger Zeit ist Sarah dann eingeschlafen. Sie schlief aber nicht fest, sondern es war ein Halbschlaf, und sie hatte einen so genannten "luziden Traum". Solche Träume können wir bewusst steuern, obwohl wir in dem Moment nicht wissen, dass wir träumen. In solchen Träumen ist man sich bewusst, dass man einen Traum erlebt, aber man kann nicht sofort aufwachen.

Sarah spürte auf einmal einen leichten Druck an ihrer rechten Schulter, als hätte jemand den Arm um sie gelegt. Im ersten Moment dachte Sarah, es sei eine kleine Verspannung, oder ihre Muskeln spielten verrückt. Sie bewegte ihren Arm, aber das Gefühl blieb da. Dann vermutete sie, dass der Druck von dem Kissen, das sie an ihren Rücken gelegt hatte, kam, doch auch das war es nicht ...

Erst als sie wieder richtig wach war, war auch der leichte Druck an der Schulter weg. Sie schaute um sich und erkannte eine Art Nebel neben sich. Sie sah, wie sich dieser Nebel formte und erkannte auf einmal ein Gesicht, das Gesicht einer Frau. Sarah konnte jedoch nicht viel damit anfangen und versuchte, den Vorfall zu vergessen.

Nach einem Jahr kam sie mit ihrem Freund zusammen, und als er ihr eines Tages sein Fotoalbum zeigte, schreckte Sarah auf und fragte: "Wer ist das auf dem Foto?" Ihr Freund antwortete: "Das ist meine bereits verstorbene Oma Luise." Sarah sagte: "Ich kenne die Frau" - und sie erzählte ihrem Freund die Geschichte.

Hat Oma Luise beide zusammengeführt? Anscheinend schon.

Loslassen

Es liegt schon einige Zeit zurück, als es immer wieder zu unerklärlichen Zwischenfällen in der Wohnung meiner Klientin Gabi kam. "Mein Schwiegervater war einige Monate vorher gestorben", erzählte Gabi. Seitdem passierten immer wieder seltsame Dinge. Fast wöchentlich brannten Glühbirnen im Haus durch, die erst kurz vorher erneuert worden waren. Komisch war auch, dass sich Fernseher von alleine einschalteten, oder die Uhr im Wohnzimmer blieb immer wieder stehen; man musste alle paar Wochen die Batterie austauschen. Es war alles sehr unheimlich und mysteriös.

Die Erklärung für all diese Zwischenfälle war, dass Gabis Schwiegermutter ihren Mann sehr geliebt hat. Sie waren über 40 Jahre verheiratet gewesen, und sie konnte ihren Mann einfach nicht loslassen. So war er wohl immer noch in ihrer Nähe.

Du darfst noch nicht gehen ...

Hubertus erzählte: "Mein Vater starb vor drei Jahren an Herzversagen. Die Ärzte hatten ihn bei einem früheren Anfall jedoch noch einmal reanimieren können, und er erzählte mir und meiner Mutter, dass er in einem langen und großen Tunnel gewesen war. Dort sah er viele Schattengestalten, die am Rande des Tunnels standen. Vor ihm gingen einige enge Verwandte. Sie sprachen ihn an und begleiteten ihn nach vorne, doch unser Onkel, der einige Jahre vorher verstorben war, stoppte meinen Vater und sagte: "Du bist zu früh. Du kannst noch nicht kommen, du hast noch eine Kleinigkeit zu erledigen. Du sollst deine Enkelin zuerst sehen!"

"Daraufhin wurde mein Vater wiederbelebt. Meine Schwester bekam eine Woche später ihr Baby, das sie meinem Vater zeigte. Zwei Wochen später schlief mein Vater friedlich bei uns zu Hause ein ... Er erschien später aber meiner Mutter noch einmal. Er rief eines Abends ganz laut ihren Namen und stand dann auch schon vor ihr im Schlafzimmer. Sie konnte ihn sehen und hören. Kurz danach ging er."

Diese Geschichte ließ Hubertus keine Ruhe. Immer wieder dachte er darüber nach, was nach dem Tod ist ... Er hat auch öfter von seinem Vater geträumt und sah ihn immer als einen jüngeren, starken Mann, der ein Auto fährt. Hubertus starb leider vor einem Jahr selbst bei einem Autounfall, somit wollte der Vater in Hubertus' Träumen vielleicht auf den Unfall hindeuten.

Abschied per Lichtschalter

Als sich Sandra eines Morgens noch kurz im dunklen Wohnzimmer aufhielt, bevor sie das Haus verlassen wollte, ging auf einmal das Licht an. Doch sie wohnt alleine in ihrer Wohnung, also konnte niemand das Licht angemacht haben. Es ging einfach von alleine an, und Sandra saß drei Meter vom Lichtschalter entfernt. Sie war sehr verwirrt, aber fuhr dann wie geplant zur Arbeit ins Krankenhaus.

Doch dort ging in der Umkleidekabine plötzlich das Licht aus. Sandra fragte: "Wer oder was bist du?" Sie hörte eine lispelnde Stimme: "Ich bin es, Paulina." Als sie auf Station ging, erfuhr Sandra, dass ihre Lieblingspatientin Paulina gestorben war. Sandra ist davon überzeugt, dass sie sich von ihr bereits per Lichtschalter verabschiedet hatte.

Dort ist es so schön ...

"Ich heiße Johanna, bin 39 Jahre alt und möchte von meinem Erlebnis berichten", so begann ein Brief, den ich 2004 bekommen habe. "Mein Lebensgefährte", schrieb Johanna, "ist nach einem langen Leiden verstorben. Natürlich begleitete ich ihn die ganze Zeit. Ich gab die Hoffnung auf eine Wunderheilung niemals auf. In den letzten Tagen im Spital berichtete er mir, dass es 'dort so schön ist'. Er hatte Angst vorm Sterben, und ich denke, dass die Engel sie ihm genommen haben, indem sie ihm die andere Welt zeigten.

An diesem Tag waren wir auch nicht alleine im Zimmer. Er berichtete mir, dass jemand seine Schulter gestreichelt hatte, obwohl niemand zu sehen war und ich auf der anderen Bettseite saß. Ich weiß, dass er sich das nicht eingebildet hat, trotzt der Medikamente - er war ganz normal. Die letzten drei Tage und Nächte verbrachte er in einem eigenartigen Zustand, wie in einem Halbschlaf. Er starb ... und wurde befreit. Ich saß an seinem Bett und habe gesehen, wie er sich löste. Plötzlich sah ich mich selbst von der Seite. Ich sah meinen Körper, und es hat ausgesehen, als hätte mich jemand mit einer Maschinenpistole durchlöchert, denn aus ganz vielen Löchern strahlte Licht. Meine Empfindung dabei war äußerst komisch: Ich fühlte, wie er sich von mir trennt und geht. Ich empfand Schmerz. Dies in Worte zu fassen, ist fast nicht möglich."

Als Johanna eines Nachts in ihrem gemeinsamen Bett im Schlafzimmer lag, spürte sie einen Druck auf ihrem Körper, als würde jemand eine Decke über sie ziehen, die sie ganz zudeckte. Johanna hat daraufhin im Wohnzimmer geschlafen, denn nach dem Vorfall konnte sie nicht mehr im Schlafzimmer bleiben. Doch die Situation wurde noch kritischer, als sie die Kunstblumen vom Friedhof ins Wohnzimmer stellte. Aber man sollte generell nie etwas von einem Friedhof mit nach Hause nehmen. Nach unserem Gespräch entfernte sie die Blumen, sowie die Fotos von ihrem Lebensgefährten und erlebt mittlerweile wieder bessere Zeiten.

Am Tag, bevor mein Vater starb ...

Am Tag bevor mein Vater starb, hatte ich die ganze Zeit das Gefühl, es gehe etwas verloren. Ich konnte mir das nicht erklären. Keiner hatte damit gerechnet, dass er tatsächlich so schnell gehen würde. Ich fühlte mich wie unter einer Glocke in einem Vakuum, wie in Watte oder Schaumstoff gepackt. Ich dachte nur, was ist das nur für ein seltsamer Tag heute ...

Meine Theorie dazu ist: Wir alle bzw. unsere Seelen sind miteinander verknüpft, und wir kommunizieren energetisch miteinander. Besonders ausgeprägt ist diese seelische Verbindung in einer Familie.

Omas Botschaft

Frau S. aus Salzburg sah ihre verstorbene Großmutter, zu der sie ein sehr enges und inniges Verhältnis hatte, im Traum; sie sah, wie die Großmutter für sie die Karten legte. Sie erklärte ihr, dass sie einen Neuanfang haben werde, symbolisiert durch eine Karte mit Tod. Das passte auch, denn Frau S. hat sich nun endlich nach viel seelischer Arbeit von ihrer Vergangenheit abgenabelt und ist vor Kurzem auch geschieden worden. "Ich habe das Gefühl gehabt, dass jetzt auch Neues und Positives in mein Leben kommen wird", sagte sie.

Kurz nach dem Traum bekam Frau S. auf seltsame Weise ein Geschenk: Sie erhielt von ihrer Freundin Luda ein Buch über Karma. Einige Wochen danach bekam sie auf eine genauso seltsame Weise Engelkarten, die sie aber nie bestellt hatte. Sie kamen von einem Versender als Treuegeschenk. Und die Krönung der Geschichte war: Frau S. lernte einen neuen Mann kennen. - Die Botschaft der lieben Verstorbenen hat ihr also sehr viel Glück gebracht.

Ich kann Seelen sehen

Beate ist eine ruhige Dame Mitte 40. Sie ist streng katholisch erzogen worden, lebt alleine und hat kaum Freunde. Sie hat aber sehr viel Freizeit und beschäftigt sich viel mit ihrer Spiritualität. Eines Tages rief sie mich an und sagte: "Ich kann Seelen sehen. Es kam sporadisch und völlig unerwartet." Beate nahm diese Gabe mit größtem Respekt an. Seitdem sah sie immer wieder verschiedene Seelen und Wesen.

Besonders interessant fand ich Beates Begebenheit mit einem Jungen im Alter von acht bis zehn Jahren. Eines Tages sah sie einen Jungen, der bei ihr in der Wohnzimmertür auftauchte. Er stand da und betrachtete ein Wandbild. Als er merkte, dass Beate ihn sieht, verschwand er.

Aber nachts erschien er wieder, um zu vermitteln, was los sei. Er stand vor Beate und sah sehr misshandelt aus. Der Junge erzählte Beate, dass er ermordet worden war und das sie ihm helfen sollte ... Beate betete für den Jungen mehrere Tage lang und verständigte die Polizei. Es lag tatsächlich eine Vermisstenmeldung vor. Beate wurde auch ein Foto des Jungen gezeigt, sie erkannte ihn sofort. Der Fall lag damals bereits drei Monate zurück.

"Es tauchen auch ab und zu Menschen von der Titanic auf und nennen ihre Namen", behauptet Beate. Auch kommen Tiere zu ihr, die bereits gestorben sind. Ebenso hat sie einen sehr starken Kontakt zu ihren Engeln gefunden. Sie kommen ab und an vorbei mit unheimlich schönen Blumendüften. Alles, was Beate sieht, belastet sie nicht mehr, weil sie weiß, dass sich uns die Seelen zeigen, um uns um Hilfe zu bitten.

Opas Milch

Sabinas Opa verstarb nach jahrelanger Bettlägerigkeit. Er starb in seiner Wohnung, wo seine Frau Dana ihn jahrelang gepflegt hatte. Seine Kinder waren in der Nacht, nachdem er gestorben war, bei ihrer Mutter, und sie blieben die ganze Nacht, damit Dana nicht so alleine war.

Normalerweise glauben Sabinas Verwandte in keiner Weise an übernatürliche Dinge, umso seltsamer war für alle Anwesenden folgende Geschichte ... Sabinas Tante schlief in dem ehemaligen Ehebett von Dana und ihrem verstorbenen Mann, als sie ein Geräusch hörte, als würde jemand mit den Fingernägeln über das Bettgestell kratzen. Sie ignorierte das Ganze und schlief daraufhin fast wieder ein. Als sie jedoch hörte, dass der alte Fußboden knarrte, wachte sie wieder auf. Sie dachte, dass vielleicht ihre Mutter wach geworden war und durch das Zimmer lief, um sich etwas zu trinken zu holen. Durch die Geräusche wurde auch der Onkel von Sabina wach, der neben ihrer Tante lag. Er hörte ebenfalls das Knarren der Holzdielen.

Die Tante stand auf und schaute im Nebenzimmer, wo ihre Mutter schlief, nach, aber die schlief tief. Plötzlich hörten sie wieder ein Geräusch:

wie die Kühlschranktür aufgemacht wird. Da war jemand in der Küche. Gleichzeitig ging das Licht an!

Als sie nach unten kamen, stand die Kühlschranktür halb offen. Sie weckten daraufhin die alte Dame und erzählten alles, was sie gesehen hatten. Doch die Oma grinste nur und sagte, dass Opa sich nachts immer ein Glas Milch aus dem Kühlschrank geholt hatte. So standen alle zusammen in der Küche und diskutierten über Opa, der durch die Wohnung gegeistert war ... Er hatte sich nur seine Milch geholt und bestimmt niemanden erschrecken wollen.

Der Schmetterling

Eines Tages erreichte mich ein Brief mit einem sehr rührenden Erlebnis. Jutta, so heißt die Absenderin, erzählte von ihrer Oma: "Als etwa vor sechs Jahren mein Opa im Alter von 94 Jahren starb, hat das meine Oma sehr mitgenommen", fing der Brief an. "Sie hatten eine sehr enge und liebevolle Beziehung. Nach seinem Tod war die Oma komplett am Boden zerstört. Sie hat lange Jahre gebraucht, um seinen Tod komplett zu verarbeiten."

Am Jahrestag von Opas Tod, erzählte Jutta, hat sich die ganze Familie zusammengefunden, um das Grab zu besuchen und ihn zu ehren. Als alle angekommen waren, hat die Oma sehr weinen müssen. Sie erinnerte sich an ihren Mann: wie er gewesen war und wie sehr beide sich geliebt hatten. Sie hat die ganze Zeit sein Bild auf dem Grabstein berührt, es geküsst und mit ihm geredet. Sie beschwerte sich in ihrer Trauer beim Opa, dass er zu früh gegangen war, und sie wünschte sich, ihn noch einmal küssen zu können.

Als sich die Familie zum Essen an den Tisch neben dem Grab gesetzt hatte, bemerkte die alte Dame, dass ein schöner gelber Schmetterling um ihren Kopf herumflatterte. Zuerst versuchte sie, ihn zu vertreiben, doch er blieb bei ihr. Plötzlich hatte Oma ein ganz vertrautes Gefühl zu ihm und bat ihn, auf ihre Hand zu kommen. Der Schmetterling tat es sofort und "küsste" ihr die Hand. Oma hatte das Gefühl, als würde ihr Mann sie tatsächlich küssen. Dann bat die alte Dame den Schmetterling, auf ihre andere Hand zu kommen - und auch das tat er sofort.

Alle Familienmitglieder haben das mit angesehen und konnten ihren Augen kaum trauen. Jutta hat den Schmetterling auch zu sich gerufen, das tat er jedoch nicht. Er hat nur auf die Oma gehört. Die Oma hat eine ganze Stunde mit dem Schmetterling verbracht, der anschließend auf den Grabstein des Opas flog.

Diese Geschichte vergaß die alte Dame bis zu ihrem Todestag nicht. Sie war davon überzeugt, dass Opas Seele in diesem Schmetterling weitergelebt und sie besucht hat.

Schmetterlinge und Vögel werden auch bei Schamanen übrigens mit der Seele in Verbindung gebracht.

Ein Todestelegramm

"Mein Vater war ein Kriegsgefangener in Russland", so fing eine Geschichte an, die ich von Sandra bekam. Sie erzählte mir eine alte Geschichte von ihrem Vater aus dem Jahre 1943.

Ihr Vater bekam in der Gefangenschaft immer wieder Zahnschmerzen. Da es damals keine Medikamente für Gefangene gab, quälte er sich tagelang mit den Schmerzen. Nachts hatte er meistens jedoch Ruhe. Doch eines Nachts wurde er trotzdem geweckt, weil ihn jemand am Gesicht mit einer kalten Hand berührte. Er wachte auf und schwitzte. Er war irritiert und wusste nicht, was geschehen war.

Nach einem Jahr kam er aus der Gefangenschaft zurück und erfuhr zu Hause, dass sein Vater um genau diese Zeit, als er die kalte Hand gespürt hatte, gestorben war. So hat sich seine Seele von Sandras Vater verabschiedet.

Genau die gleiche Erfahrung machte ihr Neffe Julian Jahre danach. Er bekam ein ähnliches "Todestelegramm" ... Julian war damals beim Militär und befand sich gerade auf Wachposten, als ihn ein Feuerball erschreckte. Er sah eine Feuerkugel, die langsam vorbeizog. Julian rannte in die Kaserne und erzählte die Geschichte seinen Kollegen. In den nächsten Tagen erreichte ihn die Nachricht, dass um diese Uhrzeit sein Vater verstorben war.

Ähnliche Erzählungen bekam ich bereits von verschiedenen Menschen. Einige Menschen empfangen diese "Todestelegramme" visuell, andere riechen etwas oder hören sogar Lieder. Eine Kundin sieht eine Person vor ihren Augen und weiß, dass das diejenige sein wird, die bald sterben wird. Bis jetzt stimmte diese Vision immer mit der Realität überein.

Mir geht es wieder gut

Auch Laila, meine damalige Nachbarin, erzählte eine rührende Geschichte. Als ihre Oma im hohen Alter nach längerem Leiden im Sterben lag, kamen alle Familienmitglieder in ihrem Zimmer zusammen. Sie verabschiedeten sich von ihr und weinten. Die Oma starb, und alle beteten den Rosenkranz, doch plötzlich sah Laila ihre Oma aus dem Körper schweben und im Zimmer herumtanzen. Sie sah deutlich jünger aus und war durchsichtig. Sie lachte und sah alle im Zimmer an. Laila wusste nicht, was da geschah. Die alte Dame sprach Laila an: "Schön, dass du mich sehen kannst. Die anderen sollen nicht weinen, mir geht es wieder gut." Laila hielt das damals für eine Folge ihres überreizten Gehirns.

15 Jahre später wurde Laila schwanger. Sie war sehr glücklich über die Schwangerschaft, doch das Kind hatte sich unglücklich in der Nabelschnur verheddert, und bei der Kontrolle waren die Herztöne nicht mehr zu hören. Das Kind starb. Laila saß im Zimmer und überlegte, warum ihr das Kind genommen worden war. Das Licht war noch an, als plötzlich ein durchscheinender, altersloser Jüngling im Raum auftauchte. Er meinte: "Sei nicht traurig, ich wollte dir nicht zu weh tun. Ich darf nun gehen."

Hier glaubte Laila nicht mehr an Einbildung und zweifelte seither auch nicht mehr an dem Erlebnis mit ihrer Oma. Sie waren erlöst. Ich sage immer wieder: Man muss nicht sterben, man darf es aber, wenn man so weit ist, und der Junge wollte Laila sicher auch nur eine für sie wichtige Botschaft überbringen und hatte sich deshalb bereit erklärt, kurzzeitig bei ihr zu inkarnieren. Später brachte Laila dann ein gesundes Baby zur Welt.

Die Kleidung einer toten Freundin

Eines Tages bekam ich folgende Frage gestellt: "Meine Mutter ist die Treppe heruntergefallen - doch nicht zum ersten Mal. Du hast in einer Sendung einmal erzählt, dass man keine Kleidung von einem Verstorbenen tragen sollte. Meine Mutter trug bei allen Stürzen die Kleidung einer toten Freundin. Kann es daran liegen?"

Es kann bestimmt daran liegen. Kleider speichern die Energien des Vorbesitzers, und beim Tragen dieser Kleidung wird die restliche Energie der Person auf eine lebende Person übertragen, was einen Sturz zur Folge haben kann. Solche Fälle sind sehr verbreitet. Deshalb ist es anzuraten, die Gegenstände von einem Verstorbenen, die er persönlich benutzt hat, zu entfernen und zumindest in den ersten fünf Jahren nicht zu verwenden.

Abschied

Die folgende Geschichte erreichte mich, bevor das Buch zum Verlag gehen sollte. Ich wollte sie aber auf jeden Fall noch mit aufnehmen. Eine meiner Seminarteilnehmerinnen schrieb mich per Mail an: "Vadim, dein Vater hat sich bei uns gezeigt. Gestern Abend saß ich mit mehreren Personen zusammen am Tisch, und wir haben gependelt. Meine Tochter hat gependelt und gefragt, was los sei. Dabei kamen verschiedene Antworten, unter anderem hat es mit deinem Vater zu tun. Er sagte, dass es ihm gut gehe. Meine Tochter spürte Kälte am Rücken, und mein Sohn hat einen Windzug gespürt. Alle Fenster im Haus waren jedoch zu. In dem Moment schlug das Pendel erneut aus, und wir fragten es: 'Wo ist deine Seele?', da hieß es - bei mir. Ich habe dann mit einem Gebet die Seele wegbegleitet und ins Licht geschickt. Dann fragte ich erneut: 'Wo bist du jetzt?' Die Antwort lautete: 'Noch hier.' Wir versuchten dann durch Gebete, die Seele weiter ins Licht zu schicken, genau in diesem Moment platzte eine Glühbirne über dem Tisch!"

Übrigens, mein Vater verabschiedete sich bei vielen, die er kannte ... Und das hat er immer auf eine unterschiedliche Weise getan.

Hilfe durch Verstorbene

Marlies saß in ihrem Zimmer, als es an der Tür klingelte. Es war ihre Nachbarin, die völlig verwirrt und aufgelöst war. Marlies ließ die Dame herein. Die Nachbarin erzählte von einer ungewöhnlichen Begegnung ... Mitten in der Nacht war sie von einer Stimme geweckt worden. Da sie alleine lebt, hat sie die Stimme sehr erschreckt. Die alte Dame dachte, dass jemand in ihre Wohnung gekommen war, um sie zu berauben. Sie sah sich um, fand aber niemanden im Raum. So dachte sie, dass das nur ein böser Traum gewesen war. Doch kaum im Bett, hörte sie wieder die gleiche Stimme. Die Stimme sagte, sie sei aus der anderen Welt, und sie erzählte ihr, sie sei der verstorbene Mann ihrer Freundin Waltraud.

Ihre Freundin Waltraud hatte tatsächlich von kurzer Zeit plötzlich ihren Mann verloren, und da er sehr plötzlich und unerwartet gegangen war, hatte Waltraut sich nicht von ihm verabschieden können. Er hatte auch nichts mehr regeln können, was seinen Nachlass betraf. Die Stimme verlangte nun, Waltraud wichtige Informationen zu geben, damit sie eine finanzielle Absicherung habe. Der Mann aus der Geisterwelt sagte, seine Frau solle aus einem Schrank bestimmte Versicherungsakten holen, mit denen die Witwe die Auszahlung der Versicherungssumme einleiten könnte. So rief Waltraud ihre Freundin an und erzählte, dass ihr Mann sich bei ihr gemeldet hatte. Sie erzählte über die Unterlagen, die tatsächlich schnell gefunden wurden ...

Marlies' Nachbarin zeigte sich erleichtert, da diese Stimme ihr die Wahrheit erzählt hatte. Sie war nun davon überzeugt, dass das kein Traum gewesen war. Der Verstorbene hat sich danach nie mehr gemeldet.

Lieber Papa

Mein Schützling Mathias P. rief mich vor einigen Jahren an und erzählte mir, wie sein Vater von ihm nach seinem Tod Abschied nahm: "Mein Vater war damals schon 80 Jahre alt. In seinem letzten Jahr baute er schnell ab und hatte viel abgenommen. In seinem Kopf war er jedoch sehr klar", erzählte Mathias. Mathias wusste irgendwo in seinem Herzen, dass er nur noch eine kurze Zeit mit seinem Vater haben würde, er wusste, dass sein Vater bald gehen würde.

"Wir unternahmen in dieser Zeit häufiger etwas zusammen, und ich war ganz überrascht, in ihm einen freundlichen Menschen zu entdecken", erinnerte sich Mathias. Sein Vater war Boxer gewesen und hatte aufgrund seiner persönlichen Geschichte immer eher Härte gezeigt. Oft war er unnahbar und arrogant. Durch seine Erkrankung zeigten sich jedoch Aufgeschlossenheit und Wärme.

Die Zeit verging, Mathias' Vater wurde immer schwächer und kam eines Tages ins Krankenhaus. Mathias wusste, dass seine Zeit nun zu Ende war. Am nächsten Tag fiel der alte Mann ins Koma. Alle Familienmitglieder saßen an seinem Krankenbett, und Mathias spürte an diesem Tag immer wieder einen Windzug im Zimmer, wobei alle Fenster zu waren. Der Vater starb.

Mathias fuhr nach Hause und schlief dann weinend zu Hause ein. Mitten in der Nacht weckte ihn die Stimme seines Vaters: Sie kam von irgendwo oben an der Zimmerdecke. Mathias konnte keine Worte verstehen, aber er fühlte, dass es seinem Vater gut ging. Mathias verstand seine Freude, aus dem Gefängnis eines sehr kranken Körpers befreit zu sein, und er wusste, dass sich sein Vater so von ihm verabschiedete. Mathias wurde ruhiger, denn er wusste nun, dass es seinem Vater gut ging.

Die Brosche lag am Grab

Eine sehr interessante Begebenheit, die den Kontakt zu einem Verstorbenen beschreibt, erzählte mir Christa. "Der Vater meines Sohnes hat 1995 Selbstmord begangen. Das war eine sehr schwere Zeit für uns alle. Ein halbes Jahr später hatte ich einen bewegenden Traum: Ich ging auf einen Berg und sammelte Blätter. Sie lagen auf den Steinen. Dann ging ich weiter zu einer Lichtquelle, die wunderschön war. Mein Mann stand vor mir und lächelte mich an, und ich verstand, dass ich meinen Mann im Jenseits besuchte.

Wir schauten uns an und kommunizierten. Unsere Lippen bewegten sich zwar nicht, aber wir verstanden uns trotzdem, ohne Worte. Nach einiger Zeit sagte ich ihm, dass ich ihn vermisse. Er gab mir seine Hand, und ich spürte eine große Ruhe. Ich musste wieder zurück. Mein Mann wollte, dass ich ihm etwas von mir da ließ, und so gab ich ihm meine Brosche.

Ein paar Wochen später besuchte ich sein Grab und trug diese Brosche. Als ich wieder zu Hause war, merkte ich, dass ich sie verloren hatte. Ich suchte alles ab, doch die Brosche blieb verschwunden.

Am nächsten Tag ging die Mutter meines Mannes ans Grab und fand dort meine Brosche. Der Verschluss war zu. Ich nahm die Brosche nicht mehr mit und habe sie am Grab gelassen, schließlich hatte ich sie meinem verstorbenen Mann in meinem Traum geschenkt."

Der Mann vor dem Fenster

Oma und Enkelin waren allein zu Hause, als sich plötzlich die Vorhänge im Zimmer bewegten, und die Kleine sagte: "Oma, da steht ein Mann vor dem Fenster." Sie sah hin, doch da war kein Mann zu sehen. Die Enkelin sprach aber weiter, nun zu dem Mann: "Wer bist du?" Die Großmutter bekam eine Gänsehaut, denn nun hoben sich die Vorhänge auch noch sehr hoch, obwohl alle Fenster geschlossen waren. Die Kleine sprach unbeirrt weiter zur Oma: "Kennst du Opa Anton?" Diese Frage hat sie verwirrt, ihr verstorbener Vater hieß so. "Woher kennst du diesen Namen, Kleine?", fragte sie. "Er steht da und schickt dir Grüße", sagte die Enkelin. Kurz danach wackelten die Vorhänge heftig und eine auf dem Tisch liegende Zeitung flog auf einmal zu Boden. Die Großmutter weinte haltlos. Auf diese Weise zeigte sich der verstorbene Opa zum ersten Mal.

Du trägst keine Schuld

Giselas Oma war erst 65 und starb an Herzversagen, doch das kleine Mädchen gab sich die Schuld daran, weil sie ihr keinen Gutenachtkuss gegeben hatte ... Wie Kinder eben manchmal sind.

Ein halbes Jahr später aber erschien die Oma dem Kind nachts, setzte sich zu ihm aufs Bett und versicherte ihm, dass es keinerlei Schuld an ihrem Tod trage und bitte nicht mehr weinen solle: "Lass mich gehen, und sei nicht traurig, du bist nicht schuld daran, dass ich gehen musste."

Er liess Helga allein ...

Helga verlor ihren Mann Adolf durch Selbstmord, er hat sich erhängt und ließ Helga allein. Helga stand unter Schock. Auch ihre beiden Kinder, die ihren Vater vergöttert hatten, waren sehr enttäuscht und am Ende.

Nach diesem Vorfall hörten Helga und ihre Kinder in der Nacht Schritte in der Wohnung. Helgas großer Sohn sah auch des Öfteren ein helles Licht vor sich im Spiegel. Es veränderte ständig die Form und flackerte hin und her. Er sagte: "Der Papa tanzt mit mir." Auch die Mutter des Verstorbenen konnte dieses Licht wahrnehmen.

Die Seele von Helgas Mann war immer noch da und kam leider nicht zur Ruhe. So riet ich Helga zu einer Wegbegleitung durch ein Kirchenritual, bei dem man zwölf Kerzen anzündet und die Seele bittet, in das Licht zu finden.

Regeln für Hinterbliebene

Energien, die Verstorbene besaßen, begleiten uns teilweise auch nach ihrem Tod, sie bleiben in der Bekleidung, in Möbeln sowie in verschiedenen anderen Gegenständen gespeichert. Diese Energien sollten von uns geehrt, in einzelnen Fällen aber auch beseitigt werden. Aber wie?

Es gibt mehrere Regeln zum Umgang mit verstorbenen Seelen, die man kennen sollte:

- Stellen Sie keine Blumen am Sarg auf, denn Duft ist eine Schwingung und reizt die Seele. Man darf jedoch Blumen am Grab aufstellen.

- Stellen Sie mehrere Kerzen in der Wohnung des Verstorbenen auf, die Flamme wärmt die Seele und hilft ihr, sich zu sammeln.

- Zur Unterstützung der Hinterbliebenen kocht man in Russland Reisbrei mit Rosinen, um die Seele zu ehren und die Trauer zu stillen. Man isst selbst davon und lässt den Rest drei Tage lang auf einem Tisch stehen.

- Die Leiche von Verstorbenen wird vor dem Begräbnis gewaschen. Das Wasser von der so genannten Todeswaschung sollte sorgfältig aufbewahrt werden, denn mit dem Wasser könnte man Magie betreiben, deshalb darf es nicht in fremde Hände geraten.

- Ein lebendiger Mensch sollte nie in ein Grab steigen oder sich dort aus Spaß hineinlegen, es bringt ihm Krankheit und Unglück.

- Vermeiden Sie aus demselben Grund auch unbedingt den Augenkontakt mit verstorbenen Personen (manchmal kommt es vor, dass bei Toten ein Auge aufgeht).

- Auf die Augen des Verstorbenen werden Münzen gelegt, damit er auf niemanden schaut. Diese Münzen sollten im Sarg bleiben.

- Kommen Verstorbene im Traum zu Ihnen, dann versuchen Sie, die Ruhe zu bewahren, und befragen Sie den Verstorbenen/die Verstorbene, was er/sie Ihnen mitteilen möchte.

- Man sollte für den Verstorbenen beten, denn Gebete geben der Seele Kraft zur Erlösung, und so kann die Schwingung der Seele verstärkt werden.

- In Russland stellt man in die Nähe von einem Sarg ein Glas mit Wasser oder Wodka und legt ein Stück Brot darauf. Das Glas mit dem Brot wird nach dem Begräbnis in die Wohnung des Verstorbenen gebracht und 40 Tage lang dort stehen gelassen, bis die Seele sich gelöst hat. Dieses Wasser wird als "totes Wasser" bezeichnet und darf nicht getrunken werden!

- Man sollte am Friedhof nichts essen, denn sonst können schlechte Energien in den Körper gelangen. Genauso darf man nichts von einem Friedhof mitnehmen (keine Blumen oder Pflanzen und auch keine Erde oder andere Gegenstände). Alle Blumen von dort oder Ähnliches haben "Friefhofsenergie".

- Man darf auch keine Früchte, die am Friedhof wachsen, pflücken und essen, sonst riskiert man eine Erkrankung und kann energetisch ausgelaugt werden.

- Man sollte nichts am Friedhof vergessen, keine Dokumente oder persönlichen Sachen, auch keine Kleidung etc., denn dies kann unseren Körper energetisch schwächen.

- Kinder sollten bei der Beerdigung nicht dabei sein. Das kann die Psyche schwächen.

- Kleider von verstorbenen Menschen sollte man verbrennen. Die gesamte Garderobe von einem Verstorbenen sollte nach 40 Tagen weggeworfen werden.

- 40 Tage lang ist die Seele in der Nähe des Wohnbereiches des Verstorbenen, deshalb sollte man Kerzen brennen lassen und beten.

- In einen Unterteller werden Weizenkörner gelegt und vier Kerzen am Sarg angezündet. Das dient der schnelleren Lösung der Seele.

- Eine ganze Woche vor sowie nach dem Begräbnis sollte das Zimmer des Verstorbenen nicht aufgeräumt und nicht geputzt werden.

- Man darf keine Uhren von dem Verstorbenen abnehmen oder tragen.

- Verwandte sollten nie vor dem Sarg gehen oder Kränze tragen, sonst besteht die Gefahr eines neuen Todesfalles in der Familie.

Spuk, Gespenster und Poltergeister

Gibt es Gespenster nur in Gruselfilmen? Von wegen! Ich behaupte: Das Jenseits existiert!

Meiner Meinung nach ist sogar alles miteinander vereinigt und verknüpft. Wir bzw. unsere Energien, unsere Seelen sind alle durch unsichtbare Fäden, ähnlich wie in einem Spinnennetz, miteinander verbunden. Doch eben nicht nur wir Menschen sind miteinander verbunden, sondern manchmal verbinden sich unsere Energien auch mit den unsichtbaren Ebenen um uns herum, weswegen es so wichtig ist, seine Mitte zu finden, in sich stabil zu sein und sich zu schützen.

Doch bevor wir uns den so genannten Spukphänomenen zuwenden, möchte ich Ihnen noch die wichtigsten Gruppen von geisterhaften Phänomenen vorstellen:

- **Ortsgebundene Seelen und Poltergeister** sind Geister, die sich nicht von einem Ort oder einer Person trennen können bzw. wollen. Sie folgen einer bestimmten Person oder verbleiben an einem bestimmten Ort und können ihrem Opfer erheblichen Schaden zufügen.

- **Gespenster** sind Erscheinungen von Geistern. Sie erscheinen uns als Person oder Nebel, sie verursachen keine Geräusche oder Bewegungen von Gegenständen, man kann sie nur sehen.

- **Spukphänomene** können auf vielfältige Art und Weise auftreten. Das sind Geister, die Geräusche verursachen und Gegenstände bewegen können. Dabei werden oft Stimmen, Kälte oder Zugluft wahrgenommen. In schweren Fällen fliegen sogar verschiedene Gegenstände durch die Luft.

Nachwirkungen eines Readings

"Ich wohne mit meinen Eltern und Geschwistern zusammen", schrieb mir Antonio. "Bei uns passieren momentan komische Sachen. Angefangen hat das mit einem Besuch unserer gemeinsamen Freundin. Wir haben im Internet nach Esoterikshops gesucht und fanden dabei ein elektronisches

Witchboard. Da diese Freundin ein gutes Medium ist, probierten wir das gemeinsam aus und bekamen wirklich einen Besucher. Wir stellten ein paar Fragen und bekamen auch deutliche Antworten darauf. Dann ging der Besucher wieder.

Doch am Wochenende darauf begannen die seltsamen Zwischenfälle. Wir hatten wie gewöhnlich eine Kerze angezündet und sie in ein großes Weinglas gestellt. Als wir die Flamme beobachteten, wurde sie auf einmal ganz klein, dann wieder hoch. Zwischendurch entflogen der Flamme sogar einige Funken. Plötzlich platzte das Glas.

Ein paar Tage später montierte ich auf die Badetür einen Spiegel, doch als ich kurz darauf das Licht im Bad anmachen wollte, brannte die Lampe durch. Sie war jedoch erst eine Woche zuvor neu installiert worden! Kurze Zeit später brannten auch noch mehrere Glühbirnen in sämtlichen anderen Zimmern durch."

Durch einen Jenseitskontakt kann so etwas passieren. Es gibt Seelen, die nach einer Séance nicht zurückgehen wollen, und so bleiben sie eine Weile in unseren Räumen. Prinzipiell ist alles, was mit einem Kontakt zu tun hat, nicht gefahrlos. Nicht jede Seele kann sofort nach ihrem Tod in das geistige Reich hinübertreten, und gerade diese Seelen kommen sehr oft zum Kontakt durch ein Medium. Denn sie verbleiben nach ihrem Tod in einem erdnahen Bereich und geben dann Antworten auf unsere Fragen - doch bei allem Respekt vor den Toten: Wollen Sie solch einen Kontakt wirklich? Zudem sind dies die Seelen kürzlich Verstorbener, und es ist unwahrscheinlich, dass diese Ihnen Ihre Fragen beantworten können ...

Kontakte mit dem Jenseits werden auch Readings genannt und können vielfältiger Natur sein. Es gibt unterschiedliche Kontaktaufnahmemöglichkeiten, wie z. B. ein Channeling oder den Kontakt mit erdgebundenen Seelen, wie man es bei einem Spuk oder bei Poltergeist-Phänomenen erlebt. Man kann diese Kontakte durch Pendel, Trance oder auch, wie oben beschrieben, mit einem speziellen Buchstaben-Brett, Witchboard genannt, herstellen. Sollte die Seele nicht mehr gehen wollen, kann man sich durch verschiedene Techniken von ihr befreien. Dazu sind Kerzenarbeit, Gebete sowie Raumreinigungen durch Weihrauch und Öle nötig. Sie sollten sich jedoch genau überlegen, ob Sie solche Seelen erst anziehen ...

Londoner Spukphänomene

Den wohl bekanntesten Fall von Spukerscheinungen erlebte eine Familie in Enfield bei London. Dieser Fall war auch mehrmals in der Presse zu finden. Innerhalb eines halben Jahres wurden über 1000 einzelne Vorfälle registriert! Die Zeugen berichteten, dass im Schlafzimmer oft ein Geräusch zu hören war. Dann hörten alle Familienmitglieder, die Mutter und ihre vier Kinder, das Klopfen an der Wand. Danach wurde eine tiefe Stimme auf Tonband aufgenommen.

Einmal tauchte sogar ein Holzklotz auf und flog einem Fotografen an den Kopf, einige Gegenstände entzündeten sich mehrmals wie von selbst. Weiterhin wurde beobachtet, wie ein Teil vom Gasofen durch das Wohnzimmer geschleudert wurde. Auch viele Möbel, darunter ein Sofa, bewegten sich im Haus hin und her und flogen durch den Raum. Nach einiger Zeit verschwand das Phänomen wieder von alleine.

Außerkörperliche Erfahrung

Eine Klientin, Roswitha, arbeitete früher einmal in der Psychiatrie. Diese Zeit brachte ihr neue Erkenntnisse für ihr Leben, denn damals hat sie verschiedene Wesen um sich herum gespürt und manchmal auch etwas wie einen Schleier gesehen.

Roswitha litt zu dieser Zeit auch unter großen Ängsten. Sie berichtete z. B., dass sie Angst hatte, in den Spiegel zu schauen. Auf meine Frage, warum sie sich davor fürchtete, sagte sie mir damals: "Weil ich die Wesen hinter mir spürte und ich Angst hatte, sie im Spiegel hinter mir stehen zu sehen."

Tatsächlich haben wir verschiedene Wesenheiten um uns herum, denn hier auf der Erde leben wir in einem Energiemeer, in dem nicht nur unsere Anteile, sondern eben auch die von für uns nicht sichtbaren Ebenen ihren Platz haben. Doch nur weil wir sie nicht sehen können, heißt das nicht, dass sie nicht auch da sind. Aber es sind nicht nur Spukerscheinungen, sondern auch die Engelwelt gehört zu dieser unsichtbaren Ebene ... Nicht jeder Mensch kann Seelen oder deren Anteile spüren. Wenn man jedoch dazu veranlagt ist, bekommt man es irgendwann automatisch mit.

Eines Abends, als Roswitha wieder vor einem Spiegel stand und sich nicht traute, hineinzuschauen, wusste sie auf einmal, dass es so nicht weitergehen konnte. Sie nahm allen Mut zusammen, schaute in den Spiegel und hat laut gesagt: "Ich habe keine Angst mehr vor euch." Von da an hatte sie Ruhe.

Geister in Bayern

Diese wahre Geschichte spielte sich in einem kleinen Dorf in Bayern ab. In dieser Gegend gab es eine Stelle, an der schreckliche Dinge geschehen sein sollen, und auch heute noch scheuen die Pferde dort, denn Tiere spüren gewöhnlich unbewusst viele Energien. Mein Klient Gabriel erzählte:

"Ich lebte im Nachbarort von Erding. In der Nähe gab es eine äußerst komische und gefährliche Stelle. Man nannte sie 'Der tote Fleck'. Ich kannte die Stelle nicht, wusste jedoch, dass sie in der Nähe war. Wir waren auf dem Weg nach Hause, als Folgendes passierte: Plötzlich hatte ich das Gefühl, als ob mir am Hinterkopf meine Seele ausgezogen würde. Ich habe dann sofort bemerkt, dass sich meine Begleiter von mir entfernt hatten, und ich konnte sie nur noch wie aus weiter Ferne reden hören. Es war, als wäre ich nicht mehr in meinem Körper. Als ich wieder zurück war, dachte ich nur: 'toter Fleck, wie wahr!'"

Was sind das für Stellen oder Orte, an denen die Energien scheinbar verrückt spielen? Wir kennen das Bermuda-Dreieck und andere unheimliche Orte auf der ganzen Welt. Vermutlich gibt es an solchen Plätzen einen sehr intensiven Energieaustausch zwischen Mensch und Natur, magnetische Strahlen oder bis jetzt unerforschte Energien.

Die Geisterbahn

Marina liebte es, ihren Urlaub im Europapark zu verbringen. Sie fuhr immer wieder hin und konnte sich bei diesen Reisen richtig entspannen und austoben. Sie erzählte mir, dass sie sich besonders von einer Stelle in der Geisterbahn magisch angezogen fühlte.

Sie beschrieb es so: "Ich fühle mich dort wie Zuhause, es erinnert mich an etwas aus meiner Kindheit, ich fühle da ein ganz eigenartig warmes Gefühl, das durch meine Haut geht ... Ich erinnere mich immer an meine Oma ... Und ich rieche sie sogar manchmal, ob sie da wäre."

Ist die Oma vielleicht in der Nähe? Es ist möglich. Ich habe auch einmal etwas Ähnliches in London erlebt. Als ich vor einem Pub stand, spürte ich eine unheimliche Liebe zu dieser Stadt, so ob ich schon einmal in London gelebt hätte. Es war unbeschreiblich schön.

Schatten sehen: Geister oder Engelenergien?

"Ich sehe an manchen Tagen Schatten hinter mir oder neben mir", berichtete Gerhard. Er hatte immer das Gefühl, dass jemand in seiner Nähe stehe. Er fühlte, dass er nie alleine war.

"Wenn ich mich dann umschaue", beschrieb Gerhard, "ist weit und breit kein Mensch zu sehen, aber das Gefühl, ich wäre begleitet, ist immer da." Er dachte schon, dass seine Nerven ihm einen Streich spielen, aber es passierte immer wieder.

Zu diesem Phänomen passen natürlich mehrere Erklärungen und Hypothesen. Meistens geht es dabei um unsere Schutzengel, Lichtwesen oder geistige Führer, die uns immer begleiten. Das sind Energien, die uns die Wege aufzeichnen, uns behüten und uns in unserer Entwicklung weiterbringen. Wesen, die einfach immer da sind. Aber es könnten auch Verstorbene sein, die uns zeigen wollen, dass sie auf uns aufpassen.

Poltergeister

Die Bezeichnung "Poltergeist" bezeichnet Jenseitige, die den Weg ins Licht nicht gefunden haben. So kommt es dazu, dass sie sich in unserer Wohnung, unserem Haus oder auch auf der Straße versuchen, bemerkbar zu machen.

Während des Sterbevorganges ist es im Normalfall so, dass sich die Seele eines Verstorbenen in ein helles Licht bewegt, das die Seele aufnimmt. Dort befinden sich Seelen, die den Verstorbenen in Empfang nehmen und ihn weiterbegleiten. Manchmal bleiben die Seelen aber auch in der so genannten Zwischenwelt, weil sie noch nicht realisiert haben, dass sie gestorben sind, oder es nicht wahrhaben wollen, oder sie können sich noch nicht von der Erde und ihrem Leben trennen. Sie halten sich dort längere Zeit auf und gehen nicht ins Licht. Sie bleiben an die Materie gefesselt und sind verwirrt.

Die Gedanken dieser Seelen können so stark sein, dass sie Gegenstände bewegen, niederwerfen oder verbrennen können. All dies geschieht aber aus der Not heraus, weil die verwirrte Seele nach Hilfe sucht.

Es gibt mehrere Möglichkeiten, solch einer Seele zu helfen: Man kann für diese Seele beten oder sie direkt ins Licht führen bzw. ihr das Licht zeigen.

Einen Fall aus meiner Kindheit werde ich nie vergessen: Eines Tages war meine gesamte Klasse zu einer kranken Mitschülerin, Olga, nach Hause eingeladen worden. Die gesamte Klasse ging hin, um sie zu besuchen, und erlebte Folgendes: Wir standen in ihrem Zimmer, und plötzlich fing ein Besen an, durch den Raum zu springen. Er spazierte gelassen und ruhig von links nach rechts. Zuerst dachten wir, es wäre ein Trick. Doch nachdem Olga uns erzählt hatte, dass solche Sachen in ihrem alten Haus immer wieder passieren, waren alle außer sich. Einige gingen sofort wieder nach Hause ... Wenn ich das nicht selbst gesehen hätte, hätte ich es wahrscheinlich nicht geglaubt ...

Schwarzhaariger Poltergeist

Wie bereits erwähnt, können sich Verstorbene, Seelen oder auch andere Wesen zeigen. Rita, eine meiner Klientinnen, berichtete eine unglaubliche Geschichte über einen Poltergeist in ihrer Wohnung. Die Alleinstehende war in der Küche beim Kochen, als sie plötzlich das Gefühl hatte, jemand schaue ihr über die Schulter. Sie drehte sich um und sah einen kleinen schwarzhaarigen Jungen in ihrer Küche. "Ich habe ihn sehr gut gesehen, nur etwas feinstofflicher als wir Menschen uns sehen", meinte Rita.

"Damals hat es mir Angst eingejagt, weil ich noch nicht so spirituell interessiert war wie heute. In dieser Zeit haben sich auch Gegenstände wie Töpfe, Schüsseln usw. in der Küche bewegt, das habe ich und oft auch meine Freundinnen gesehen. Zur selben Zeit habe ich oft ein Baby schreien hören, doch es war nie zu sehen. Ich habe oft meine Freundinnen in die Wohnung geholt, und sie haben das Baby auch gehört. So wusste ich zumindest, dass ich nicht verrückt bin."

Natürlich war Rita nicht verrückt. Poltergeister gibt es öfter, als man denkt. Ich kenne selbst eine Wohnung in München, die seit Jahren nicht vermietet werden kann, weil es in ihr spukt. Menschen bekommen blaue Flecken, wenn sie sich dort längere Zeit aufhalten. Man bekommt in dieser Wohnung kaum Luft, dafür eine totale Gänsehaut.

Ich war auch bei Rita, und in einer Meditation kamen gechannelte Informationen, dass in dieser Wohnung vor Jahren tatsächlich ein Junge lebte, der gestorben war. Diese Informationen wurden von zwei Nachbarinnen von Rita, die schon länger in diesem Haus lebten, bestätigt. Wir begleiteten den Jungen dann mit Gebeten zusammen ins Licht.

Seitdem hat Rita ihre Ruhe und kein Gefühl mehr, als ob etwas an ihr vorbeihusche oder jemand hinter ihr stehe. Die Seele fand ins Licht.

Türschlossgeist

"Hallo Vadim, ich hatte ein komisches Erlebnis", so fing der Brief einer meiner Kundinnen an. "Ich höre in unserem Haus, dass jemand immer wieder den Schlüsselbund mit mehreren Schlüsseln ins Schloss steckt, die Tür aufschließt und danach hereinkommt. Dann vergehen die Geräusche, und es herrscht totale Ruhe im Haus. Ich höre dann später, wie die Tür aufgemacht und wieder geschlossen wird, die Schritte gehen aber immer nur bis in die Küche. Die Geräusche sind so echt, dass es keinen Unterschied zur Realität gibt. Ich höre sie immer wieder, aber auch mein Mann und meine Kinder."

Man berichtet in der Presse immer wieder von so genannten Türschlossgeistern. Dieses Phänomen kenne ich schon lange. Man hört erst Schlüssel, dann die Schritte, danach herrscht totale Stille. Man bekommt bei diesem Phänomen nie etwas zu sehen. Das ist ein Geräusch-Poltergeist, der uns aber nie Schaden zufügt oder zufügen kann.

Nebelige Angelegenheiten

Und noch eine Begebenheit, die der oben genannten Person und ihrer Freundin passierte. Beide hatten abends Langeweile und fuhren einfach so mit dem Auto durch die Gegend. "Wir fuhren durch ein kleines Waldstück", berichtete sie. "Auf einmal wurde es total neblig und unangenehm, es roch nach Schimmel. Uns wurde ganz komisch, es ist fast unmöglich, dieses Gefühl in Worte zu fassen. Es war ein Gefühl, als würde jemand oder etwas in unsere Körper reinrutschen, sie besiedeln. Es war ein sehr unangenehmes Gefühl, ich fühlte mich total energielos, auch machtlos und ausgeliefert! Ich hatte Angst ... Und meiner Freundin ging es nicht besser. Wir fuhren jedoch weiter. Nach zehn Minuten war alles weg."

Es kann vorkommen, dass die Seelen von Menschen nach dem Tod nicht ins Licht gehen können. Sie bleiben dann eine Zeit lang hier und halten sich in den Häusern oder in einem Wald auf. Es gibt sehr viele erdgebundene Seelen.

Einige der Gründe dafür sind, dass sie nicht gehen wollen, weil sie zum Beispiel glauben, dass sie noch etwas zu erledigen haben. Andere Gründe können sein, dass sie nicht wissen, dass sie gestorben sind oder nicht wissen, wohin sie gehen sollen. So etwas passiert bei Unfällen oder wenn der Tod zu plötzlich kam. Die Ursache kann auch darin liegen, dass sie nicht gehen wollen, weil sie zum Beispiel mit Hass und Wut im Herzen gestorben sind. Sie wollen sich dann rächen. Aber auch wenn wir, die Hinterbliebenen, unsere Verstorbenen nicht gehen lassen, zu lange traurig bleiben und unbewusst die Seele halten, hängen die Seelen weiter hier fest. Diese Seelen sind oft an Wohnblöcke, U-Bahnen, Tunnels, Straßen oder andere Orte oder sogar Menschen gebunden. Hier spricht man dann von einer Besetzung.

Wenn sich so eine Seele an einen Menschen oder auch an ein Tier anhaftet, kann das in der Regel gravierende Auswirkungen haben: Man wird müde, krank und wirkt sehr verändert. Anzeichen für Besetzungen können auch starke Kopfschmerzen, Angst, Aggressionen oder Depressionen sein. Oft merkt jedoch der "Besetzte" ein Leben lang nicht, dass er überhaupt besetzt ist.

Um diese Besetzung zu beseitigen und den Betroffenen zu reinigen, sollten Sie mit Gebeten arbeiten und einen Fachmann oder eine Fachfrau für Besetzungen aufsuchen, die Ihnen helfen, die verirrte Seele ins Licht zu schicken. Zusätzlich empfehle ich immer, Erzengel Michael zu kontaktieren und ihn zu bitten, den Ort oder den Menschen zu reinigen.

Ein Glühbirnenstreik

Eine Kundin erlebte etwas ziemlich Seltsames: Sie ist über einige Monate hinweg nachts immer wieder aufgewacht und hat immer wieder festgestellt, dass sie sich in diesem Moment nicht bewegen konnte. Irgendetwas sehr Schweres lag auf ihrem Brustkorb. Sie sah es zwar nicht, konnte es aber deutlich fühlen, als ob jemand auf ihr sitzen würde. Doch wenn sie nachts in der Wohnung ein Licht brennen ließ, blieb der Spuk aus. Allerdings ist dann öfter die Glühbirne zersprungen, und die Sicherung ist rausgeflogen.

"Wegen diesem Wesen habe ich in meinem Schlafzimmer jahrelang nachts Licht brennen lassen, erst vor etwa einem Jahr habe ich mich entschlossen, das Licht wieder auszumachen. Seither scheint auch Ruhe zu sein. Es würde mich doch wirklich einmal interessieren, was das war."

Es wird immer wieder in der Presse berichtet, dass solche Erscheinungen weltweit passieren. Verlorene Seelen, Seelenanteile oder auch Spukerscheinungen, was auch immer dahinterstecken mag, all diese Dinge sind alltäglich. Aus meiner Praxis weiß ich, dass sich unsere Verstorbenen so verabschieden, aber auch fremde, erdgebundene Seelen können sich uns so zeigen.

Mit meinem Untermieter zogen auch Geister ein

Eine meiner Kolleginnen erzählte mir ihre Geschichte. Die Geschichte fand ich sofort sehr interessant und mystisch. Sie erzählte über eine Geistererscheinung, die ihr vor langer Zeit widerfuhr. "Mein Untermieter hatte vor einigen Jahren an spirituellen Sitzungen teilgenommen", erzählte meine Kollegin. "Diese waren für ihn jedoch nicht gut. Er bekam dadurch sogar Depressionen und Angst. Als er nun bei uns einzog, dauerte es nicht lange, bis Erstaunliches passierte. Es ist noch zu erwähnen, dass wir verschiedene Wohnungseingänge haben.

Der Untermieter hörte Schritte und Stimmen im ganzen Haus, auch in meiner Wohnung, in der aber mein bissiger Hund lebt. Ich konnte diese Schritte auch selbst wahrnehmen. Auch nachts ging im Keller die Stereoanlage von alleine an und wieder aus. Die Musik hallte dann immer lautstark durch das gesamte Haus. Im Keller verschwand über Nacht zudem ein kleiner Teppich von der Wand, ohne jemals wieder aufzutauchen. Er zeigte einen den Mond anheulenden Wolf ... Zufall? Kurze Zeit danach hatte mein Untermieter einen schweren Autounfall, und eine Woche später hat er auch als Fußgänger einen erneuten Unfall erlitten.

Ich fragte meine Engel: 'Was ist da nur los?' Die Antwort ließ nicht lange auf sich warten: 'Du musst nichts lernen.' Er aber hatte vieles zu lernen. Ich half ihm, sich der Geister zu entledigen durch ein Rezept aus England. Man nimmt dazu ein Glas Wasser. Es wird auf einen Kreis gestellt, in dessen Mitte zwei Engelnamen geschrieben sind. Um den Kreis herum werden sternförmige Linien gezeichnet. Nachdem das Glas Wasser über Nacht die Engel-Frequenzen aufgenommen hat, wird die Hälfte davon getrunken und die andere Hälfte im Raum versprüht. Mein Untermieter sollte das Ritual mehrere Male wiederholen, bis jeder Raum versorgt war. Danach ist Ruhe eingekehrt."

Seit tausenden von Jahren besteht die Möglichkeit, mit der geistigen Welt zu kommunizieren. Ab und zu läuft es jedoch aus dem Ruder, so dass wir durch eine spirituelle Sitzung Seelen zu uns holen, die nicht wieder gehen wollen. Benutzen Sie die oben stehende Rezeptur, falls so etwas auch Ihnen widerfahren sollte. Meines Erachtens sind alle Geister und Gespenster nichts weiteres als Seelen oder Seelenanteile, so wie Sie und ich, nur mit dem Unterschied, dass sie sich auf einer anderen Ebene befinden, die wir jedoch nicht immer wahrnehmen können.

Wieder der schwarze Mann?

Olga schrieb: "Ich habe in der Tat schon mehrfach mehr als Ungewöhnliches erlebt. Ich berichte dir über eine der außergewöhnlichsten Erfahrungen meines Lebens. Ich war acht Jahre alt und sah von Zeit zu Zeit einen ganz in schwarz gekleideten Mann vor unserem Haus. Er war zwar immer in Sichtweite, aber nie ganz nah bei mir. Er machte mir trotz seiner dunklen Erscheinung keine richtige Angst, regte aber meine Neugier immer wieder aufs Neue an.

Beim Spielen fragte ich meine Freundinnen irgendwann, ob sie ihn auch sehen könnten. Sie konnten es leider nicht und meinten, ich würde mir den Mann nur ausdenken. Eine Freundin sagte jedoch, dass ich Recht hätte, denn sie könne den Mann auch sehen. Sie beschrieb ihn genau so, wie ich ihn wahrnehmen konnte. Danach erzählten wir niemandem mehr davon, weil wir dachten, dass uns ohnehin keiner glauben würde. Es verging eine ganze Weile, und ich gewöhnte mich an meinen stillen Begleiter. Er war oft mit mir bis zur Schule gegangen, und dann begleitete er mich wieder nach Hause.

Meine Freundin zog später mit ihren Eltern um, und ich hatte den schwarzen Mann für mich alleine. Eines Tages jedoch sah ich ihn nicht mehr und wunderte mich, wo er blieb. Später ging ich mit meiner Mutter zusammen auf dem Heimweg an einem sehr dicken Baum vorbei, und plötzlich sah ich eine weiße weibliche Gestalt. Sie verschwand hinter diesem Baum und kam mir vor wie ein Engel. Ich wollte sie mir unbedingt noch einmal ansehen und bat meine Mutter zu warten. Ich lief hinter diesen Baum, doch es war niemand da.

Erst heute fand ich eine mögliche Erklärung zu den beiden Erscheinungen: Der schwarze Mann kam in einer Zeit, in der meine Ur-Großmutter starb, und die Engelgestalt erschien, als sie nicht mehr unter uns weilte.

Diese Wesen machten mir keine Angst und waren eigentlich der Anfang von einigen anderen ähnlichen Erfahrungen. Es passiert nicht täglich, aber es gehört zu meinem Leben irgendwie dazu."

Ich finde diese Geschichte einfach schön. Was sie gesehen hat, waren Seelen, die noch hier sind, weil sie sich nicht trennen können oder weil wir sie festhalten. Oder sie sind da, weil sie vorhaben, uns noch irgendetwas zu sagen oder zu zeigen. Die Seelen sind immer in der Lage, sich bemerkbar zu machen. Wie, das hängt von der vorhandenen Energie ab, die diesen Seelen zur Verfügung steht.

Ein medial veranlagter Mensch wie Olga fühlt die Seelen und sieht sie als einen Begleiter oder als eine Engelgestalt. Und nicht zu vergessen: Sie erzählte von ihren Kindheitserlebnissen, und viele Kinder sehen immer mehr als Erwachsene, weil sie die eigenen Gaben noch nicht unterdrückt haben. Bei einem durchschnittlichen Erwachsenen oder einem weniger medial veranlagten Menschen muss die Seele sich die Mühe machen, sich durch Geräusche bemerkbar zu machen, oder sie muss etwas im Zimmer bewegen. Das alles tun die Seelen nur, um auf sich aufmerksam zu machen und uns zu sagen, dass sie noch existieren.

Der Regenbogen

"Ich habe heute in meiner Wohnung einen guten alten Freund gesehen, der seit einigen Jahren nicht mehr am Leben ist", schrieb mir Helena. "Über ihm war ein Regenbogen zu sehen. Es war kein Traum, ich war hellwach."

Was wollen uns diese Dinge mitteilen? Fragen Sie sich: Was empfinden Sie dabei? Sind die Informationen gut und warm, deuten solche Ereignisse auf etwas Positives und Gutes hin, evtl. auf einen Abschied? Im oben beschriebenen Fall ging es um den Abschied einer Seele. Sollten wir solch etwas aber als negativ empfinden, ist es ein Zeichen für eine mögliche Gefahr.

Das Telefon klingelt

"Ich möchte dir meine 'unheimliche Geschichte' erzählen, weiß aber nicht, wie ich anfangen soll", so Nadine. "Wie ich dir schon einmal erzählt habe, geschehen sehr viele unerklärliche Dinge in meinem Leben. Mein Telefon, mit dem man nur intern im Haus telefonieren kann, läutet bei mir beispielsweise in einem Zimmer, in dem niemand ist, es zeigt mir sogar die Nummer an. Kürzlich lag zudem das Kreuz, das ich in meinem Wohnzimmer aufgehängt habe, am anderen Ende des Zimmers auf dem Boden. Da ich alleine mit meinem Mann im Haus lebe, kann ich sagen, dass es unerklärlich ist, weil wir es sicher nicht waren.

Einige Wochen später, als ich schon zu Bett ging, hörte ich ein Geräusch in der Diele. Mein Mann war noch in der Küche, und ich dachte, dass er das ist. Als mein Mann aber später zu Bett ging, hörten wir dieses Geräusch wieder. Und auf einmal ging im Büro das Licht an. Mein Mann, der das Geräusch auch gehört hatte, dachte, dass ich noch im Büro sei. Ich war aber in diesem Moment in einem anderen Raum."

Hier gibt es verschiedene Erklärungen. Es könnten Lichtwesen oder auch eine verstorbene Seele gewesen sein. All diese Wesen schaden uns nicht und zeigen sich uns ab und zu in unserer Realität. Also, Angst müssen wir vor ihnen nicht haben.

Geister sehen

"Als Kind habe ich oft Nachtgeister vor meinem Bett sehen können. Ich unterhielt mich dann mit ihnen. Sie sagten, dass sie uns Menschen ständig begleiten. Jedes Mal hatte ich ein Gefühl dabei, als würden sie mich aus dem Bett heben. Es kitzelte an den Füßen und am Kopf.

Einmal sah ich auch eine dunkle Gestalt an meinem Bett. Sie kam aus einer Ecke im Zimmer und starrte mich an. Es wurde mir unheimlich, und ich machte das Licht an. Ich erzählte später alles meiner Oma, und nach einer Räucherung im Zimmer ging der Spuk dann weg.

Spontane Vorahnungen habe ich seit frühester Kindheit. Anfangs zeigten sich diese in Form der komischen Gefühle und später in Form einer Vision ... Nicht umsonst bin ich danach einen spirituellen Weg gegangen".

Leopoldine

Durch meine Energiearbeit und parapsychologische Tätigkeit bin ich sehr hellfühlig geworden. Ich sehe manchmal eine Art Schatten in den Wohnungen meiner Klienten, ich nenne sie "Anteile". Diese Anteile stammen von Verstorbenen oder noch lebenden Menschen und hängen sehr oft in unseren Wohnräumen. Durch spezielle Techniken entlasse ich sie in einen Lichtkanal oder begleite sie in das Licht.

Oft sprechen die Wesen mit mir, fragen nach etwas oder teilen mir etwas mit. Letztens sagte mir ein Wesen in dem Haus eines Klienten: "Oma Leopoldine geht es gut." Ich übermittelte das Gesagte an den Hausbesitzer und fragte, ob er mit der Aussage etwas anfangen könne. Der alte Herr setzte sich sofort in seinem Stuhl auf und war ein paar Minuten lang sprachlos. Er bestätigte, dass er eine Oma namens Leopoldine hatte und auch bis heute sehr oft an sie denken müsse. Was mich angeht, so einen Namen hörte ich zum ersten Mal in meinem Leben. Zufall, Telepathie oder ein Jenseits-Informationsbüro?

Vielleicht gibt es sie wirklich ...

Claudia aus Bremen schrieb mich an: "Guten Abend, lieber Vadim, eigentlich passieren mir komische Dinge in letzter Zeit sehr häufig. Ich kann sie jedoch nicht einordnen. Ich lebe alleine in meiner Wohnung. Ich fühle mich aber nicht alleine darin. Einige Gegenstände stehen häufig anders, als ich sie hingestellt habe, und im Esszimmer habe ich schon mehrmals Pfeifentabak gerochen, ich bin aber Nichtraucherin. Auch rauchte niemand in meiner Wohnung, schon gar nicht Pfeife.

Ich fragte die Vermieterin, wer in dieser Wohnung vor mir gewohnt hätte, und sie sagte: 'Bevor Sie in die Wohnung gezogen sind, wohnte hier ein Herr F. Er lebt leider nicht mehr, war aber ein sehr netter Mann. Er rauchte immer Pfeife.' Ich war mehr als überrascht.

Manchmal sehe ich auch Lichter in der Wohnung, sie kommen sehr nahe zu mir und verschwinden dann. Sie fliegen sehr schnell an mir vorüber, so dass ich denke, es sind meine Engel. Oft erkenne ich in diesen Lichtern Gesichter und Gestalten, und einige kommen mir bekannt vor. Vielleicht gibt es sie wirklich, aber ich zweifle manchmal an mir und meiner 'Fantasie'."

Das Verschwinden und Verstellen einiger Gegenstände zeigt uns, dass Engel oder Seelen von Verstorbenen mit uns spielen. Glauben Sie mir, das tun sie gerne und nicht, um uns zu ärgern, sondern um uns zu beweisen, dass sie existieren. Das Riechen von Tabak ist noch ein Zeichen, dass eine Seele sich bemerkbar macht. Wie konnte Claudia sonst Pfeifentabak riechen? Die Wohnung wurde schließlich vor Jahren mehrmals renoviert und geweißelt ...

In dem Moment, wo ich dieses Buch schreibe, springen die Sätze im Laptop hin und her, was früher auch nie passierte. Der Mauscursor bleibt nicht still stehen und spaziert über den Bildschirm ... Ist das auch nur ein Zufall, oder hat es mit dem Buchthema zu tun?

Nachtgeister

Eine meiner Klientinnen berichtete über ihre nächtlichen Besucher. “Ich habe im Internet geforscht und bin auf Nachtgeister gestoßen”, schrieb mich Berta an. Sie fühlte in der Nacht, dass sie jemand am Bauch berührt. Sie wachte auf und sah verschiedene schattige Gestalten an ihrem Bett stehen. “Ich spüre die Seelen Verstorbener, die nicht von der Erde wegkommen”, erzählte sie. Alles hat begonnen, nachdem ihr Mann Gregor starb. Seine Seele konnte sie immer wieder spüren. Gregor war in ihrem Leben weiterhin anwesend, egal, wo sie war.

Berta waren die Nachtgeister jedoch unheimlich, und sie hat einiges dagegen unternommen, sie hat sogar einen so genannten Regenmacher gekauft. Dadurch hat sie aber auch nicht besser schlafen können ... Mehrere Seelen waren immer bei ihr. Sie spürt sie heute noch.

Die weisse Nonne

Es passierte vor langer Zeit in Hessen. Meine Bekannte Bianca saß im Wohnzimmer, es war am späten Nachmittag. Plötzlich stand eine weiß gekleidete Frau vor ihr, eine schöne weiße Nonne mit weißem Schleier, der ihre Haare bedeckte. Sie trug ein langes Kleid, und in ihren Armen hielt sie einen großen Strauß blutroter Rosen. “Ich schaute hin, und sie lächelte mich an”, erinnerte sich Bianca. Ihr Sohn und ihr Mann kamen ins Esszimmer und setzten sich einfach an den Tisch, sie konnten die Nonne nicht sehen.

Die weiße Frau ging aber hinter beide und segnete sie. So ging Bianca auf diese Frau zu, weil sie wissen wollte, was dann passieren würde. – Die Nonne stellte sich sofort hinter Biancas rechte Schulter, blieb dort stehen und sagte Bianca, dass sie ihre kleine Tochter auch segnen würde. In diesem Moment wurde es plötzlich dunkel, und Bianca konnte sich selbst nicht mehr fühlen. Doch sie sah ihren verstorbenen Vater, der lächelte. Plötzlich war alles wieder hell.

Dieses Erlebnis hat Bianca tief beeindruckt und ihr Interesse für die Welt hinter dem Schleier geweckt.

Rote Augen

Eines Nachts wachte Jörg auf und sah auf seinem Kleiderschrank einen großen Kopf mit leuchtenden roten Augen und langen Haaren. Er machte das Licht an, sah aber nichts im Raum. Nach einigen Wochen erfuhr Jörg, dass seine gute Freundin Ursel gestorben war.

Sie hatte in Amerika gelebt und die letzte Zeit kaum Kontakt zu Jörg gehabt. Sie hat sich von ihm nie verabschieden können. In der nächsten Nacht hat sich ihre Seele erneut von ihm verabschiedet, indem ein Wecker mit einem lauten Knall stehen blieb und kaputt war ... Gute Reise, Ursel.

Es

Ich habe eine interessante Bekannte, die in einem Krankenhaus arbeitet. Doch seit sie diesen Job hat, läuft bei ihr zu Hause im Zimmer jemand herum. Dieser "Jemand" fasst sie am Rücken an, und sie hat Angst. Sie räucherte mit Salbeiblättern und betete, und "es" ist dann kurze Zeit auch weggeblieben. Aber "es" kommt immer wieder und jagt meiner Bekannten Angst ein. Es ist einfach da und macht sich immer wieder bemerkbar.

Ich vermute, dass die Seelen der Verstorbenen aus dem Krankenhaus sie berühren und sie bis nach Hause begleitet haben. Auch ihre Tochter fühlt eine kleine männliche Person, die im Zimmer herumläuft und sie berührt. Es ist nicht sehr unangenehm, aber unheimlich. Beide haben Angst davor, weil sie nicht wissen, was "es" will.

Ich habe dieser Kundin geraten, eine komplette Raumreinigung mit Kerzen und Wasser durchzuführen. Diese überlieferte Methode funktioniert so: Man nimmt so viele Gläser mit Wasser, wie viele Ecken die Wohnung hat. Die Gläser stellt man in die Ecken und legt auf jedes Glas ein Stückchen Brot. Anschließend werden mehrere weiße Kerzen angezündet. Diese müssen komplett abbrennen (achten Sie auf die Sicherheit!). Lassen Sie zum Schluss die Gläser zehn Tage in den Ecken stehen, und räumen Sie sie dann weg. Danach sind normalerweise keine erdgebundenen Energien mehr im Raum nachzuweisen.

Die Schatten-Nebel-Gestalt

Wenn mir jemand früher die folgende Geschichte erzählt hätte, dann hätte ich ihn womöglich für verrückt erklärt. Doch alles passierte mir selbst ... Es war vor 10 Jahren und dauerte einige Nächte lang an. Ich spürte eine eigenartige Kälte und ein Kribbeln an meinem ganzen Körper. Gleichzeitig bekam ich einen unwahrscheinlich unangenehmen Druck im Brustbereich, er war zwar nur leicht, aber nicht auszuhalten. Ich war jedoch noch im Halbschlaf und wäre vielleicht sogar wieder eingeschlafen, wenn ich da nicht ein lautes Klopfen gehört hätte - es war direkt neben mir. Es war halb vier Uhr morgens.

Ich schaute mich um und sah eine rosafarbene, nebelartige kleine Wolke, die über mein Bett zog. Die Energie war nicht negativ, ich empfand jedoch immer noch Kälte. Die Gestalt war eher unförmig. Ich war überfragt, was oder wer das sein könnte.

Am nächsten Morgen erfuhr ich, dass in der über mir liegenden Wohnung der Mieter verstorben war - um halb vier morgens ... In den nächsten Nächten erlebte ich die Wiederholung. Die Schatten-Nebel-Gestalt kam wieder und verabschiedete sich erneut.

Dunkle Begleiter

Eine meiner Kolleginnen kam mit ihrer Geschichte zu mir. Sie war gerade nach Hause gekommen, als ihre Großmutter ganz aufgeregt aus dem Haus gerannt kam und behauptete, es hätte einen furchtbaren Sturm auf der Terrasse gegeben. Die Möbel und Blumentöpfe seien an ihr vorbeigeflogen, erzählte die alte Dame.

Auf der Terrasse war nun tatsächlich ein Sprung mitten durch das Pflaster zu finden, und alle Blumentöpfe waren zerschlagen. Die Großmutter fragte bei den Nachbarn nach, aber in keinem der umliegenden Gärten war etwas Ähnliches passiert ...

Erst später erzählte die Großmutter, dass sie aus dem Haus einer verstorbenen Nachbarin viel Hausrat mitgenommen und ihn bei sich aufgestellt hatte. Wie Sie wissen, sind verschiedene Gegenstände in der Lage, Energien von Menschen aufzunehmen und zu speichern. Genau das passierte in diesem Fall auch. Die gespeicherte Energie wurde gelöst und verursachte den "Sturm". Weiter können an diesem Vorfall aber auch Poltergeister beteiligt gewesen sein.

Legen Sie in solchen Fällen (zusätzlich zu einer Reinigung durch einen Fachmann) Engel-Schutzzeichen im Haus aus.

Und wieder ein Poltergeist ...

Unerklärliche Bewegung von Möbelstücken, Krach, Türenschlagen, laute Knallgeräusche oder sogar Gerüche und Gestank, laute Stimmen, Erscheinungen oder auch das Verschwinden von Objekten - das alles sind eindeutige Beweise für Poltergeister. Schon im Mittelalter kannte man solche unerklärlichen Erscheinungen. Das Volk hielt sie für das Böse, für den Teufel oder Dämonen. In der Presse findet man auch heute noch genügend beschriebene und dokumentierte Fälle von Poltergeistern.

Einer der unerklärlichsten Poltergeister kommt aus Russland. Es begann ganz harmlos, fast unauffällig, wie sehr oft bei solchen Vorfällen: Man hörte ein Kichern und die Bewegungen einer unsichtbaren Person. Sie spazierte durch den Wohnraum und gab seltsame Töne von sich. Manchmal konnte man dieses "Etwas" riechen, und manchmal konnte man es sehen. Nach einigen Wochen hörte man Klopfgeräusche. Sie wurden immer kräftiger und lauter, zusätzlich meldete sich eine tiefe Stimme zu Wort. Sie behauptete, eine verstorbene 80-jährige Frau zu sein. Nach ein paar Tagen waren dann mehrere Stimmen wahrnehmbar. Es waren jedoch nicht nur die Stimmen und die Geräusche, die die Anwesenden quälten, sondern auch die Möbel bewegten sich, Geschirr flog gegen die Wand und Tapeten gingen in Flammen auf.

Der Geist besaß eben eine sehr große Kraft, die er nun voll unter Beweis stellte! Dieser Fall wurde in der gesamten russischen Presse mehrere Monate lang beschrieben. Erst nach Monaten war der Spuk vorbei ...

Opa Gerhard

"Eines Tages, ich war gerade dabei, das Mittagsschläfchen meines kleinen Sohnes zu nutzen, um das Mittagessen zu machen, kam unser Kater, ein sehr lieber und ruhiger Kerl, ganz aufgeregt aus dem Kinderzimmer gerannt und machte einen Buckel. Ich habe mich furchtbar erschrocken und bin sofort ins Kinderzimmer gegangen.

Dort war aber niemand außer meinem schlafenden Baby zu sehen, alles schien in Ordnung zu sein. Am Nachmittag habe ich dann erfahren, dass mein Opa Gerhard ein paar Stunden vorher gestorben war. Hatte der Kater meinen Opa gesehen?", fragte mich einmal eine Klientin.

Wie schon erwähnt, sind die Seelen der verstorbenen Menschen in der Lage, sich auf verschiedene Weise zu verabschieden. Ich nehme an, dass der Opa sich auch verabschieden wollte. Und Tiere nehmen gewöhnlich viele Energien wahr. So bleibt es vermutlich auch in diesem Fall nicht ausgeschlossen, dass der Kater den Opa visuell oder energetisch wahrgenommen hat.

Das durchtrennte Kabel

Meine gute Bekannte Lucia arbeitet selber als Medium und Kartenlegerin. Lucia hatte keinen Kontakt mehr zu ihrem Bruder gehabt, bevor dieser gestorben war, doch als sie einmal mit ihrer Mutter telefonierte, brach plötzlich das Stromnetz zusammen. Nicht nur Lucia, sondern auch die Nachbarhäuser hatten keinen Strom mehr. Sie wusste sofort, dass ihr Bruder hatte Kontakt zu ihr aufnehmen wollen. Mit der Zeit hat sie mit ihm noch einen sehr guten Kontakt bekommen, und er erschien sehr oft. - Und immer wenn er da war, fiel der Strom aus ... Oder Lucia fand sogar ein durchtrenntes Telefonkabel.

Doch nach der Reparatur des Kabels ging ihr Telefon nur so lange wieder, bis der Kontakt mit ihrem Bruder erneut zustande kam. Danach war das Kabel wieder an einer anderen Stelle durchtrennt ... Ein seltsames Phänomen.

Unsichtbares sichtbar auf Fotos ...

Es gibt tausende von Energiewesenarten, so teilte mir ein Klient einmal mit, dass er in einem Aura-Kurs einmal eine große Lichtquelle neben einem weiteren Kursteilnehmer auf Foto hatte aufnehmen können, darauf sah man neben der Aura des Mannes eine weitere menschengroße Lichtquelle. Sie sah so aus, als ob ein Engel neben dem Mann stehe.

Während einer Beerdigung habe ich einmal digitale Fotos geschossen, auf denen man nach dem Entwickeln zwei helle neblige Kugel-Gestalten sehen konnte, die um die trauernde Witwe schwebten. Und als im Januar 2008 mein Vater verstarb, habe ich eine Woche in Lanzarote verbracht, wo ich dieses Phänomen wieder beobachten konnte. Ich fühlte damals schon, dass mein Vater mir nahe steht, ich fühlte seine Energie sehr stark. Nun, auf einigen Fotos sind wieder kugelförmige Flecken um meinen Kopf zu sehen, die mich wohl begleiteten.

Einen Monat später veranstaltete ich einem Vortrag zum Thema "Karmische Beziehungen heilen" in Ulm. Im Raum waren über 120 Menschen anwesend, und eine Teilnehmerin fragte mich, ob ich spüren könne, ob auch andere Energien im Raum seien. Ich erklärte ihr, dass immer mehrere Energien im Raum sind. Ich habe auch an diesem Abend auch Fotos machen lassen, und auf fast allen Bildern sah man die Lichtkugeln um mich herum. Ich spürte, dass sich mehrere Seelen versammelt hatten zu meinem Vortrag.

Bei einem späteren Vortrag in Coburg ließ ich wieder Fotos schießen, und auch dort begleiteten mich die unsichtbaren Kugeln wieder.

Eines Tages war ich im Urlaub in Litauen und machte mehrere Fotos in der Natur. Auf einigen Bildern sah ich später Kobolde, und auf den Zweigen saßen Feen und Gnome ... Ich traute meinen Augen kaum!

Auf einem anderen Foto bildete ich eine Hängebrücke ab, und auf der Brücke befanden sich zwei Personen. Wenn man das Foto aber genau betrachtet, sieht man im Wasser noch drei menschliche Schatten. Am Rande des Sees sah man auch die Schatten von Bäumen, die gar nicht da waren. Alles nur Sinnestäuschung?

Eine Kollegin von mir fotografierte ein Grundstück im Osten Deutschlands. Man konnte auch auf einem dieser Fotos zwei neblige Gestalten erkennen. Später stellte sich heraus, dass genau an dieser Stelle ein kleines Grab war, in dem vor Jahren zwei Katzen beerdigt wurden. Auch nur eine Täuschung? Eben nicht. Dazu kommen solche Fälle zu häufig vor.

Das Radio

Nein, mysteriös war das nicht, was Ramona erlebt hat - eher lustig. Der ganze Spuk hat im Sommer 2004 begonnen. Ramona wurde mehrere Nächte durch verschiedene Stimmen, das Telefon und ein Klopfen an der Tür geweckt. Sie sah niemanden und erwischte keinen dabei. Daran hatte sie sich irgendwann aber schon gewöhnt. - Doch dass sie einmal jemand anmeckern würde, sie solle doch gefälligst das Radio einschalten, es käme etwas Wichtiges für sie, damit hat sie nicht gerechnet. Ramona hat ihren verstorbenen Vater im Verdacht - und sie ist sich sicher, dass er sich an diesem Tag köstlich amüsiert hat.

Ein anderes Wesen

Martina hat seit 20 Jahren einen Arzt, bei dem sie verschiedene Therapien gemacht hat. Sie vertraut ihm voll und ganz. "Wir verstehen uns sehr gut und nicht nur er hilft mir, auch ich konnte ihm schon so einige Male helfen", sagte Martina.

Einmal war sie bei einem Workshop, auf dem der Arzt einige Meditationstechniken präsentierte und auf einmal auch etwas von sich erzählte. Plötzlich veränderte sich für einen Augenblick seine Schädelform: Die Stirn zog sich weit nach oben. Einige Gesichtspartien veränderten sich minutenlang ...

Der Arzt erklärte anschließend, dass sich durch ihn ein anderes Wesen zeigen wollte. Solche Phänomene sind äußerst selten.

Die Geister, die ich rief ...

Eine weitere Begebenheit erzählte mir eine Anruferin am Telefon. "Ich habe zwei liebe Freunde", erzählte sie. "Sie besitzen zwei kleine Hunde. Beide sind ganz niedlich. Als ich diese Freunde einmal besuchte, sind einige unheimliche Sachen vorgefallen. Wir saßen im Zimmer, als einer der Hunde unruhig wurde. Er bellte eine bestimmte Ecke in der Küche an. Wir sahen jedoch gar nichts. Er hörte einfach nicht auf. Mein Freund sagte nur: 'Wir haben wohl mal wieder Besuch.' Der Hund gab kurz Ruhe, bellte jedoch immer wieder. Wir unterhielten uns weiter und waren nun bei dem Thema 'Gespenster'. Je mehr wir über dieses Thema und über unheimliche Wesen diskutierten, desto mehr fühlten sie sich wohl aufgefordert, sich auch bei uns bemerkbar zu machen.

Zuerst sahen alle Anwesenden eine kleine Wolke, die sich nahe am Boden bewegte. Nach ein paar Sekunden ist sie genauso schnell verschwunden, wie sie aufgetaucht war. Allen wurde ganz kalt, und sie bekamen eine Gänsehaut. Die Geister huschten zwischen den Personen hin und her und streiften sie wie ein Windhauch, sie standen hinter und vor den Anwesenden ... Es war nicht mehr nur mystisch, sondern auch Furcht erregend. Sie berührten die Anwesenden auch, so dass sie eine Kälte fühlen konnten. Erst nach Stunden hat es aufgehört."

Überlegen Sie sich daher bitte genau, mit welchen Themen Sie sich beschäftigen, denn diese Energien ziehen Sie mit Ihrer Gedankenkraft auch an.

Gut gemacht!

Zwei gute Freunde, nennen wir sie Lala und Gregor, ließen mich an ihrer Geschichte teilhaben. Auch sie haben Erlebnisse, die sich mit "gesundem Menschenverstand" nicht erklären lassen. Es begann in der Vorweihnachtszeit vergangenen Jahres. Beide waren endlich mit dem Backen ihrer Weihnachtsplätzchen fertig, als die Schwiegermutter erschien. Sie kam unangemeldet und sagte, dass sie, wie auch ihre drei Töchter, keine Plätzchen gebacken hätten und sich aber welche von den beiden erhofften. So ging es wieder weiter mit dem Backen ... Da meine Freunde eine sehr altruistische Lebenseinstellung haben, holten sie nochmals Zutaten für die Plätzchen für die Schwiegermutter und Schwestern - und begannen spät abends wieder zu backen. Doch nach geraumer Zeit verließen sie die Küche und sagten, dass es nun langsam reiche.

Plötzlich, genau in diesem Augenblick, als sie es ausgesprochen hatten, spürten meine Freunde, wie ihnen eine Hand auf ihre Schultern gelegt wurde. Lala und Gregor waren irritiert. Sie vermuteten, dass es die Engel waren, die ein Zeichen gaben, mit dem Backen aufzuhören und auch mal an sich zu denken. Ab und zu ist es wichtig, die Selbstaufopferung einzustellen und etwas Gutes für sich zu tun ... Es war, als hätten die Engel den beiden auf die Schulter klopfen wollen, um ihnen zu ihrer Entscheidung zu gratulieren.

Man sollte im Leben manchmal schon ein bisschen egoistischer werden, auch wenn es nicht immer leicht fällt, und sagen "OK, mich interessiert es nicht, was die Leute gerade von mir wollen, ich muss auf mich schauen, wie ich mich fühle. Wenn ich meine Mitte verliere, weil ich immer nur anderen helfe, nutze ich niemandem ..." Nicht umsonst steht schon in der Bibel geschrieben: "Liebe dich selbst wie deinen Nächsten!"

Die Sektenmitglieder

"Mich zog es seit ein paar Wochen immer wieder zu meiner Tante", erzählte Rania. "Als ich vor einer Woche einkaufen war, dachte ich mir, ich gehe schnell bei ihr vorbei. Sie hatte gerade noch Besuch, aber der verabschiedete sich schnell und ging.

Meine Tante war nachdenklich. Ich sah, dass ihre Augen voller Tränen waren. Sie fing an zu weinen, und ich versuchte, ihr zu helfen. Sie sagte, dass sie bald sterben werde. Da ich mit Reiki arbeite, gab ich ihr Energie, sie fing an zu zittern ...

Als es ihr besser ging, merkte ich, dass eine enorm negative Energie aus dem Raum in mich floss. Es ging schnell. Ich sprach Gebete und reinigte die Räume mit Weihrauch. So vergingen einige Stunden. Ich spürte aber immer noch, dass ich energielos war. Also trank ich etwas Weihwasser.

Meine Tante sagte irgendwelche Worte, aber nicht in unserer Sprache, streckte mir die Zunge heraus und war nicht mehr sie selbst. Ich las weiter Gebete, und es ging ihr viel besser.

Mir ging es jedoch immer noch schlecht. Ich zitterte am ganzen Körper und war verkrampft. Meine Tante bespritzte mich mit Weihwasser, und ich zuckte zusammen, es war, als wäre ich nicht mehr Herr meiner selbst. Ich rief alle Erzengel herbei und las wieder Gebete. Endlich fühlte ich, dass ich wieder frei war. Ich sah auch, dass sich Licht im Raum ausbreitete. Ich ging dann noch mit einer geweihten Kerze durch diesen Raum, es war sehr schwarzer Rauch zu sehen.

Nun erzählte mir meine Tante, was die Besucher gewollt hatten, denn der ganze Spuk hatte wohl mit diesem Besuch zu tun. Sie kannte diese Leute seit drei Jahren, und seit dieser Zeit ging es ihr nicht gut. Diese Leute kamen immer wieder und versuchten, sie zu überreden, ihrer Sekte beizutreten. Meine Tante wollte es jedoch nicht. Die Besucher gaben jedoch nicht auf. Nach den Besuchen fühlte sich meine Tante immer schlechter.

Ich denke, dass ich an diesem Tag zu ihr geführt wurde. Ich musste sie befreien. Nun war der Spuk auch endlich vorbei."

Der Wasserspuk von Scherfede

Im September 1972 fand ein merkwürdiges Wasserphänomen im Ort Scherfede in Westfalen statt. Alles begann im Haus einer dreiköpfigen Familie. Die Familienmitglieder entdeckten im Badezimmer immer wieder kleine Wasserlachen, alle Wasserleitungen waren jedoch dicht. Je mehr Tage vergingen, desto mehr Wasser sammelte sich in dem Badezimmer. Nach einiger Zeit verschlimmerte sich dieser Zustand so, dass das Wasser überall im Haus zu finden war, und bald waren fast alle Räume betroffen. Auch die hinzugerufenen Handwerker konnten die Quelle für das eindringende Wasser nicht finden.

Je mehr Zeit verging, desto merkwürdiger wurde die gesamte Situation. Nun hatten sich sogar alle Tapeten mit Wasser vollgesaugt - doch das darunter liegende Mauerwerk war absolut trocken. Überall sammelten sich mittlerweile riesige Wassermengen, die urplötzlich und mit einem Mal die Treppe herunterliefen.

Parapsychologen fanden einen direkten Zusammenhang des Phänomens mit der dreizehnjährigen Tochter des Hausbesitzers. Eltern und Nachbarn berichteten, dass zu dem Zeitpunkt, als sich das Mädchen im Badezimmer befand, das Wasser in anderen Zimmern auftrat. Nach einiger Zeit verschwand das Wasserphänomen dann wieder voll und ganz.

Ebersberger Forst

In der Nähe von München befindet sich ein großes Waldgebiet, der Ebersberger Forst. Auf der Bundesstraße, die etwa zehn Kilometer durch dieses Waldgebiet verläuft, befindet sich auf halbem Weg eine kleine Kapelle. Sie ist schlicht, fällt aber ins Auge.

Man erzählt sich, dass sich vor vielen Jahren in der Nähe dieser Kapelle ein Autounfall ereignet hat, bei dem der Unfallfahrer flüchtete und die schwer verletzte Frau einfach liegen ließ. Sie starb, weil ihr niemand geholfen hat.

Seit diesem Ereignis kann man in dieser Kapelle nachts oft ein seltsames Licht brennen sehen, und man sieht oft auch eine weiße Frau daneben stehen. Sie geht zum Straßenrand und hält Autos an. Viele Autofahrer sahen diese "Anhalterin" schon und bekamen es mit der Angst zu tun. Einige haben sie sogar mitgenommen. Sie fährt aber meistens nur wenige Kilometer mit und verschwindet dann wieder unerwartet aus dem Wagen, ohne dass der Autofahrer angehalten hätte. Außerdem sahen hunderte von Augenzeugen seltsame Lichter aufblitzen.

Ich habe mich selbst auch einmal zu dieser Stelle begeben und sah diese seltsamen Lichter, die kaum zu beschreiben sind: Sie waren farbig, aber doch eher weißlich, und sie funkelten. Dabei konnte man nichts hören oder riechen. Ich folgte dem Licht nicht weiter und habe den Wald verlassen. Anschließend habe ich auch die oben genannte Kapelle aufgesucht. Auch hier sah ich plötzlich die Lichter ...

Das nächste Mal fuhr ich mit einem Freund dorthin und befragte auch einige Bewohner der Gegend, ob sie etwas von der Geschichte gehört hätten. So beschrieben uns einige Augenzeugen die Lichter, die wir auch hatten sehen können. Manche sind überzeugt, dass das die Lichter der Seele der weißen Frau sind.

Seele als Licht? Ich konnte solche Lichter in meinem Leben schon oft sehen, auch auf einigen Digitalfotos von Friedhöfen. Also gibt es sie wohl tatsächlich.

Über den Unfall der weißen Frau steht leider nichts im Stadtarchiv. Jedoch ereigneten sich seit damals schon einige Autounfälle an dieser Kapelle! Ist das nur Zufall?

Burgen

Ich habe viele Orte besucht, an denen es angeblich spuken soll. Eine Kundin, Waldine, wohnt sogar in solch einer Burg bei Dresden. Sie erzählte mir, dass, wenn sie schlafen geht, sie sehr oft eine durchsichtige Gestalt im Korridor trifft. Nach einer Sage ist das der Hausherr, der vor hunderten von Jahren in diesem Haus starb. Er zeigt sich gerne, tut jedoch niemandem etwas.

Die Burg Hoheneck in Bayern ist ebenfalls "spukreif", denn hier werden Spukphänomene seit hunderten von Jahren beobachtet. Vor langer Zeit lebte auf dieser Burg eine Gräfin mit ihren zwei Kindern. Der Graf war auf einem Kreuzzug umgekommen, und die schöne Gräfin wollte sich erneut verheiraten. Der neue Gatte zögerte jedoch, weil die Gräfin Kinder hatte. Daraufhin hat die Gräfin, so die Sage, ihre beiden Kinder umgebracht. Aus der Heirat wurde trotzdem nichts, und die Gräfin plagte ihr schlechtes Gewissen. Sie fand keine Ruhe mehr und wurde zur Nonne. Sie lebte bis an ihr Ende in einem Kloster. Aber auch nach ihrem Tod konnte sie keine Ruhe finden: Ihr Geist wandelt durch viele Schlösser und Burgen in Bayern, und es gibt viele Menschen, die die "weiße Dame" schon gesehen haben.

Die verfluchte Pestkapelle in Weilheim

In der Nähe von Weilheim (Bayern) liegt eine Kapelle tief in einem Wald. Als die Pest im 18. Jahrhundert hier wütete, fanden an der Stelle, auf der heute die Kapelle errichtet ist, viele Toten ihre letzte Ruhestätte.

Doch kurze Zeit später schien es, als wollten diese Verstorbenen wieder auferstehen, denn zahlreiche Erscheinungen ließen den Bewohnern der Stadt keine Ruhe. So wurde ein Pentagramm um die Kapelle herum angelegt, und bis heute sagt man, dass dieser Platz verflucht ist. In der Kapelle brennen in der Nacht Kerzenlichter. Viele Augenzeugen berichten auch, eine rotäugige Gestalt gesehen sowie Stimmen von Kindern gehört zu haben ...

Weilheim liegt in der Nähe von Landsberg am Lech, nahe der Ortschaft, wo ich vor Jahren gelebt habe. Ich fuhr eines Tages mit einigen Freunden hin, um zu sehen, was für ein Geheimnis sich hinter der Sage verbirgt. Meinen Freunden erzählte ich jedoch nichts über diesen Ort. Als wir an der Stelle ankamen, fühlten wir etwas Unangenehmes. Nach einer Stunde bekamen fast alle leichte Kopfschmerzen und wollten wegfahren.

Man erzählt sich in dieser Gegend auch von einer Frau, die an einem Baum in den Wäldern hängt und ihren Hund zu Füßen hat, der über sie wacht. Dies sahen mehrere Zeugen, meistens in den Dämmerstunden.

Spuk einer Freundin

Die Freundin von Mark, mit der er sechs Jahre zusammen gewesen war, ist vor einigen Jahren verstorben. Da Mark in den Urlaub fahren wollte, fragte er einen Freund, ob er auf seine Wohnung und die Pflanzen aufpassen könne.

Doch als Mark zurückkehrte, fand er seinen Freund völlig verstört vor. Er hatte sich in der Wohnung oft beobachtet gefühlt, jemand war dort gewesen und hatte ihn kontrolliert. Er hatte jedoch niemanden sehen können, nur ab und zu roch er einen süßen Duft, wie von einem Parfum.

Eines Nachts spürte er dann, wie jemand, wohl eine Frau, das Schlafzimmer betrat und sich auf die andere Seite des Bettes legte. Nach ein paar Minuten stand sie wieder auf und ging durch den Raum. Sie war nun nebelartig und durchsichtig - und sah aus wie Marks verstorbene Freundin.

Mark sagte ihm dann, dass sie genau auf dieser Seite des Bettes gestorben war. Sie kehrte immer wieder an den Ort ihres Todes zurück. Nur warum?

Ich riet Mark, die Matratze des Bettes wegzuwerfen und das Zimmer, in dem die Freundin ihre letzten Lebensstunden verbracht hatte, mit Weihrauch auszuräuchern. So blieb der Spuk aus, und die Seele von Marks Freundin wurde erlöst. Nun durfte sie endlich gehen.

Bis über den Tod hinaus ...

Gregorius, ein Kunde von mir, hatte vor Kurzem ein unheimliches Erlebnis: Immer wenn er in den Wohnzimmerspiegel schaute, erkannte er hinter sich eine neblige Gestalt. Sie hatte keine bestimmte Form und keine Farbe. Das war schon unheimlich genug, doch als er sich im Spiegel betrachtete, der beschlagen war vom Duschen, stand da in großer Schrift "DU UND ICH"!

Da Gregorius alleine wohnt und niemand einen Schlüssel besitzt, war es ausgeschlossen, dass jemand sich einen Spaß erlaubt hatte. Doch er dachte sofort an seine verstorbene Freundin, die ein Jahr zuvor bei einem Autounfall ums Leben gekommen war. Solche Gedanken wollte Gregorius jedoch nicht haben. Er ging aus dem Zimmer und versuchte, alles zu vergessen und nicht mehr daran zu denken.

Ein paar Tage später, als Gregorius den Spiegel reinigte, sah er ein Gesicht im Spiegel, und das war mehr als klar und deutlich - es war das Gesicht der verstorbenen Freundin. Sie hing auch nach ihrem Tod noch an Gregorius.

Ich bin mir ganz sicher, das Verstorbene mit uns in Kontakt treten können. Außerdem habe ich solche Kontakte selbst oftmals erleben dürfen. In solchen Momenten, wenn wir Kontakt zu einem Verstorbenen bekommen, sollten wir versuchen, mit unserem Herzen zu fühlen. Entspannen Sie sich, und schalten Sie Ihre Gedanken aus. So kommen wir leichter zu einem klaren Kontakt und können die Verstorbenen fragen, warum sie sich zeigen und was sie von uns möchten.

Spuk rund um Köpenick

In Köpenick, in dem alten Schloss und dem dazugehörigen Park, sahen mehrere Augenzeugen verschiedene Phänomene. Man erzählt sich, dass sich hier früher eine unglückliche junge Dame im Bach ertränkt hat, und ihre Seele zeigt sich anscheinend immer noch in dem Schloss.

Außerdem wird oft berichtet, dass in der Altstadt an der Brücke ein Geisterhund herumspukt. Er sitzt vor den Häusern und bewacht etwas.

Einige Zeugen erzählen auch von einem Reiter, der ebenfalls nachts durch die Straßen von Köpenick reitet. All diese Geschichten hört man seit hunderten von Jahren. Alles nur Humbug?

Der Geist im Keller

Alexander ist auf dem Land auf einem Bauernhof aufgewachsen. Sein Vater ist früh verstorben, so war er der einzige Mann in der Familie. Seit zu seinem zehnten Lebensjahr kümmerte er sich daher um das Haus und war dafür zuständig, die Kohlen aus dem Keller zu holen, um damit den Ofen zu heizen.

Eines Tages ging Alexander wie gewöhnlich in den Keller und wollte die Kohle holen. Er füllte einen Eimer voll und wollte gerade gehen, als plötzlich eine leise Stimme zu ihm sagte: "Halt!" Alexander bekam Angst und wollte sofort nach oben laufen, er fühlte jedoch, dass ihn etwas Unsichtbares zurückhielt. In diesem Moment fiel ein mit Holz beladener Sack aus dem Regal zu Boden. Wäre Alexander ein paar Sekunden vorher nach oben gegangen, hätte er unter dem Sack gelegen. Danach ist er schnell weggelaufen und nie mehr in den Keller gegangen.

Bis heute hat er Respekt vor Toten, und er ist davon überzeugt, dass ihn sein Vater damals gerettet hat.

Ein Geist namens Schreckchen

Hier noch eine rührende Geschichte von meiner Kundin Sascha aus dem Jahre 1990. Sascha wuchs in einem Haus auf, das um 1900 von ihrem Urgroßvater erbaut wurde. Er war ein sehr starker und selbstbezogener alter Mann; den Erzählungen zufolge hat er die gesamte Familie unterdrückt und beherrscht. Er starb im Alter von 90 Jahren in seinem Haus. Als das passierte, war Sascha 8 Jahre alt.

Einige Wochen nach Opas Tod fing alles an: Zuerst war eine leise Stimme im Raum zu hören, dann verschwand sie. Eines Tages flog ein Bügeleisen durch das Zimmer und zertrümmerte das Fensterglas. Besteck flog vom Tisch weg, und Bilder haben sich an der Wand gedreht. Man hörte immer wieder Schritte und andere Geräusche im gesamten Haus. Dann fielen einige Familienangehörige während des Schlafs sogar aus ihren Betten. Schließlich verschwanden immer wieder irgendwelche Gegenstände, die später wieder auftauchten.

Langsam wurde das alles zu viel, und die Angst wurde größer. Alle Familienmitglieder bekamen regelmäßig einen Schreck, weswegen sie ihren Hausgeist "Schreckchen" nannten.

Das Ganze dauerte zwei Jahre am Stück. Doch dann hörte das Phänomen genauso unerwartet auf, wie es begonnen hatte. Das Schreckchen fand seine Ruhe und wurde erlöst.

Nächtliche Geräusche

Als mein Onkel in seine neue Wohnung einzog, fing es für ihn mit dem Ärgernis an: Er hörte nachts Geräusche. Das Küchenlicht flatterte, und in der Nacht hörte er dann mehrere lispelnde Stimmen und jemanden, der oben in der Nachbarwohnung Möbelstücke hin und her bewegte.

Es war bereits drei Uhr nachts, als er zu den Nachbarn ging und nachfragte, was sie dort umstellten. Doch die Nachbarn schliefen schon und waren überrascht, dass mein Onkel zu ihnen kam; die Geräusche hatten sie nämlich auch gehört, aber gedacht, es sei mein Onkel ...

Der Spuk hat sich in seiner Wohnung jahrelang nur zu bestimmten Zeiten gezeigt, also nicht immer. Dann war es mit einem Mal vorbei ...

Die Nachbarn zogen nach kurzer Zeit aus Angst um. Mein Onkel aber lebt bis heute in dem Haus.

Wenn es geistert und spukt ...

Es gibt unzählige Praktiken, bei denen man sich mit Verstorbenen und Geistern beschäftigt, dazu zählen das Gläserrücken, Beschwörungen, das Tonbandstimmenphänomen oder auch das Hexenbrett. Ich weise an dieser Stelle jedoch eindringlich auf die Gefahren hin, die mit diesen Techniken verbunden sind, besonders das Gläserrücken möchte ich hervorheben. Die Gefahr liegt hier darin, dass man von einer fremden Seele besetzt werden kann.

Was kann man gegen fremde Energien in der Wohnung machen? Hier ein paar Tipps:

- Das Kodieren durch Gedanken wirkt sehr gut gegen fremde Energien in Haus. Das Wort "kodieren" bedeutet, geistig durch Gedanken und Wünsche zu arbeiten, um bestimmte Energieabläufe zu lenken und zu verändern. Stellen Sie sich vor, Sie verbrennen alles Negative in Ihrem Haus mit einer Fackel.

- Räuchern mit Weihrauch oder Salbei vertreibt ebenfalls die negativen Energien. Versuchen Sie, drei Tage hintereinander in Ihrem Haus zu räuchern.

- Eine Kerzenreinigung der Räume bindet das Negative. Dazu brauchen Sie mehrere Kerzen, die Sie in die Zimmerecken stellen und abbrennen lassen. Sie brauchen also so viele Kerzen, wie Ihre Wohnung Ecken hat. (Achten Sie aber bitte immer darauf, die Kerzen nicht unbeaufsichtigt brennen zu lassen, lassen Sie sie nie ohne eine feuerfeste Unterlage brennen und löschen Sie sie wieder, wenn Sie den Raum verlassen!)

- Jeder Mensch kann beten. Sprechen Sie verschiedene Gebete dreimal am Tag, um negative Energien zu vertreiben, und bitten Sie Ihre Schutzengel, die ungebetenen Wesenheiten zu entfernen.

- Rituale helfen sehr rasch bei Wohnungsbesetzungen, und solche negativen Energien lassen sich durch Messerrituale am besten vertreiben. Suchen Sie eine kleine Stelle im Parkettboden. Stecken Sie ein Messer hinein, und streuen Sie noch etwas Salz darauf. Das hilft, Geister aus der Wohnung zu vertreiben.

- Ein Pentagramm zieht alle negativen Energien aus dem Raum. Zeichnen Sie also ein Pentagramm auf einen Zettel, und legen Sie den Zettel in der Wohnung aus.

- Man kann eine Seele durch einen Spezialisten wie einen Schamanen wegbegleiten lassen.

Sie können auch zwölf Kerzen in der Kirche für die störende Seele brennen lassen und die Seele durch Ihre Vorstellungskraft zum Licht bringen. Stellen Sie sich einfach vor, Sie nehmen diese Seele an die Hand und begleiten sie ins Licht. Sagen Sie dieser Person, dass sie tot ist und ins Licht muss. Sie sollten dies jedoch auf keinen Fall durchführen, wenn Sie sich unsicher fühlen, ich rate sogar generell davon ab, denn die Gefahren, dass Sie sich eine Besetzung einhandeln, sind nicht gering. Engagieren Sie also lieber einen auf dem Gebiet der Austreibung von Besetzungen erfahrenen Menschen!

Engelbegegnungen

Engel sind "Botschafter" zwischen den Welten, und jeder hat Engel an seiner Seite. Das können Erzengel oder auch Ahnen und Verstorbene sein. Sie begleiten und unterstützen uns und unsere Handlungen, sie lehren uns zu leben und zu lieben, uns zu entscheiden und uns spirituell zu entwickeln. Sie geben uns Kraft, um alle Situationen zu meistern. Sie begleiten uns durch unser Leben und lassen uns nie im Stich, denn Engel sind Energien, die uns begleiten und schützen, sie sind immer da. Man muss nur versuchen, sie zu finden, zu erkennen und zu verstehen. Engel sind helle, wunderbare Schwingungen, die sich besonders schnell ausbreiten.

Diese Suche wird erleichtert, wenn man mit Schwingungen arbeitet, und besonders Musik stellt solch eine Schwingung dar, durch die man Engelenergien anziehen kann. Grundsätzlich kann jeder Mensch einen Kontakt zum eigenen Schutzengel herstellen. Auch Ihnen wird Ihr Schutzengel helfen, wenn Sie Angst, Sorgen, Liebeskummer oder andere Probleme haben. Er hilft Ihnen in Sachen Liebe, Beruf, Geld, Erfolg, Gesundheit, Spiritualität, Meditation ...

Ich möchte Ihnen an dieser Stelle noch etwas mehr über Engel erzählen und Ihnen Mut machen, auch mit Engeln in Kontakt zu treten. Denn mein eigenes Leben bereichern die Engel ungemein, seit ich mich seit einigen Jahren näher mir ihnen beschäftige. Sie unterstützen und führen einen, so dass man immer seinen richtigen Weg findet oder auf dem richtigen Weg bleibt.

Die drei wichtigsten Engel, mit denen man jeden Tag kommunizieren kann, sind der Engel der Liebe, der Engel des Lichts und der Engel der Heilung. Den Engel der Liebe bittet man um Hilfe, wenn man Probleme mit Mitmenschen hat, wenn man sich einsam fühlt oder wenn es einem schwer fällt, auf andere zuzugehen. Auch bei Problemen mit dem Partner oder wenn Sie negative Gefühle wie Neid, Angst, Hass und Misstrauen ablegen möchten, hilft er Ihnen. Der Engel des Lichts hilft bei Depressionen, Ängsten und Alltagssorgen. Er hilft dabei, negative Gedanken sowie festgefahrene Denkmuster aufzulösen und die Ausstrahlung zu verbessern, um auch anderen Menschen mehr Licht und Klarheit zu schenken. Und der Engel der Heilung hilft uns, unsere Seele und unser Wesen zu heilen. Er unterstützt uns in schweren Zeiten und begleitet uns ständig und überall.

Jetzt wird sich vielleicht manch einer die Frage stellen, wie man nun einen Kontakt zu den Engeln herstellt ... Es ist ganz einfach, **jeder kann das**, und ich kann nur jeden ermutigen, es mit Musik zu versuchen. Dazu muss man nicht einmal musikalisch sein, doch Engel hören gerne Musik, und so kann man sie ganz nahe zu sich holen. Sie werden die Engel nicht mehr missen wollen, wenn Sie diese Erfahrung einmal gemacht haben ... Denn zu wissen, dass immer jemand da ist, der auf einen aufpasst, ist wunderbar. Man bekommt eine andere Einstellung zum Leben, achtet viel mehr auf Kleinigkeiten, und wenn man zum Beispiel in der Natur ist, findet man immer wieder kleine Federn - wunderbare Geschenke der Engel, die einem viel Sicherheit geben.

Ich hoffe, ich konnte Sie ein wenig ermutigen, die Engel mehr in Ihr Leben einzubeziehen. Versuchen Sie es einfach, und Sie werden es nicht bereuen ...

Von guten Mächten wunderbar geborgen ...

Eine Anruferin berichtete mir am Telefon von ihrer Engelbegegnung: "Vor einer Operation, auf dem Weg ins Krankenhaus, bin ich für einige Minuten von extrem starken Lichtstrahlen geblendet worden", erzählte sie mir. "Dieses Licht konnte ich sogar auch mit geschlossenen Augen wahrnehmen. Ich spürte Wärme, Licht und Berührungen in mir. Dann sah ich eine Lichtgestalt, sie gab mir ihre Hand und übermittelte gedanklich: 'Ich schütze dich, ich bin dein Schutzengel.' Ich spreche täglich mit meinen Engeln und hatte sie auch dieses Mal um Beistand bei meiner Operation gebeten. Und da waren sie. Ich konnte auch Lichter sehen, die durch meinen Körper strömten. Während der gesamten Zeit vor und nach der OP war ich von einer wunderbaren Energie umgeben, die immer wieder zu mir gesprochen hat. Sie sagte: 'Die Heilung ist da ...'"

Engel begleiten dich

Eine andere Anruferin, Gerda, berichtete, dass sie 2001 einmal im Urlaub Engelwesen gepürt hat. Zuerst, wie sie erzählte, vernahm sie im Schlaf eine wunderschöne leise Musik, wie sie sie vorher und auch später nie wieder gehört hat. Sie wurde von dieser Musik geweckt, setzte sich verwundert im Bett auf und versuchte, komplett aufzuwachen. Doch diese Musik hörte nicht auf. Sie wurde sogar immer intensiver und lauter. Gerda wusste, dass diese Musik nicht von außerhalb kam, Radio und Fernseher waren ausgeschlossen. Die Musik fand auf einer anderen Ebene, irgendwie direkt in ihrem Körper statt - und war für Gerda doch so klar wahrnehmbar. Ein paar Momente später sah sie ein bläuliches Licht, und das Gefühl war mit Worten nicht zu beschreiben. Eine ähnliche harmonische Musik hat sie nie wieder vernommen.

Hier haben wir es mit Sicherheit mit einer Begegnung mit Engelwesen zu tun, die Gerda einhüllten in Farbe und Musik, sehr starke, lichtvolle Energien. Engel kann man riechen, sehen oder hören, sehr oft meinen wir dann Früchte, Rosen oder andere Blüten zu riechen. Viele Menschen können Engel auch visuell empfangen, so dass sie Lichter oder Lichtgestalten sehen. Schöne Begegnungen sind das ...

Wie auf Wolken

Zwei Monate nach dem Tod meiner Oma Baba Walja spürte ich, wie ich im Liegen hochgehoben wurde, ich wurde von unsichtbaren Energien umarmt und wie in einer Wiege hin- und hergeschaukelt. Dann spürte ich, dass meine Oma mich kontaktierte und ihre Liebe zu mir sendete. Ich habe eine wahre, jenseitige Liebe, die ich nie vorher kannte, spüren dürfen, ein Gefühl des unbegrenzten Glücks und eine grenzenlose Entspannung. Sie ist mein Engel und begleitet mich in meinem Leben; sie sendete auch noch mehrere Male diese erhebende Energie.

Engelschutz

“Mein Mann bezeichnet mich als verrückt. Bei mir passieren Dinge, die ich nicht immer zuordnen kann”, beschwerte sich bei mir eine Klientin. Sie erzählte mir Folgendes: “In einer Nacht leuchtete auf der Zimmerdecke in Vorraum ein großer Stern. Er hat sich immer wieder gedehnt und bewegte sich ständig sehr zart von links nach rechts. Ich wollte ihn meiner Tochter zeigen, aber da war wieder alles finster.

Am nächsten Morgen fuhr ich mit meinen Kindern auf der Schnellstraße, die Kinder saßen vorne im Auto und ich auf dem hinteren Sitz. Plötzlich sah ich von vorne zwei Autos auf uns zukommen, die auf ihrer Spur ein Auto überholen wollten. Meine Kinder sahen wohl das erste Auto in unserer Richtung, nicht jedoch das zweite Auto. Vor meinen Augen sah ich plötzlich ein Bild. Es war klarer als alles zuvor: Ich sah dieses Auto auf uns zuschießen, es war kaum noch Abstand. Ich schrie so laut ich konnte: ‘Mein Gott, bremst!’ Mein Sohn bremste ab, und ich zitterte am ganzen Körper. Meine Kinder sagten mir, sie hätten das zweite Auto nicht gesehen, sie wüssten nicht warum, und mein Sohn sagte mir später: ‘Mama, ich war es nicht, der bremste, es war jemand anders. Das war vielleicht unser Schutzengel! Ich sah dabei nur auf den Tachometer, und dieser ging von hundert auf fünfzig zurück. Ich danke allen unseren Schutzengeln, die wir da hatten!’ Ich muss dazu sagen, es war keine Vollbremsung, vielmehr kam es mir so vor, als würden wir auf Wolken schweben!”

Ja, wir genießen den Engelschutz täglich und müssen unseren Engeln immer wieder dafür danken. Auch Sie, liebe Leser, haben womöglich Ähnliches erlebt ... Wenn ja, dann erzählen Sie mir doch einmal von Ihrer Engelbegebenheit ...

Engel oder Verstorbene?

Hier noch eine Situation von einer Kollegin, die anonym bleiben will, weshalb ich sie einfach Sarah nennen will. Sie war an einem Punkt angekommen, an dem sie weder ein noch aus wusste. Eines Tages im Sommer, als sie wieder Behandlungen durchführte, ging ihr Aquarium kaputt, und sie musste ihre Fische retten. Sie berichtete: "Ich brachte sie zu meiner Bekannten, und auf dem Weg nach Hause verspürte ich den Drang, zum Friedhof zu meiner Oma und zu Opa zu fahren. So stand ich am Grab und habe für alles gebetet."

Sarah kniete sich hin und erlebte das Unfassbare: Sie spürte, wie ihr Herzchakra-Bereich liebevoll und sanft gestreichelt wurde. "Es war ein wunderbares Glücksgefühl, ich fühlte mich tagelang danach super und hatte Energie und Freude in mir, richtige Glücksgefühle - einfach unglaublich", erzählte sie weiter. Aber als sie ihre Augen aufmachte und sehen wollte, wer oder was es war, hörte es auf, sie zu berühren oder zu streicheln. Sie kann sich bis heute nicht erklären, warum sie plötzlich zum Friedhof wollte, es war wie ein Zwang.

Meiner Meinung nach begleiten uns verschiedene Energien unser Leben lang. Sollten wir zu viel Energie verloren haben, geben uns diese Energien etwas von sich. Sie schützen und unterstützen uns und sind in der Lage, uns vor Gefahren zu warnen. In Sarahs Fall könnten das z. B ihre Oma oder der Opa oder ein Engel gewesen sein. Sie sehen: Wir sind nie alleine, und wir werden von unseren Begleitern ständig beschützt.

Feder oder Schmetterling – Geschenke von Engeln

Die Freundin einer Klientin hatte innerhalb von nur sechs Monaten zwei Kinder verloren und war unsagbar traurig. Ihre Freundin hat ihr daraufhin geraten, sich die Engel herbeizurufen, um ihr bei der Trauerarbeit zu helfen. Außerdem erzählte sie ihr, dass Federn und Schmetterlinge Zeichen von Engeln sein können.

Schon am nächsten Tag sah sie einen wunderschönen bunten Schmetterling in der leer geräumten Wohnung ihrer Mutter - obwohl es Januar war und Schnee lag! Doch damit nicht genug, als sie nach Hause kam, lagen auf ihrem Küchentisch viele Federn ... Sie fragte die Mutter, wo denn die Federn hergekommen seien, und ihre Mutter sagte ihr, dass sie, als sie den Schrank der verstorbenen Enkelin ausgeräumt hatte, darin viele Federn gefunden hatte ...

Engel schicken uns immer wieder Zeichen und Beweise ihrer Existenz. So findet man besonders Federn oft dort, wo sie eigentlich gar nicht sein können.

Ich habe so etwas selbst ebenfalls schon oft erlebt. Auch vor Kurzem, in unserem TV-Studio, lagen einige wunderschöne Federn. Wo waren sie hergekommen? Ein Studio hat keine Fenster und keine Kissen oder Betten ... Sie lagen trotzdem da.

Eine andere Kundin von mir berichtete, dass sie seit Monaten permanent Federn in ihrer Wohnung findet. Doch dort ist absolut nichts aus Federn: kein Bettzeug oder Ähnliches, dazu ist die Klientin gegen Federn auch noch allergisch ... Zufall oder ein Engelszeichen? Vielleicht sollten wir einfach einmal blind darauf vertrauen, dass es Engel wirklich gibt.

Torte mit Feder

Als Maria vor einiger Zeit ihre Einkäufe erledigte, lachte sie an der Kasse ein netter junger Mann an und wünschte ihr, dass die Torte, die sie in der Hand hatte, besonders gut schmecke.

Auf dem Nachhauseweg löste sich an Marias Gepäckträger ein Spanngurt, und so fiel nicht nur die Einkaufstüte herunter, sondern auch der Spanngurt verhedderte sich im Rad. Sie fühlte jedoch, dass sie jemand mit unsichtbaren Händen hielt und nicht fallen ließ. So kam es zum Glück nicht zu einem Unfall.

Zuhause packte Maria die eingekaufte Torte aus, die erstaunlicherweise noch ganz war - und sie entdeckte im Paket eine weiße Feder. Danach fiel ihr sofort der Mann an der Kasse wieder ein. Sie ist davon überzeugt, dass es ihr Schutzengel gewesen ist, der ihr geholfen hat.

Erzengel zeigen sich uns

Diese Geschichte passierte mir in den Achtzigern, ich war damals in der Mittelschule und stand mit ein paar anderen Kindern draußen vor der

Schule. Wir quatschten über das Leben, lachten und machten Blödsinn. Das Wetter war sonnig, und es herrschte echtes Frühlingswetter. Plötzlich sahen wir einen Schatten an der Wand der Schule, es war jedoch niemand in der Nähe, der einen Schatten hätte werfen können. Der Schatten bewegte sich sehr vorsichtig von uns weg.

Alle Kinder spürten ein seltsames Gefühl, und auf einmal haben alle zur gleichen Zeit gesagt: "Annauel". Das war der Engel, der sich uns gezeigt hatte, denn später fand ich heraus, dass es den Engel namens Annauel tatsächlich gibt. Er verleiht einen subtilen und erfinderischen Geist und passt deshalb sehr gut zu einer Schule.

Schwarze Engel?

Diese besondere Begebenheit erzählte mir meine Nachbarin Ingrid: "Meine vor sieben Jahren verstorbene Mutter hat eine längere Zeit vor ihrem Tod in einer Ecke des Zimmers, in dem sie aufgrund ihrer Krankheit lag, immer wieder drei Wesen stehen sehen. Sie war überzeugt davon, dass das ihre drei Schutzengel waren. Einer der Engel war groß und blau gekleidet, der zweite war kleiner und gelb gekleidet. Das dritte Wesen war klein und schwarz gekleidet. Meine Mutter hat sie nach ihren Namen gefragt und auch Antwort bekommen. Seitdem sprach sie die Wesen mit Namen an, die mir aber nicht zugänglich waren.

Ich fragte mich, was bzw. wer wohl die schwarze, kleinere Gestalt war. Die großen sahen wohl eher so aus, wie man sich einen Engel vorstellt. Aber die kleine Gestalt? Ich frage mich noch heute, was meine Mama da gesehen hat."

Wie Sie wahrscheinlich wissen, gibt es verschiedene Engelhierarchien und Engelarten, manche mögen nun vielleicht denken, die schwarze Gestalt sei ein "Todesengel" gewesen, der die Seele eines Sterbenden von dieser in eine andere Welt führt. Doch alle Engel sind Wesen des Lichts, Schwarz aber ist die Abwesenheit von Licht - glauben Sie also wirklich an schwarze Engel?

Engeleinweihung

Engel sind universelle Kräfte, die uns helfen und immer zur Verfügung stehen, doch für manche Menschen scheint es leichter zu sein, sich zunächst "einweihen" zu lassen, bevor sie mit der Engelwelt in Kontakt treten. Es ist aber auch jeder Zeit möglich, ruhig zu werden, in seine Mitte zu finden und so den Kontakt zu seinem Engel zu finden. Er wird sich sehr darüber freuen!

Eine Kundin von mir hatte mit einem Engelmedium eine feste Zeit für die Einweihung ausgemacht und sah dabei zunächst grelle Blitze in ihren Augen, und ein Wind kam auf. Sie dachte, dass sie einen Orkan in ihrem Wohnzimmer hätte und wenn sie die Augen aufmachen würde, würde sie vor Angst sterben. Es dauerte aber nur Sekunden.

Bei solchen Einweihungen wird ein Kanal geöffnet, der uns mit der geistigen Welt verbinden soll. Nicht selten werden bei den Einweihungen anwesende Engel oder Geistwesen wahrgenommen. Mit einer Einweihung signalisieren wir den Engeln, dass wir gerne mit ihnen in Kontakt treten möchten, worüber sich die Engel immer sehr freuen.

Bitte bedenken Sie, dass bei einer Einweihung starke Energien fließen, deshalb sollten Sie unbedingt körperlich, geistig und seelisch gesund sein. Eine Einweihung ersetzt auch keinen Arzt oder Heilpraktiker!

Sanfte Berührung

Unglaubliche Geschichten bzw. Wahrnehmungen habe ich seit langer Zeit immer wieder auch selbst erleben dürfen. Ich beschloss für mich, diese zu akzeptieren und zuzulassen. Denn ich denke, dass nichts einfach ohne Grund passiert, sondern alles hat einen Sinn.

Öfter merke ich, dass Energiegestalten in meiner Nähe stehen. Ich befrage sie dann zu einigen Themen und bekomme deutliche Antworten.

Es kommt auch vor, dass ich das Gefühl habe, mir bläst jemand ins Haar oder ins Ohr, oder es berührt mich jemand mit einer kalten oder warmen Hand. Dann denke ich, sie wollen mir etwas mitteilen. Es ist schön, von Engeln berührt zu werden.

Haben Sie solche Erfahrungen auch schon gemacht, liebe Leser? Dann nehmen Sie sie als Privileg an. Ich arbeite heute ständig mit Engeln und glaube an sie. Sie waren und bleiben in meinem Leben wirksam.

Schutzengel & Co

Im Zuge meiner spirituellen Entwicklung habe ich viele Menschen kennen gelernt, darunter auch Inge, eine 39-jährige Kundin. Sie hat eine lang anhaltende Lebenskrise gehabt und sich trotzdem, oder gerade deshalb spirituell gut entwickeln können. Nicht umsonst sagt man, dass wir oft durch scheinbar schwere Zeiten unsere spirituellen Werte erkennen. So war das auch bei Inge ...

"Letztes Jahr", erzählte Inge, "während meiner schweren Lebenskrise, habe ich mehrere Begebenheiten gehabt. Diese haben mir gezeigt, dass es die spirituelle Welt und Schutzengel doch gibt. Ich bekam tausend Hinweise und Beweise für deren Existenz. Ich hatte regelmäßig nachts Besuch im Schlafzimmer. Der Besucher schien männlich zu sein und war durchsichtig. Ich habe immer wieder gespürt, wie sich jemand neben mich auf mein Bett setzte und mich anfasste. Das war unheimlich, aber nicht unangenehm. Fast alle Besuche waren guter Art, ich habe Wärme und Ruhe dabei empfunden.

Ein Mal habe ich einen Besuch jedoch eher als unangenehm empfunden. Angst kam in mir auf, und ich spürte Gefahr. Wer hat mich da bedroht? Das waren jedoch sicher keine guten Engel. Ferner hatte ich auch Besuch von einem Poltergeist, und ich gehe heute davon aus, dass dies negative Gedankenenergien waren, die sich in hörbare Energie umgewandelt haben. Während meiner Krise habe ich auch wahre Träume gehabt, die sich dann im wirklichen Leben bestätigt haben."

Über nächtliche Besucher berichteten oft auch andere Kunden. Alles nur Zufall? Das denke ich nicht! Zufälle gibt es nicht, es gibt Ordnung im Leben. Wenn Sie etwas erleben, hören Sie zuerst auf Ihre Intuition, was sie Ihnen sagen will. Ich habe auch gelernt, auf meine Intuition zu hören und nicht auf die Meinung anderer Menschen, besonders, wenn es um die eigene Spiritualität geht. Aber eines ist sicher: Wenn Sie ein Gefühl der Ruhe und der Geborgenheit empfinden, dann ist alles gut, und es handelt sich um lichte Energien; kein Engel wird Sie jemals erschrecken oder Ihnen Gefühle von Angst vermitteln!

Engel halten vom Selbstmord ab

"Seit 1985 hat das Schicksal so heftig bei mir zugeschlagen, dass ich manchmal keinen Ausweg mehr sah", schrieb mir Regina. "Als ich eines Tages mit meiner kleinen Tochter Lara am See Eis essen ging, sprach sie eine ältere Frau an und sagte ihr: 'Ich habe das gleiche Eis wie du.' Lara fing an, mit der Frau in einer Babysprache zu sprechen. Ich sagte meiner Tochter, sie solle deutlich sprechen, doch die Frau meinte: 'Lassen Sie Ihr Kind, ich verstehe jedes Wort.'

Dann sagte sie, meine Tochter hätte ihr folgende Informationen gegeben: Mein Mann bräuchte noch eine Weile, und er müsse erst ganz tief unten sein, dann komme er wieder. Ich antwortete, dass meine Tochter doch gar nichts gesagt habe. 'Doch, doch, ich verstand jedes Wort', sagte die alte Dame.

Lara wollte dann schaukeln gehen, so verabschiedete ich mich von der Frau und lief mit meiner Tochter Richtung Spielplatz. Ich sagte: 'Komm, wir winken der Frau noch mal zu', doch sie meinte nur: 'Brauchst du nicht, die ist nämlich schon weg.' – Ich drehte mich um, und tatsächlich: Sie war nicht mehr zu sehen. Ich war erschrocken und lief zu dem Chef der Eisdiele. Ich fragte ihn, wo denn die Frau sei, die bei uns gesessen hatte. Doch er fragte nur: 'Aber welche Frau denn?' Er hatte niemanden gesehen ...

Tage später wollte ich einfach nicht mehr, ich wollte meinem und dem Leben meiner Tochter ein Ende setzen, um niemandem mehr zur Last zu fallen, als es an der Tür klingelte. Ein Briefträger stand vor der Tür. Er merkte sofort, was los war und rief bei der Post an. Er sagte, dass es bei ihm mit dem Zustellen dauern würde, und kam in meine Wohnung. Der Postbote sprach mit mir und hielt meine Hand. Er sagte: 'Du darfst dir und deinem Kind das Leben nicht nehmen, weil du es dir auch nicht gegeben hast.'

Als er ging, fühlte ich Erleichterung. Es ging mir seelisch besser. Als ich Tage später bei der Post anrief und fragte, warum in meinem Bezirk ein anderer Zusteller sei und nicht mehr dieser Mann, den ich ihnen beschrieben hatte, wurde mir gesagt, dass es überhaupt niemanden mit dieser Beschreibung geben würde. Mittlerweile sind mehr als 20 Jahre vergangen ... Und ich bedanke mich jeden Tag bei beiden Gestalten. Das sind Engel gewesen, die mich und uns alle lieben und die mich vor einer großen Dummheit bewahrt haben."

Ihr Leben ist ein Geschenk an Sie, Sie haben kein Recht, es einfach wegzuwerfen; vertrauen Sie in schweren Zeiten daher lieber Ihren himmlischen Helfern, die Sie nie im Stich lassen werden, egal, was passiert. Es gibt immer einen Ausweg, denn es wird Ihnen nie mehr zugemutet, als Sie auch bewältigen können; daher denken Sie immer daran: Jede schwierige Situation, und mag sie auch noch so aussichtslos erscheinen, ist eine Chance zu zeigen, was Sie können! Ihr Engel steht allein schon bewundernd und unendlich stolz neben Ihnen, wenn Sie nur versuchen, das Problem zu lösen. Aber er wird nie etwas an Sie heranlassen, von dem er nicht überzeugt ist, dass Sie es lösen können. Und er wird Ihnen immer und immer wieder helfen. Enttäuschen Sie ihn daher bitte nicht - leben Sie Ihr Leben, und freuen Sie sich über dieses große Geschenk!

Engel sehen

Es gibt zwar keine wissenschaftlichen Beweise für die Existenz der Engel, aber für sich persönlich kann man sehr leicht herausfinden, dass es Engel tatsächlich gibt. Dafür müssen Sie, bevor Sie zu Bett gehen, einfach nur den Wunsch haben, Ihre Engel zu sehen. Bitten Sie sie, sich Ihnen im Traum zu zeigen und Ihnen ihre Namen zu verraten. Bei einer

Kundin von mir hat dies wunderbar funktioniert: “Im Schlaf sah ich sehr viele Lichtgestalten, die mich berührten. Sie standen im hellen, weißen Licht - das war meine erste Nacht seit Monaten, in der ich wieder ohne Alpträume und Angstzustände geschlafen habe. Es war ein wunderschönes Gefühl!”

Die Engel sind bei Ihnen, seit Ihrer Geburt, und sie werden Sie nie im Stich lassen. Dafür gibt es zahlreiche Beweise ...

Engel spüren

Eine meiner Klientinnen berichtete über ihre Erfahrung mit Engeln Folgendes: “Ich kommuniziere gern mit Engeln, habe sie jedoch noch nicht oft gesehen. Wie du in deiner Sendung geraten hast, habe ich mich mindestens eine Stunde vor dem Zubettgehen konzentriert und intensiv an die Engel gedacht. Ich hatte seit vielen Jahren Verspannungen und Schmerzen im Körper und bat meine Engel, bitte mein inneres Kind zu heilen und zu trösten, so dass meine Schmerzen endlich vorbei sind ... Als ich im Bett lag, merkte ich plötzlich, dass mich eine unsichtbare Energieberührte. Ich sah einen Engel auf mich zukommen. Seine Hände umkreisten mich immer wieder.”

Dies ist eine interessante Schilderung des Engelkontaktes. Jeder Mensch ist verschieden konstruiert und empfängt deshalb die Botschaften der Engel auf seine eigene Art und Weise. Ich muss dazu sagen, dass diese Kundin Monate davor immer von Alpträumen geplagt wurde. Seit dem Kontakt zu ihren Engeln hatte sie diese Träume nie mehr wieder. Sie sagte: “Am nächsten Morgen war ich wie neu geboren.” Sie hatte kaum Schmerzen und konnte sich frei bewegen. Sie sagte selbst dazu, ihr käme es vor, als ob ihr Körper ausgewechselt worden wäre. Jetzt ist auch das Leben für sie viel leichter geworden.

Wir alle können Engelkontakte erfahren, und das Beten zu Engeln kann ich persönlich aus eigener Erfahrung jedem nur ans Herz legen. Es beschert einem wundervolle, warme und liebevolle Gefühle.

Kinderengel

Eine junge Mutter stellte mir einmal folgende Frage: "Ich habe einen kleinen Sohn von 21 Monaten. Wenn er abends in seinem Bettchen liegt, schaut er in die Ecke und sieht dort etwas. Er deutet auch etwas in seiner Kindersprache an, was ich aber leider nicht verstehen kann. Ich merke jedoch, dass, wenn ich ganz vorsichtig zu ihm komme, so dass er mich nicht sehen kann, er trotzdem darauf reagiert. Anscheinend sieht er Wesen oder Engel, die ihm signalisieren, dass ich komme. Er lacht auch immer nach oben zur Decke, als ob er sich mit jemandem unterhalten würde. So ist er immer ganz fröhlich und weint fast nie."

Kinder haben, wie jeder, auch ihre Engel und Beschützer. Ich glaube, dass der Sohn der Klientin da nicht nur "irgendetwas", sondern Engel und Lichtwesen sieht, womöglich auch seine geistige Familie, die oft die ersten Lebensjahre der Kinder überwacht und noch lange an deren Seite weilt. Zusätzlich haben wir von der Geburt an aber mindestens drei Engel zugeteilt bekommen, und im Laufe der Jahre kommen immer mehr dazu.

Es ist schön zu wissen, dass unsere Kinder von der geistigen Welt beschützt werden. Ich glaube, die Engel sind das Wichtigste für uns. Nicht umsonst berichten immer mehr Menschen über die Erfahrungen mit Engeln.

Geistige Führung

"Ich hatte vor zwei Jahren eine ungewöhnliche Begegnung", schrieb mir ein Klient. "Ich lag wach im Bett und, da ich mich auch mit spirituellen Themen befasse, dachte ich darüber nach. Plötzlich hatte ich ein Gefühl, als ob mich jemand berührt. Ich hatte eine Gänsehaut, aber irgendwie dann doch keine Angst. Ich sah plötzlich auf meinem Bett eine Gestalt sitzen. Ich fragte in Gedanken, wer das sei, und als Antwort kam, dass das mein geistiger Führer sei."

Er nannte seinen Namen, stand auf und ging. Seither ist er meinem Klienten nie wieder begegnet, er hatte jedoch eine Zeit lang das Gefühl, mit ihm geistig zu kommunizieren. Es war schön und wurde von ihm als eine "sehr schöne Erfahrung" bezeichnet.

Es ist tatsächlich so, dass wir von einem geistigen Führer begleitet werden. Es können aufgestiegene Meister, Geister oder andere Energiewesen sein. Durch das Channeling bekommen wir sogar oft un- oder sogar bewusst Kontakt zu deren Welten. Wir müssen keine Angst davor haben. Ich channele die Namen der Geistführer seit Jahren. Man kann diese Namen in einem Gebet verwenden und diese Energiewesen direkt ansprechen. Die geistigen Führer führen uns durch den Alltag und helfen uns, die wahren Werte dieser Welt zu erkennen und diese Welt sowie unsere Probleme mit ihr besser zu verstehen.

Engelbotschaften erkennen

Mike fuhr auf der Autobahn und war sehr verzweifelt, weil seine Herzensdame Angelika sich wieder einmal total zurückgezogen hatte. Ohne Angabe von Gründen und ohne Erklärung meldete sie sich nicht mehr. Mike betete zu seinen Engeln, damit sie ihm ein Zeichen schicken und raten sollten, was er tun könnte. Kurz danach traf er seine Freundin an einer Raststätte wieder.

Mike probierte auch ein Ritual aus meinem Buch aus: Er hat seine Wünsche aufgeschrieben und den Zettel unter fließendes Wasser gehalten. Danach setzte er sich ins Auto und bedankte sich bei seinen Engeln. Plötzlich segelte vor seinen Augen eine Feder direkt auf seinen Schoß. Er lachte, bedankte sich und fuhr los.

Am Abend erzählte er die Geschichte einem guten Freund, und da sagte dieser plötzlich zu Mike: "Und wo ist diese Feder jetzt her?" Er zeigte auf den Tisch vor Mike, wo eine flauschige Feder lag ... Das war ein Zeichen der Engel. Sie sind immer bei uns, wann immer wir sie brauchen.

Übrigens, mit der Herzensdame lebt der Mike mittlerweile zusammen ...

Ich bin auch schwanger

"Als ich schwanger war", erzählte mir Hildegard, "hatte ich in einer Nacht einen wunderschönen Traum. Ich muss dazu sagen, dass ich aus deinem Buch *Das geheime Wissen* vor dem Schlafengehen immer wieder Gebete lese, und ich weiß deshalb nicht, ob dieses Erlebnis damit zusammenhängt. Also, zu meinem Traum: Ich sah mich in einem Rollstuhl sitzen. Ich fuhr auf der Straße und sah einen Stau. Plötzlich erhob sich der Rollstuhl in die Luft und flog sehr schnell auf eine wunderschöne, grüne Wiese. Hier sah ich einen großen Baum. Ich stand auf, ließ meinen Rollstuhl stehen und lief zu diesem Baum über die schöne Wiese. Ich schaute zum Himmel, als zwei Engel zu mir geflogen kamen. Sie strahlten eine unbeschreibliche Wärme aus, lächelten mir zu und blieben vor mir stehen. Ein Engel hielt einen Babyengel auf dem Arm. Sie sahen aus wie eine kleine Familie. Ich streichelte über meinen Bauch und sagte: 'Ich bin auch schwanger!' Da lächelte mich das Baby an."

Zwei Tage nach der Geburt ihres Sohn lag der in seinem Bettchen und lächelte Hildegard das erste Mal an: Es war dasselbe Lächeln wie im Traum von diesem kleinen Engel, und sie hat wohl die geistige Familie ihres Kindes im Traum gesehen!

Schutzengel heilen

Gisela berichtete mir: "Mein Sohn Jürgen war damals vier Jahre alt. Er hatte Grippe, und alles, was er eingenommen hatte, alles, was er trank oder aß, erbrach er wieder. Er hatte auch Fieber, und erst nach drei Tagen ging es ihm besser. Doch nach einem Schokoriegel musste er sich wieder übergeben und lag wieder tagelang im Bett. Ich bekam Angst um ihn. Es waren bereits acht Tage vergangen, und er war aber immer noch nicht wieder gesund.

Ich setzte mich zu ihm aufs Sofa und fragte ihn, ob wir zusammen die Engel bitten wollen, dass er schnell wieder gesund werde, was er auch tun wollte. So riefen wir die Engel und baten um Besserung.

Plötzlich sah ich am Sofa eine neblige menschengroße Gestalt stehen. Eine Viertelstunde später stand unser Sohn auf und strahlte. Er war ganz munter, setzte sich mit uns zusammen und fragte, ob er etwas zu essen bekommen könne. Ich dachte an etwas Schonendes, doch er wollte unbedingt etwas Handfestes, und so hat er Schnitzel mit Kartoffeln gegessen. Erst dann realisierte ich, was da geschehen war: Sein Schutzengel hatte ihn geheilt ..."

Glück gehabt ...

Eine rührende Geschichte habe ich von Alma erfahren, die mit Freunden in einer Diskothek unterwegs war und einen Platz ergattern konnte. Doch als sie von der Tanzfläche zurückkamen, hatte sich eine andere Gruppe genau auf diesen Platz gesetzt, weswegen Almas Gruppe sich ein neues Plätzchen suchen musste. Als nach einer Weile der erste Platz jedoch wieder frei war, überlegten sie kurz, ob sie sich nicht wieder umsetzen sollten, entschieden sich dann aber dagegen. – Zum Glück! Denn nur kurze Zeit später fiel ein schweres Lüftungsrohr genau auf diesen Platz und zertrümmerte die Bank! Hätten die Freunde dort gesessen, wäre es übel ausgegangen.

Was das nur Glück, oder hatten auch hier wieder Schutzengel ihre Hände im Spiel? Da es für mich keine Zufälle und nur Ordnung gibt, spreche ich hier von gewährtem Schutz der Lichtgestalten und nicht von einem Zufall ... Übrigens: Die Gruppe, die die erste Bank besetzt hatte, war nicht mehr zu sehen ...

Erwünschte Unterbrechungen

Eines Abends saß meine Tante Lisa in ihrem Büro und bereitete Papiere für den nächsten Tag vor. Sie wollte gerade ihren Papierkorb leeren, als das Telefon klingelte. Es war schon ziemlich dunkel, und die Glühbirne im Büro schaffte es nicht, den Raum gut zu beleuchten.

Am Telefon war niemand, und meine Tante legte den Hörer wieder auf. Sie stand also auf und machte einen Schritt in Richtung Papierkorb. Doch irgendetwas hinderte sie daran, den zweiten Schritt zu tun, und so blieb sie stehen und sah erst dann, dass die Abdeckung am Boden neben dem Papierkorb wegen Wartungsarbeiten abgenommen worden war. Die Öffnung war nicht abgesichert, und hätte sie den zweiten Schritt gemacht, wäre sie eine Etage nach unten gefallen. Was hat sie abgehalten weiterzugehen? Zufall oder Engel? Auch hier glaube ich nicht an Zufälle ...

Die Entscheidung

Eines Abends, als Brigitte bereits im Bett lag, betete sie zu ihren Schutzengeln, um ihr bei einer Entscheidung zu helfen. Sie wusste nicht, was sie tun sollte: Seit Monaten stand sie zwischen zwei Männern und konnte sich nicht entscheiden. Sie bat die Engel um ein Zeichen.

Ihr Mann schlief bei ihr im Bett. Er befand sich bereits im Tiefschlaf, als er sich aufsetzte und sagte: "Nimm Arthur nicht zu deinem Mann." Arthur war jener zweite Mann. Brigitte war erschrocken und sah ihren Ehemann an. Er konnte ihr unmöglich auf ihre Frage, die sie nur gedacht hatte, antworten.

Nach dem Gesagten fiel er wieder ins Bett und schlief weiter. Brigitte war total fasziniert: Ihr Mann kannte den anderen Mann schließlich nicht. Er wusste am folgenden Tag auch nichts von dem, was nachts passiert war ... Und was hat Brigitte getan? Sie ist dank der Engel bei ihrem Ehemann geblieben und ist glücklich mit ihm.

Die Mohnblumen

"Mein Mann und ich kamen mit dem Auto aus München", fing Johanna ihre Geschichte an. "Auf dem Nachhauseweg wollten wir noch auf den Markt in Freising. Auf der Autobahnausfahrt sah ich einen Hang mit hunderten von roten Mohnblumen, und ich bat meinen Mann anzuhalten, damit ich schnell ein paar Blumen pflücken konnte. Dabei ist mir erst aufgefallen: Es war noch Winter. Der hohe Schnee fiel mir in die Schuhe, und es war bitterkalt. Woher kamen diese Blumen? Du sagtest zu mir, Mohn sei meine Blume, meine Schutzblume. Das kann ich nun glauben, denn einige Kilometer weiter auf dieser Autobahn passierte zu der Zeit ein Unfall. Das Auto brannte aus. Wenn wir weitergefahren wären, statt wegen der Blumen anzuhalten, wären wir womöglich genau in diese Unfallstelle hineingefahren."

Auch Blumen, Bäume und Tiere können uns vor Gefahren warnen. Solche Erkenntnisse machte ich schon vor Jahren, als mir auf dem Weg nach Hause ein Reh begegnete. Es stand auf der Straße, und ich musste bremsen. Doch das Reh blieb weiter stehen. Nach einigen Minuten fuhr ich weiter und entdeckte einen Kilometer weiter einen kleinen Unfall, direkt hinter einer Kurve stand ein Auto. Hätte ich wegen des Rehs nicht angehalten und wäre ich nicht langsamer gefahren, hätte ich das andere Auto bestimmt getroffen.

Brenda Barnaby

The Secret

Das Geheimnis hinter dem Geheimnis ...

184 Seiten, broschiert
€ (D) 17,90
ISBN 978-3-89845-242-7

Einen Blick hinter die Geheimnisse des Weltbestsellers "The Secret" wirft die englische Psychologin und Autorin Brenda Barnaby und liefert damit eine willkommene Ergänzung und Erweiterung, die die Erkenntnisse von "The Secret" hinterfragt und den tieferen Sinn der Erklärungen deutlicher macht. Ein seltenes und wertvolles Buch, das das Leben wahrhaft verändern und geheime Wünsche realisierbar machen kann.

www.silberschnur.de · E-Mail: bestellung@silberschnur.de

SILBERSCHNUR

Verlag

»Die Silberschnur« GmbH

Postfach 41

D-56590 Horhausen

Brenda Barnaby

The Secret

Das Geheimnis hinter dem Geheimnis ...

184 Seiten, broschiert
€ (D) 17,90
ISBN 978-3-89845-242-7

Einen Blick hinter die Geheimnisse des Weltbestsellers "The Secret" wirft die englische Psychologin und Autorin Brenda Barnaby und liefert damit eine willkommene Ergänzung und Erweiterung, die die Erkenntnisse von "The Secret" hinterfragt und den tieferen Sinn der Erklärungen deutlicher macht. Ein seltenes und wertvolles Buch, das das Leben wahrhaft verändern und geheime Wünsche realisierbar machen kann.

Verlag

»Die Silberschnur« GmbH

Postfach 41

D-56590 Horhausen

Ja, ich möchte gerne weitere Informationen erhalten.

Bitte senden Sie mir Informationen

❍ per E-Mail *oder* ❍ per Post

❍ zum Verlagsprogramm

❍ zu den Novitäten

❍ zu Seminaren

Ihr Interesse wird belohnt!

Unter allen Einsendern verlosen wir monatlich 10 Exemplare unseres Buchtipps des Monats.

Einsendeschluss ist jeweils der 15. des laufenden Monats. Die Gewinner werden schriftlich benachrichtigt, der Rechtsweg ist ausgeschlossen.

Name, Vorname

Telefon E-Mail

Straße, Hausnummer

Land, PLZ, Ort Unterschrift

Ich erkläre mich einverstanden, dass der Verlag »Die Silberschnur« und Kooperationspartner meine Daten zu Direktmarketingzwecken verwenden dürfen.

Ja, ich möchte gerne weitere Informationen erhalten.

Bitte senden Sie mir Informationen

❍ per E-Mail *oder* ❍ per Post

❍ zum Verlagsprogramm

❍ zu den Novitäten

❍ zu Seminaren

Ihr Interesse wird belohnt!

Unter allen Einsendern verlosen wir monatlich 10 Exemplare unseres Buchtipps des Monats.

Einsendeschluss ist jeweils der 15. des laufenden Monats. Die Gewinner werden schriftlich benachrichtigt, der Rechtsweg ist ausgeschlossen.

Name, Vorname

Telefon E-Mail

Straße, Hausnummer

Land, PLZ, Ort Unterschrift

Ich erkläre mich einverstanden, dass der Verlag »Die Silberschnur« und Kooperationspartner meine Daten zu Direktmarketingzwecken verwenden dürfen.

Wahre Träume und Visionen

Wahrträume sind seit Jahrtausenden bekannt, sie entschlüsseln viele Informationen aus der Zukunft und erfüllen sich über Raum und Zeit. Doch zunächst wollen wir die verschiedenen Typen von Träumern unterscheiden, worüber ich in meinem Buch *Träume-Deutung unserer Zukunft* ebenfalls berichtet habe, denn man unterscheidet den chaotischen, den astralen und den ruhigen Träumer.

Aber es gibt nicht nur verschiedene Träumertypen, sondern auch verschiedene Traumarten. So kennen wir hellseherische Träume, bei denen der Träumende etwas Geheimes wahrnehmen kann. Dann gibt es telepathische Träume, bei denen ein Träumer die Gedanken eines anderen Menschen erspürt. Und schließlich haben wir noch so genannte präkognitive Träume, also Träume, die uns die Zukunft zeigen, sie werden auch als wahre Träume bezeichnet.

Warum aber können wir im Schlaf der Zukunft über die Schulter schauen? Hier ein paar Geschichten zu diesem Thema ...

Mein wahrer Traum

Ich selbst habe auch eine solche Vorahnung machen dürfen. Ich habe den Tod meines Vaters bis ins Detail in meinem Traum gesehen, und zwar vier Monate, bevor sein Tod eintraf. Dieser Traum war so klar, dass ich ihn mehreren Menschen und allen meinen Schülern erzählt habe. Es war eine ganz normale Nacht. Ich träumte, ich wäre in meiner Seminarklasse und prüfte am Sonntag die Seminarteilnehmer, was auch tatsächlich so stattfindet. Ich sah die Gesichter meiner Schüler und konnte alle erkennen. Auf einmal ging die Tür auf, und eine Person kam in die Klasse herein. Ich sah die Person an, aber erkannte zunächst kein Gesicht. Dann erkannte ich sogar mehrere Gesichter bekannter Menschen in dieser Person. Die Gesichter haben sich immer wieder "ausgetauscht". Schließlich wurde das Gesicht leer. Die Person schaute auf mich und sah mich mit einem leeren Blick an, so dass ich das Gefühl hatte, als könne diese Gestalt in meine Seele blicken. Einige Momente später fragte ich die Gestalt: "Ist mein Vater gestorben?" Die Gestalt antwortete ohne Verzögerung sehr leise: "Ja, er ist gegangen, sieh auf die Uhr." Ich schaute auf meine Uhr, es war kurz vor halb vier. Meine Gedanken wirbelten hin und her. Ich habe mir überlegt, was ich machen soll. Sollte ich aufbrechen und zu meinen Eltern fahren oder lieber mein Seminar zu Ende bringen und mich später ins Auto setzen? Ich wusste nicht, was in dieser Situation richtig wäre. Die Schüler im Traum sagten jedoch: "Fahr, deine Mutter braucht dich!" Nach dem Aufwachen war ich nass geschwitzt, der Traum war immer noch vor meinen Augen. So habe ich ihn mehreren Personen erzählt.

Die Zeit verging schnell, bald war diese Prüfungsgruppe geplant. Da dieser Traum mir als wahrer Traum erschien, fuhr ich schon am Freitag zu meinen Eltern. Mein Vater konnte nichts mehr sagen, er war schon sehr schwach und lag in seinem Bett und schlief. Als ich ihn später an der Schulter berührte, fühlte ich plötzlich eine Hitze, die sich sofort bis zu meiner Schulter ausbreitete. Ich habe gefühlt, mein Vater verabschiedet sich von mir. Auf einmal sagte meine Mutter: "Wie kannst du so etwas laut sagen?" Ich war perplex, denn mir war gar nicht bewusst gewesen, dass ich laut gesprochen hatte. Meine Mutter sagte: "Du sagtest gerade, es riecht nach dem Tod ..." Ich hatte diese Information anscheinend unbewusst mitbekommen und gab sie weiter, ohne das selbst registriert zu haben ... Aber wichtig war für mich: Mein Vater hat sich von mir verabschiedet.

Schon am Samstag war ich wie gewohnt bei meinem Seminar. Meine Schüler fragten mich: "Wie geht es deinem Vater? Wir denken, dein Traum geht in Erfüllung." Ich habe nur sagen können, dass es ihm schlecht geht, und ich fürchtete, dass alles wie in dem Traum eintreffen würde. Am Sonntag früh rief mich meine Tante an, mein Vater wäre verstorben. Ich saß auf dem Stuhl und fragte nur: "Jetzt schon?" "Ja ..." Ich nahm das Telefon und rief sofort meine Mutter an. Sie fuhr in dem Moment ins Krankenhaus, wohin mein Vater einen Tag davor wegen seiner Schwäche eingeliefert worden war. Sie sagte: "Er ist nicht tot, er liegt aber im Sterben ... Ich fahre gerade zu ihm, um ihn zu begleiten und zu unterstützen." Ich fuhr noch schnell zur Prüfung, nahm diese meinen Schülern ab und düste danach ins Allgäu. Mein Vater ist um 15:30, so wie es in meinem Traum vorhergesagt wurde, gestorben. Ich habe ihn nicht mehr lebend erreicht und kam zehn Minuten zu spät. Nicht umsonst hat er sich von mir schon am Freitag durch Wärme verabschiedet, er wusste das.

Träume, die wahr werden

Ein Kunde berichtete mir: “Bei unserem letzten Telefonat habe ich dir von meinen Wachträumen erzählt. Ich sehe immer wieder Dinge, die dann teilweise eintreffen. Die Träume passieren jedoch nicht im Liegen. Es ist wie ein Trancezustand. Ich kann beispielsweise in der U-Bahn fahren und merke, dass ich verschiedene Bilder empfange. Sie bewegen sich und geben mir verschiedene Informationen.

Doch jetzt möchte ich dir noch über einen Traum berichten, der mir heute eingefallen ist. Ich war auf dem Friedhof. Plötzlich sah ich, dass hinter mir eine Schattengestalt aufgetaucht war. Sie trug einen schwarzen Mantel, einen schwarzen Hut und hatte kein Gesicht. Diese Gestalt ist mir gefolgt, sie sprach mich jedoch nicht an. Diesen Traum habe ich in fünf aufeinanderfolgenden Nächten gehabt. Ich konnte im Traum auch immer wieder den Namen ‘Luise’ hören. Danach ist meine Tante Luise verstorben.”

Hier haben wir ein typisches Beispiel für die Vorankündigung eines Todes. Dies geschieht sehr oft und zwar in allen Kulturen der Welt. Unabhängig von dem Glaubensaspekt kommt eine Gestalt und kündigt an, dass sie jemanden mitnehmen wird.

Wieso passiert so etwas? Meine Theorie ist: Hiermit wird uns Zeit gegeben, um uns von der Person verabschieden zu können.

Ein Abschied im Traum

Eine andere Kundin berichtete folgende Geschichte: “Sehr aufgeregt bin ich wach geworden, und mein Herz klopfte sehr stark. Ich hatte von meiner Mutter geträumt. Als meine Mutter vor Jahren starb, ging es mir sehr schlecht. Es war ein dunkler Oktobertag. Ich hatte mir eine Kerze angemacht und betete für sie, als die Kerze plötzlich ausging, einfach so. Ich sah auf die Uhr und merkte mir die Zeit. Es war 12:58, genau die Zeit, als sie gestorben ist. Zur gleichen Zeit blieb bei meinem Onkel die Uhr stehen ... Die Zeiger zeigten ebenfalls genau 12:58 an.

Ein Paar Wochen später saß ich in meinem Wohnzimmer, und mein langes Haar wehte nach hinten. Ich hatte aber kein Fenster auf, trotzdem spürte ich leichte 'Windberührungen', da war mir sofort klar: Es ist meine Mutter."

Diese Geschichte berührt das Herz. Verstorbene verabschieden sich oft so von uns, dass wir das physisch spüren können. Bei meinem Vater war das auch nicht anders: Er verabschiedete sich von meiner Mutter, indem er sie mehrmals leicht drückte.

Die Hexe

Es ist schon zehn Jahre her, da träumte Franziska Folgendes: Sie sah eine sehr alte Hexe, die eine einsame Hütte im Wald bewohnte. Jeder wusste, dass diese Frau sehr begabt war, jedoch traute sich niemand, dorthin zu gehen. Franziska träumte, sie gehe zu ihr, um nach Rat zu fragen. Nun war sie im Traum, was auch dem tatsächlichen Leben entsprach, gerade frisch von ihrem Ehemann getrennt und suchte nach neuen Wegen. Sie hatte Fragen über Fragen, und nur die Hexe konnte ihr weiterhelfen. Deshalb beschloss sie, im Traum diese Frau zu besuchen.

Als sie bei der Hexe ankam, ging sie in das Haus, das nur ein Zimmer zu haben schien. Von der Tür aus sah Franziska einen Sessel, in dem eine Frau saß. Neben der Hexe saßen Hunde und Katzen, die sie bewachten. Franziska bemerkte, dass die Frau kein Gesicht hatte: Dort, wo die Augenpartie sein sollte, war alles glatt. Die Hexe fing an, ihr etwas sehr Wichtiges zu sagen, als plötzlich die Tür aufging und eine weitere Person hereinkam. Diese stellte sich zu der Hexe und goss ihr mit einem Wasserkocher heißes Wasser über das Gesicht. Franziska konnte nichts machen, sondern alles nur beobachten. Sie fühlte aber eine Art Umarmung von hinten: Plötzlich lagen zwei Arme auf ihren Schultern, und sie hörte eine männliche Stimme, die sagte: "Fürchte dich nicht - ich bin dein Bruder!"

In dem Moment wurde sie wach und spürte immer noch die Umarmung ... Franziska war irritiert. Sie hatte mehrere Geschwister, aber keinen

Bruder. Der Traum war zu realistisch, um ihn zu vergessen, und in den nächsten Tagen fragte sie ihre Eltern, ob sie etwas dazu sagen könnten. Sie erzählten ihr dann, dass Franziskas Mutter vor Jahren eine Fehlgeburt hatte, das war ein Junge gewesen.

Ich war erst zwölf und habe oft geträumt …

Immer wieder berichten Menschen von erstaunlichen Erlebnissen im Schlaf. Sie sehen, wie jemand verunglückt, geboren wird oder stirbt. Und wie wir schon sehen konnten: Viele Träume werden sogar wahr ... Auch meine Kundin Branca erzählte mir über ihre wahren Träume: "Ich war erst zwölf und habe oft geträumt. Ich kann mich sehr gut an meine Träume erinnern, fast jede Nacht hatte ich Alpträume. Damals habe ich von einem Schiffsunglück geträumt, das auch später so geschehen ist. Ich fragte mich ständig, warum so etwas ausgerechnet mir passiert?

In meinen Träumen traf ich auch meinen Opa und andere Verstorbene. Sie haben zu mir Kontakt aufgenommen und gaben mir verschiedene Informationen. Einmal wurde mir mitgeteilt, dass eine Freundin von mir verunglücken wird, und ich habe tatsächlich einige Zeit später bei ihr den Tod 'miterleben' müssen.

Ein anderes Mal habe ich während eines Fluges einen Engel gesehen. Er wollte, dass ich meine Freundin beruhige, die Angst hatte."

Das letzte Beispiel zeigt schön: Unsere Engel können uns am leichtesten im Traum erreichen, weil wir uns ihnen im Traum öffnen und uns zudem auf der Astralebene befinden.

Vorahnungen durch Träume

Einmal habe ich in einer meiner Sendungen zwei Bilder von mir gezeigt. Die Zuschauer sollten abstimmen, welches von beiden auf meine neuen Karten gedruckt werden sollte. Einen Tag danach kam ein Schreiben von meiner Kollegin Sina, die schrieb: "Ich habe die Bilder, die du gerne auf deinen neuen Karten haben möchtest und im TV gezeigt hast, gesehen und bin erschrocken! Wenn du sie gemalt hast, dann hast du ein Bild von Gott gemalt, denn das blaue Bild entspricht exakt dem Bild, wie sich mir Gott in meinem Traum gezeigt hat. Und da es ja keine Zufälle gibt, frage ich mich, wie kannst du das malen, was ich träume? Und wieso konnte ich dieses Bild, lange bevor du es gemalt hast, in meinem Traum sehen? Ich bin nicht übergeschnappt oder verrückt." Tja, hier haben wir es wieder einmal mit Telepathie zu tun, dieses Mal in einem Traum. Als Telepathie wird die Fähigkeit bezeichnet, verschiedene Informationen von einem Menschen zu einem anderen Menschen oder sogar zu einem Tier zu übertragen, ohne direkten Kontakt zu haben. Telepathie gehört übrigens zu den Phänomenen, die von der Parapsychologie intensiv untersucht werden.

Ich sah im Traum ...

Eine medial begabte Freundin hatte in einer Nacht einen Traum, der ihr sehr real vorkam. Sie rief mich an und erzählte: "Ich sah im Traum mehrere Schatten und nahm Geräusche wahr, die um mich herum waren." Sabine, so heißt diese Freundin, sah helle Gestalten und dachte, dass das verlorene Seelen sind. Sie war in einem sehr strahlenden Raum, in dem jemand gemütlich lag und ein Buch las. In ihrem Traum spürte Sabine plötzlich, wie eine Gestalt versuchte, eine Stange in sie zu rammen. Sie spürte diese von den Füßen bis zum Kopf. Es war kein Schmerz da, ihr ist aber sehr warm geworden. Sabine wachte auf und lag starr im Bett.

In der nächsten Nacht sah sie dann die Fortsetzung. Sie wachte um sechs Uhr morgens blitzartig auf und spürte einen Ruck in ihrem Brustkorb. Nach ihrem Traum sah sie im Wohnzimmer, dass dort ein Vogel ohne Schwanz saß, die Katze hatte ihn abgebissen. Einige Tage später wusste sie, was der Traum bedeutete: Ihr Vater starb durch einen Unfall. Eine Metallstange rammte sich durch seinen Kopf und durchbohrte ihn.

Warum nur?

Diese wahre Erzählung ging mir mehrere Wochen durch den Kopf. "Mein Mann und ich haben uns seit Jahren auseinandergelebt", erzählte mir meine Klientin Silke. Seit Jahren versuchte sie, die Beziehung mit ihrem Mann zu retten, alles war jedoch vergeblich. Während ihr Mann Harald sich vor Jahren via Internet eine "Zweitbeziehung" aufgebaut hatte, quälte sich Silke alleine zu Hause. Er hat von seiner Seite aus alles abgestritten und gab nichts zu, sogar dann nicht, als es eindeutige Indizien gab.

So weit, so gut, doch Silke fragte sich, warum er erst über ein halbes Jahr lang regelmäßig zu dieser anderen Frau gefahren ist und erst dann den Kontakt zu ihr eingestellt hat. Silke hat allerdings gemerkt, dass Harald damit nicht glücklich war. Erst später, nach dem Tod von Silkes krebskranker Mutter, hat er ihr eröffnet, damals einen Fehler begangen zu haben.

Kurz nach dem Tod träumte Silke von ihr. Sie kam in ihren Traum und sagte ihr, dass Harald ab jetzt treu sein und sie sich mit ihrem Mann auch darum kümmern würde. Silke fragte Harald, warum er sich damals für sie und nicht für die andere Frau entschieden habe. Er sagte: "Ich sah deinen Vater im Traum. Er sagte, wenn ich dich verlasse, werde ich es bereuen."

Silke war sprachlos. Ihre Eltern kümmerten sich auch nach ihrem Tod um ihre kaputte Ehe. "Warum nur?", fragte sich Silke ...

Visionen

Letzten Oktober bekam Frieda auf einmal heftige Visionen, es waren richtige Bilder, die vor ihren Augen auftauchten. In diesen Visionen konnte sie Tiere, Menschen und Häuser sehr deutlich erkennen. Von einigen Visionen erzählte sie mir in einem Gespräch.

"Ich war in meinem Schlafzimmer und sah auf einmal eine Beerdigung vor meinen Augen", so fing Frieda ihre Erzählung an. "Ich sah, wie sich drei schwarz gekleidete Frauen um den Sarg kümmerten. Er stand vor ihnen." Im Sarg konnte sie eine männliche Person erkennen. Das Bild passte absolut auf Friedas Nachbarin Lisa: Sie hatte zwei Töchter und einen Mann. Daraufhin beschloss Frieda, sie aufzusuchen, und Lisa erzählte ihr, dass ihr Ehemann Karl im Sterben lag. In diesem Moment war für Frieda alles klar.

Frieda erzählte mir auch über ihre andere Vision: "Ein paar Monate später, nach dem Tod von Lisas Mann, erschien er mehrmals in meinen Träumen und berichtete mir, wie gut es ihm ging." Er bat Frieda, Lisa zu sagen, dass es ihm gut gehe. Sein Strahlen zeigte deutlich, dass es ihm gut ging, und so rief Frieda seine Frau an, um ihr das Gesehene zu erzählen. Ein paar Nächte später sah Frieda eine Frau, die ihr ebenfalls sagte, das es Karl gut gehe. Sie besuchte Lisa später und sah diese Frau aus der Vision auf einem Bild. Das war Karls Mutter gewesen ...

Noch eine weitere Vision bekam Frieda im Sommer 2007. Diese Vision war allerdings mehr als seltsam: "Ich sah mich auf einer hohen Treppe stehen und schaute in eine Menschenmenge", erzählte Frieda. In diesem Moment legte ein Mann, der hinter ihr stand, ein Gewand um ihre Schultern. "Es klingt vielleicht verrückt", sagte Frieda "aber ich kam mir so vor, als würde ich eingeweiht." Frieda erkannte seine Gedanken, die ihr verrieten, dass sie andere Menschen führen sollte. In dieser Vision sah sie sich dann auf einmal als Priesterin.

"Ich hatte eine sehr schwere Kindheit und mit zehn Jahren meinen ersten Selbstmordversuch. Ich träumte eines Nachts, wie sich der Himmel öffnete und eine Stimme zu mir sprach: "Frieda, die anderen werden erst später merken, dass du etwas ganz Besonderes bist", sagte Frieda. Diese Vision gab ihr damals eine unbeschreibliche Kraft. Die geistige Welt ließ nicht zu, dass sie ging. Nach diesen Visionen dachte Frieda sehr lange darüber nach und beschloss, sich schamanisch einweihen zu lassen. Nun arbeitet sie selbst als Schamanin und hilft Menschen.

Zahlen im Traum

Hier noch ein paar Träume, die meine Kunden sich nicht erklären konnten ...

“Letztes Jahr im August sah ich im Traum auf einem dunklen Hintergrund in roter Schrift das Wort ‘Oktober’ aufleuchten, und kurz darauf war es wieder weg. Kurze Zeit später rollten im Traum drei Würfel, und als sie liegen blieben, zeigten sie folgende Zahlen an: 666. Einige Zeit später sah ich im Traum auf einem roten Hintergrund die Uhrzeit 03:45, wie bei einem Radiowecker, den ich aber nicht habe, ganz kurz aufleuchten.” Ich habe lange gesucht, was dieser Traum darstellen könnte. Ein Ereignis fiel mir besonders auf: die Oktober-Revolution in Russland 1917, denn es war Oktober, und man sagt bis jetzt, dass es mit dem Teufel (666) zu tun hatte. Ob die Zeit 03:45 stimmt, da bin ich überfragt, doch die Revolution begann in der Nacht. Es ist daher möglich, dass dieser Kunde in seiner vorigen Reinkarnation dabei war.

Eine andere Kundin, Anet, berichtete: “Vor 30 Tagen träumte ich, dass ich mit einem Auto eine schmale Straße entlangfuhr und sah, wie ein Kind von einem Auto angefahren und überrollt wurde. Ich fuhr weiter, aber plötzlich stand ich ohne Auto an der Unfallstelle. Hier sammelten sich Menschen, tausende Menschen. Sie beschuldigten mich, das Kind angefahren zu haben, aber ich war es nicht gewesen. Ich konnte jedoch das Unfallauto beschreiben. Das war rot gewesen, und ich erinnerte mich teilweise sogar an das Kennzeichen, auf dem die Zahlen 693 standen.”

Drei Wochen später sah Anet einen Unfall auf der Straße. Sie war Zeugin. Das Auto hatte ein 12-jähriges Kind überfahren und hatte die oben genannten Zahlen auf seinen Schildern. Dieser Traum ist ein so genannter Wahrheitstraum, den wir mit Hellsichtigkeit und Vorahnung erklären können.

Die Wohnung meiner Träume

Was Träume betrifft, könnte ich Ihnen noch einiges erzählen, denn die letzten acht Jahre habe ich selbst viel geträumt. Ich sah den Tod meines Vaters, ich sah alle meine Umzüge. Einiges war jedoch ziemlich seltsam. Ich schreibe mir die Träume stets auf und suche nach Erklärungen, die ich aber nicht immer finden kann ... In einer Nacht träumte ich, dass ich mit einem Ehepaar im Wohnzimmer eines Hauses stand. Sie sagten: “Das Haus kaufen wir uns”, und dann gingen sie. Ich stand ratlos da und dachte: "Wie kann euch das Haus nur gefallen? Mir gefällt es definitiv nicht."

Daraufhin gingen wir auf die Straße und verabschiedeten uns. Ich ging alleine weiter und sah einen Garten, der unterhalb der Straße lag, etwas abgelegen. Ich merkte mir die Menschen, die in diesem Garten standen und grillten. Eine Frau hielt einen Lappen in der Hand und putzte die Fenster. Ich konnte auch einen Wintergarten erkennen, in dem viele Blumen standen. In dem gleichen Traum wurde ich von diesen Menschen in die Wohnung eingeladen, die sie mir gerne zeigten. Ich wunderte mich, dass sie dort so viele Möbel hatten, doch ein Möbelstück fiel mir direkt ins Auge: eine Bar. Genau die gleiche hatte ich tatsächlich in meiner Wohnung stehen, jedoch in einer anderen Farbe. Ich wachte auf und vergaß den Traum.

Zwei Jahre später zog ich in genau die Wohnung aus dem Traum ein. Ich wunderte mich schon über die Bar, die im Wohnzimmer stand, und ging in den Garten hinaus. Da war ich sprachlos: Das war der Garten aus meinem Traum.

Ein Schwalbentraum

Eines Tages erreichte ein Schreiben aus Deutschland mein Büro: "Mein Name ist Sylvia, ich habe etwas Wunderbares und Mystisches erlebt. Wir wohnen jetzt seit Jahren in unserem Haus, und hier bin ich zu einem großen Vogelliebhaber geworden, ich nenne sie meine gefiederten Freunde. Nun sagt man hier bei uns, wenn Schwalben an oder in einem Stall oder Haus bauen, dann fließt dort eine gute Energie und da wohnen auch gute Menschen. Ich liebe Schwalben, und solange wir hier wohnen, wünschte ich mir, dass auch Schwalben bei uns bauen.

Von einer guten Bekannten bekam ich den Tipp, mir das einfach zu wünschen. Ich versuchte also, meine Wünsche an das Universum abzugeben. Ich habe mir gewünscht, dass alle negativen Energien um unser Haus verschwinden und nur positive Energie uns erreicht. Ein paar Tage später hatte ich dann einen tollen Traum: Bei uns im Stall sah ich zwei Schwalben ein und aus fliegen. Zwei Wochen später war ich im Garten und sah tatsächlich eine Schwalbe, die in unseren Stall hineinflog! Bis heute sind sie noch da, und die Freude ist riesengroß. Inzwischen habe ich gelernt: Zufälle gibt es nicht, ist es wirklich so einfach?"

Ist diese Erfahrung nicht schön? Vögel können Energien wahrnehmen. Unsere Gedanken und Wünsche sind ja auch Energien, die die Tiere verstehen können. Wir sollten uns einfach öfter etwas von Herzen wünschen ...

Der Kater

Gaby erzählte mir aufgeregt von ihrem Traum: Es war 1988 um die Weihnachtszeit. Gaby schlief sehr unruhig und träumte, dass ihr Kater sehr grausam zu Tode käme. Sein Bauch war aufgerissen und er blutete. Am nächsten Morgen kam er aber ganz normal zum Fressen, und Gaby war sehr glücklich darüber, er lebte! Gaby begleitete jedoch ein schlechtes Gefühl, und tatsächlich, an diesem Morgen sah sie den Kater zum letzten Mal. Gaby suchte ihn tagelang und ging dann zu einem Bauernhof in der Nähe. Beim Gespräch mit dem Bauern stellte sich heraus, dass dieser einige Tage vorher in seinem Keller eine tote Katze gefunden hatte, deren Bauch aufgerissen gewesen war ... Man sagt also nicht umsonst, dass Träume wahr werden können. Übrigens, Blut im Traum deutet, oft auf Erkrankungen oder Verluste hin.

Das Gesicht

Vor ein paar Tagen habe ich mich mit einer Nachbarin unterhalten, und in diesem Gespräch fiel mir auf, dass sich ein Teil ihres Gesichtes plötzlich veränderte. Es bewegte sich sehr unheimlich. Die Wangenknochen traten hervor, und die Haut straffte sich. Sie ist blass geworden, die Lippen wurden dünner, und sie lispelte etwas Unverständliches. Dann verschwand diese Vision sofort. Meine Nachbarin selbst merkte kaum etwas. Sie sagte nur, dass ihr Kopf etwas schmerze.

Ich war zuerst ratlos und wusste nicht, was diese Erscheinung bedeuten könnte. Am nächsten Tag traf ich meine Nachbarin wieder vor dem Haus, und sie weinte. Ich erkundigte mich nach dem Grund, und sie sagte mir, dass ihre Mutter gestern verstorben sei - und zwar ungefähr zu der Zeit, als sie mich vor dem Haus getroffen hatte. Also das, was ich in ihrem Gesicht gesehen hatte, war das Gesicht ihrer Mutter gewesen. Doch noch während ich darüber nachdachte, bekam ich ein Bild vor Augen geführt von einer alten grauhaarigen Frau. Sie strahlte, und man merkte, dass es ihr gut ging ...

Traumerfüllungen

"Ich habe deine Bücher *Das geheime Wissen* und *Träume - Deutung unserer Zukunft* gelesen und einiges über Träume erfahren", schrieb mir Regina. "Zum Beispiel, wenn man an einem bestimmten Tag etwas träumt, dass sich das in 15 oder 20 Tagen erfüllt ... Wenn ich manche Träume nicht sofort verstehe, lege ich mir dazu auch die Karten, und ich schreibe mir auch alles immer schön auf, damit ich nicht durcheinanderkomme. Vor Kurzem träumte ich dann von einer Nachricht, die ich nach genau 20 Tagen erhielt. Das ist alles wirklich unglaublich, aber wahr!"

Ein Zyklop

Katharina war fassungslos, denn sie träumte in der letzten Zeit so intensiv, dass sie weder tagsüber noch nachts zur Ruhe kam. Einmal träumte sie sogar, dass sie ein Zyklop wäre - das war der Punkt, an dem mich ihre Hilfemail erreichte: "Ich habe tatsächlich geträumt, ich wäre ein Zyklop! Ich stand unter vielen anderen, die sich ungeheuer anbrüllten und auch schlugen. Ich stand dann hinter einem Baum, hatte Angst und schaute den anderen zu."

Man verarbeitet viele Sachen im Traum, und Katharina steckte mitten in einer Scheidung. Sie verlor den Überblick ... Außerdem war sie auf einem Auge blind. Daher vermutete ich, dass sie sich aus diesen beiden Gründen als einäugigen Zyklopen sah.

Inkarnationsträume

Viele Menschen bekommen durch ihre Träume Zugang zu ihren vergangenen Leben, so auch im Fall von Julia, die berichtete: "Ich habe geträumt, dass ich mit einem mir unbekannten Mann eine Ehe führte und eine Familie hatte. Ich habe meine Kinder gesehen und wusste, dass das tatsächlich meine Kinder sind. Ein Kind lag mir besonders am Herzen, ein ganz hübsches kleines Mädchen mit blonden Locken. Sie war fünf Jahre alt.

Mein Ehemann im Traum war jedoch sehr launisch und böse zu uns allen, er war gewalttätig und schlug uns. Schließlich sah ich, wie er unsere Tochter und mich umgebracht hat: Er legte uns Giftschlangen ins Bett. Es war so furchtbar und schrecklich! Ich war entsetzt und wachte auf."

Julia sagte mir auch, dass sie in diesem Leben eine wirkliche Schlangenphobie hat: "Ich strecke nachts nicht mal den kleinen Zeh unter der Bettdecke hervor, weil ich denke, da kommt gleich eine Schlange und beißt mich", erzählte sie.

Wurde Julia in einem früheren Leben tatsächlich von einer Schlange gebissen? Hat sie deswegen heute solche Angst vor Schlangen? Denn in diesem Leben ist ihr noch nie eine Schlange begegnet, und keine hat ihr etwas angetan.

Die Antwort auf diese Frage hat eine Reinkarnationstherapie ermöglicht. Die Rückführungstherapie versetzt den Klienten zumeist in einen tranceartigen Zustand und führt ihn zu den Ursachen seines Symptoms oder Problems zurück, und der Patient sieht, was in einem anderen oder in dem heutigen Leben vorfiel. Dem Klienten muss dabei jedoch die Möglichkeit gegeben werden, die Dinge auf seine Weise wahrzunehmen. So kann er sie dann verarbeiten.

Auch Julia hat bei der Rückführung gesehen, dass sie von Schlangen gebissen wurde. Dabei erlebte sie die Szene aus ihrem Traum erneut. Somit zweifelte ich nicht mehr daran, dass Julia den Schlangenbiss in einem Vorleben tatsächlich erlebt hat und der Traum eine Szene aus einem Vorleben war.

Wunderheilungen

Die Gabe zum Heilen

"Du bist meine letzte Hoffnung, meiner Schwester Anja zu helfen", schrieb Roman. Seiner Schwester waren in letzter Zeit merkwürdige Dinge passiert, die sie wohl auf den medialen Weg leiten wollten, aber sie weigerte sich beharrlich, diese Gabe anzunehmen. Anja sah Lichter und Farben, sie erkannte die Auren von Menschen und auch die Seelen Verstorbener meldeten sich bei ihr.

Dieser Kundin habe ich geraten, mit Energiearbeit zu beginnen. Denn wenn wir unsere Gaben nicht annehmen, können sich die Energien anstauen, wodurch wir launisch und ausgelaugt werden - und irgendwann sind wir dann doch gezwungen, uns mit der eigenen Spiritualität zu beschäftigen.

Wenn wir heilende Fähigkeiten nicht nutzen, kann sich das unter Umständen auch sehr unangenehm äußern - so auch bei Anja, die sogar eine Besetzung erleben musste. Doch als sie sich mit energetischem Heilen und Schwingungen beschäftigte, stärker wurde und zu ihrer Mitte fand, verschwand die Besetzung wieder.

Daher: Fragen Sie nicht "Warum ich?", wenn Ihnen etwas scheinbar Negatives widerfährt, sondern denken Sie lieber darüber nach, was Sie in sich annehmen und entwickeln können, um sich einen Schritt näherzukommen und um Ihre Bestimmung leben zu können.

Rosenwunder

"Nun muss ich dir mein Wunder, das ich vor zehn Jahren erlebt habe, erzählen", schrieb mir Lora aus Bochum. Sie erzählte mir von einigen ihrer Phänomene, die ihr immer dann passierten, wenn sie in der Klemme war. Wenn das Schicksal es hart mit ihr meinte, sind immer Wunder geschehen. Wenn du denkst, es geht nicht mehr, kommt von irgendwo immer ein Lichtlein her ...

Vor etwa zehn Jahren ging es Lora gesundheitlich sehr schlecht, und die Ärzte stellten nach einer Untersuchung einen Hirntumor bei ihr fest. Jeden Abend betete Lora zu Gott um ein Wunder. Sie bat um Genesung und träumte davon, dass die Diagnose falsch wäre.

Eines Abends kam ihr Mann von der Arbeit nach Hause und rief schon von der Tür: "Lora, komm ganz schnell mit nach draußen! Ich muss dir etwas zeigen!" Vor dem Haus - und es war tiefster Winter mit Minusgraden - hatte die Kletterrose, die sonst nur einmal im Jahr im Juni blüht, an einer Ranke sieben Knospen getrieben.

Ein paar Tage danach ging Lora wieder zum Arzt - der zugeben musste, dass er sich beim ersten Mal geirrt hatte! Lora wurde für gesund erklärt.

Nur ein Zufall? Ich denke nicht, meiner Ansicht nach handelt es sich hier eher um ein Wunder ...

Die Kraft von Lourdes

Die meisten werden schon von der berühmten Quelle von Lourdes gehört haben, an der einem jungen Mädchen im Jahr 1858 Maria erschienen ist. Seitdem pilgern jährlich unzählige Menschen zu diesem Wallfahrtsort, damit das Wasser von Lourdes sie heilen kann - schließlich gibt es über 7000 Dossiers über Heilungen, die im Ärztebüro von Lourdes gesammelt wurden. In fast 70 Fällen wurde die Spontanheilung sogar offiziell anerkannt.

Der Fall von Anna Santaniello, die 1952 geheilt wurde, wurde als Wunder von Erzbischof Gerado Pierro von Salerno anerkannt. Anna Santaniello war infolge einer unheilbaren Krankheit herzkrank geworden. Sie hatte Atemnot, konnte kaum mehr sprechen und nicht mehr gehen. Sie wurde auf einer Bahre in die Bäder von Lourdes getragen - und kam gesund wieder heraus, das heißt, sie konnte sie selbstständig verlassen.

Eine andere Heilung passierte 1987 bei Jean-Pierre Bely, einem Invaliden aufgrund von multipler Sklerose. Der Zustand von Jean-Pierre verschlechterte sich von Jahr zu Jahr, so entschied sich seine Familie, nach

Lourdes zu reisen. Der Bettlägrige wurde in die Grotte von Lourdes getragen - und nach drei Tagen für gesund erklärt.

Ich habe einmal von einer Kundin das Wasser aus der Quelle von Lourdes sogar per Post bekommen, um es an meine Klienten zu verteilen. Bei einigen Kunden vergingen nach der Einnahme Schmerzen und Depressionen. Aber das Wasser half auch Tieren: Eine Kundin berichtete, dass ihr krebskranker Hund durch die Einnahme von diesem Wasser tumorfrei wurde.

Wasser, wie Sie wissen, ist ein sehr starker Informationsträger. Somit gilt das Wasser von Lourdes als Energiespeicher der Marien-Energie. Die Energie dieses Wassers ist so hoch, dass schon neun Tropfen genügen, um einen Liter Leitungswasser zu Heilwasser umzuwandeln.

Besorgen Sie sich doch auch das Wasser von Lourdes ...

Eine Spontanheilung

Jeder Mensch besitzt Selbstheilungskräfte, und diese Kräfte können durch Gebete geweckt werden, Heilgebete sind quasi der Atem unserer Seele. Sie werden nach einem speziellen Schema zusammengestellt: Der erste Teil des Gebetes ist der Aufbau, der zweite Teil dient der Steigerung der Kraft, im dritten Teil formulieren Sie Ihre Wünsche und der vierte Teil dient dem Abschluss. Hier ein Beispiel: "Liebes Universum, ich bitte dich um Hilfe. (Sprechen Sie dann vier Mal ein Bibelgebet, z. B. das Vaterunser.) Gib mir Kraft, und lass mich genesen. So wie die Sonne täglich aufgeht und die Erde wärmt, so soll auch ich meine Schmerzen und Leiden verlieren. So sei es."

Hier ist ein Bericht von letztem Monat. Ich habe eine Kundin, deren Tochter vor ein paar Monaten eine erschütternde Diagnose gestellt bekam: Gehirntumor. Sie musste operiert werden, da die Lage des Tumors kompliziert erschien. Der jungen Frau ging es schlecht, sie hatte Kopfschmerzen und Ohnmachtsanfälle. Ich entschloss mich, für diese Klientin zu beten, und ich las schamanische Heilgebete. Außerdem habe ich das geistige schamanische Heilen angewandt. Es hat schnell helfen können - die Frau ist wieder gesund geworden.

“Lieber Vadim, Sie haben für meine kranke Tochter gebetet und ihr helfen können. Vielen lieben Dank, ich bin der glücklichste Mensch auf Erden!

Der erste Befund der CT-Untersuchung am 25. März zeigte ein ‘Etwas’ vorne links im Hirnstamm meiner Tochter. Es war alles auf dem CT zu sehen und im Befund beschrieben. Die Zeit verging, Sie beteten für meine Tochter. Am 10.04.08, gingen wir zur MRT-Untersuchung. Bei dieser Magnetresonanz-Untersuchung im Krankenhaus ist nichts mehr von dem ‘Etwas’ zu sehen gewesen. Die Ärzte staunten, denn alles war weg! Ich bin so voller Freude und großer Dankbarkeit!”

Natürlich geht es hier nicht nur um Begabungen. Meiner Meinung nach ist jeder Mensch in der Lage, seine Heilkräfte zu aktivieren und zu nutzen. Seit zehn Jahren lehre ich meine Schüler, diese zu entdecken und anzuwenden. Das Heilgebet ist uns in die Wiege gelegt worden ... und hilft. Blockaden sind dadurch definitiv lösbar. Die schamanische Lehre besagt, dass sich die Krankheitsursachen in unserer inneren Welt verstecken. Diese kann man aber durch die schamanische Arbeit mit Trommeln, Musik und Worten, also mit einem Gebet, lösen.

(Beachten Sie aber bitte immer: Auch eine Geistheilung oder (schamanische) Heilgebete ersetzen nicht den Besuch eines Arztes! Lassen Sie sich bitte immer auch von einem Schulmediziner gründlich untersuchen, und befolgen Sie dessen Ratschläge!)

Die Kraft des Herzens

Wie stark ist unsere Herzenswärme? Wie stark wirkt meine Herzenswärme auf andere Menschen? Als Geistheiler kann ich dazu nur sagen: “Wenn man seine Patienten heilen will, muss man sie lieben können. So werden sie gesund.” Also, ohne Herzensenergie kann man nicht heilen.

Wissenschaftler des kalifornischen Hearth-Math-Instituts haben das Herz und die Energien, die es erzeugt, über viele Jahre hinweg sehr genau untersucht. Dabei machten sie eine unglaubliche Entdeckung: dass das elektromagnetische Feld des Herzens fünftausend Mal mehr Energie abstrahlt, als bei unserem Denken entsteht. Das Energiefeld des Herzens ist mit Spezialgeräten messbar und kann einen Durchmesser von mehreren Metern erreichen.

Sie kennen vielleicht meine Aussagen zum Thema Aura, dass sich die Aura eines durchschnittlichen Menschen 2 bis 3 Meter um ihn herum ausdehnt, um uns zu schützen; bei Buddha war sie sogar 2,5 Kilometer breit. Die Herzenergie hat nun auch sehr viel mit unserem Schutz zu tun, sie ist übrigens auch der Grund, warum wir uns in der Nähe von uns "am Herzen liegenden" Menschen so wohlfühlen. Wir baden dann sozusagen in ihrer Herzenergie und kommen somit auf eine höhere Frequenz, was unser Wohlbefinden steigert.

Nach zahlreichen wissenschaftlichen Untersuchungen wird ebenso vermutet, dass Liebesenergie unsere Körperzellen beeinflussen kann, fehlende Liebe ist daher die Ursache aller Krankheiten. Doch Liebe und Herzenswärme sind in der Lage, wahre Wunder zu vollbringen.

Der Brief

Ein Brief einer Kundin, die von Angstattacken gequält wurde, hat mich sehr berührt: "Du weißt, was ich erlebt habe. Meine Panikattacken ließen mir kaum Luft zum Atmen, ich konnte nicht mehr denken und nicht mehr schlafen. Dieses Erlebnis hat mir gezeigt, welche Macht Energien haben können, und dadurch bekam ich richtig Angst, mit Energien zu arbeiten, ja, ich hatte sogar Angst, mir beim Beten ungewollte Energien 'einzufangen'. Durch deine Beratung wurde mir schnell klar, wie dumm es von mir ist, das Beten einzustellen. So machte ich weiter. Ich hatte eine Besetzung. Doch diese verirrte Seele hast du sofort erkannt. Danke, dass du mir erklärt hast, wie man solche Geschichten beseitigen kann.

Außerdem möchte ich mich in Zukunft besser schützen können. Du gabst mir den Tipp, zwei Wassergläser aufzustellen, in die Mitte ein Foto von mir mit einem Bergkristall zu legen und zwei Messer als 'Rahmen' drumherum zu legen, so dass sich die Spitzen berühren. Die Gläser stehen schon, und ich spüre nichts mehr. Danke."

Der Heilstein

Ute ging gerade mit ihren Hunden spazieren, als sie an einem Edelsteinkiosk vorbeikam, der sie magisch anzog. Sie hatte das Gefühl, ihr kranker Hund Dibi bräuchte einen schwarzen Stein. Damals hatte Ute noch keine Ahnung von Heilsteinen, so nahm sie einfach einen Stein in die Hände, der ihr gefiel, kaufte ihn und ging nach Hause. Sie legte den Stein unter das Körbchen ihres Hundes und ließ ihn dort liegen. Der Hund ist kurz danach gesund geworden. Erst später erfuhr sie, dass das ein schwarzer Onyx war, der Stein der Hexen, der alle negativen Energien beseitigt und einen körperlichen Ausgleich bewirkt ...

Erde ist nicht gleich Erde ...

In meiner Kindheit besuchte ich in den Ferien oft meine Oma Walja, die in einem Dorf am Kaspischen Meer wohnte. Auf dem Land habe ich mich richtig austoben können und suchte Kontakt zur Natur. Ich wurde versorgt, geliebt und genoss meine Kindheit. Eines Tages habe ich beobachtet, wie meine Oma ihre Heilvorgänge durchführte: Zum Heilen nahm sie immer ihre alte Emailleschüssel, füllte sie mit Gartenerde und stellte sich anschließend barfuß darauf. Danach betete sie und legte ihre Hände auf den Patienten. Durch diesen Vorgang leitete sie die Dämonen aus dem Körper des Erkrankten in die Erde und befreite so seinen Körper.

Doch bevor sie einen neuen Patienten behandelte, tauschte meine Oma die Erde immer aus; die alte Erde warf sie in einen speziellen Kasten. An diesem Tag bat sie mich, die Erde zu entsorgen in dem Kasten, doch dazu hatte ich keine Lust, und ich warf sie deshalb einfach schön auf das kleine Kartoffelfeld ... Nur eine halbe Stunde später hielt mir meine Oma eine ordentliche Standpauke. Alle Kartoffeln waren eingegangen, und sie wusste, dass ich dahintersteckte. Die negative Energie des Patienten, die in die Erde übergegangen war, hatte die Pflanzen getötet. Schade, dass ich das als Kind nicht wusste ...

Vorahnungen, Telepathie, Magie und besondere Gaben

Das Vorhersehen

Immer wieder berichten Menschen, sie hätten Katastrophen vorhergesehen, doch sie wurden meist nicht ernst genommen. Aus der Presse ist ein solcher Fall bekannt: 1979 stürzte ein Flugzeug ab, und fast 300 Menschen starben bei dieser Katastrophe. Ein Mann sah diese Katastrophe, so wie sie später geschah, in seinen Träumen mehrere Tage vorher voraus, doch niemand glaubte ihm. Gruselig, aber wahr.

Auch als die Titanic sank, meldeten sich nach der Katastrophe tausende Menschen. Sie behaupteten, dass sie den Untergang vorhergesehen hatten. Sie hatten sich auch schon vor dem Ablegen des Schiffes melden wollen, doch da die Kommunikation in der damaligen Zeit erschwert war, kamen die Warnungen zu spät.

Ein anderer Fall aus der amerikanischen Presse ist bis heute in aller Munde: David Booth aus Ohio hatte im Jahr 1979 mehrere Nächte lang immer wieder von einem Flugzeug-Absturz geträumt. Er konnte in diesen Träumen Einzelheiten sehen und erlebte sogar das Geschehen mit. Er roch Rauch und spürte Hitze. Der Junge entwickelte dadurch eine massive Panikattacke und musste in psychologische Beratung. Der Psychologe hielt alle Träume des Jungen fest, weswegen später feststand, dass er tatsächlich einen Wahrtraum gehabt hatte, denn diese Katastrophe geschah.

Ein junger Journalist schrieb eine Geschichte über einen Vulkanausbruch und tausende von Toten, die er allerdings nur im Traum gesehen hatte. Als die Zeitung gedruckt war, kam heraus, dass diese Katastrophe nie passiert war. Dem Journalisten wurde daraufhin gekündigt. Ein paar Tage später geschah die von dem Journalisten beschriebene Katastrophe allerdings tatsächlich!

Vorahnungen

Eines Tages erreichte mich ein Schreiben von einer Frau, die den Tod des Mannes einer Bekannten gespürt und dann auch im Traum gesehen hatte, damit aber nicht umgehen konnte. Ihr war ständig eiskalt, und sie hatte große Angst. Das Eigenartige war, dass sie diesen Mann nur flüchtig kennen gelernt hatte.

Wir alle sind in der Lage, solche Informationen zu bekommen. Die Seele ist eine sehr feine Materie, die fähig ist, Informationen zu übermitteln. Zudem leben wir in einer mehrdimensionalen Welt, das heißt, dass mehrere Varianten unserer Zukunft womöglich schon irgendwo existieren; diese können bestimmte Menschen dann sehen. Besonders Träume lockern unsere Seele, sagen Schamanen, so kann sie zwischen den Dimensionen hin und her reisen, und so gelangen manche Menschen auch an zukünftige Informationen.

Das menschliche Empfinden

Jeder Mensch hat ein anderes Wahrnehmungsvermögen, so können einige Menschen zum Beispiel Chakren, Krankheiten oder Schmerzen riechen; andere nehmen Zahlen geschmacklich wahr. Sie sagen, dass z. B. die Eins süß schmeckt und die Sieben bitter. Wieder andere können Farben fühlen oder ertasten. So auch bei Barbaras Geschichte ...

"Es liegt zwar schon zwei Jahre zurück, doch ich weiß bis heute, dass ich nicht alleine bin", sagte Barbara. Sie spürte oft einen Windzug am Körper und etliche andere Berührungen, wobei niemand im Raum war.

Barbara arbeitete in einem Hotel, wo sie früh morgens den Gastraum säubern musste. Eines Morgens kehrte sie gerade den Boden und war weit vom Kamin entfernt, als sich das Kaminbesteck bewegte. Sie bekam einen fürchterlichen Schreck und ging zu ihrem Chef. Er beruhigte sie und sagte, dass das eine verstorbene Seele sein könnte, die Barbara vor irgendetwas warnen möchte.

Eine andere Kundin behauptete, sie spüre, wenn jemand bald stirbt. Sie könnte es riechen. Sie sagte, dass der Geruch scharf in ihrer Nase brennt und ihr keine Ruhe lässt. Dieses Phänomen kenne ich auch selbst:

Ich sehe bei solchen Menschen keine Aura mehr oder sehe ihre Aura in schwarz.

Eine meiner Kolleginnen hat immer wieder ein komisches Bauchgefühl, wenn jemandem aus ihrer Familie oder ihrem Bekanntenkreis etwas passiert ist. So war es vor Kurzem mit ihrem Vater, als er einen Herzinfarkt hatte. Sie hatte das Gefühl, dass es etwas nicht stimmt: "Mein Unterbauch hat mir gesagt, es ist etwas nicht in Ordnung, ich kann das kaum beschreiben." Ebenso hatte sie immer ein Bauchgefühl, als ihr Wellensittich starb oder als ihre Tochter mit einer schlechten Note aus der Schule nach Hause kam.

Mein Vater Waldemar

Hier noch eine Begebenheit aus meinem Leben. Mein Vater ist am 27.01.08 mit 59 Jahren verstorben. Seine Krankheit ließ ihm leider keine Wahl.

Er wollte sich nicht unbedingt mit Esoterik oder Spiritualität auseinandersetzen. "Ich habe da zu viel Respekt davor", sagte er immer wieder, oder auch: "Nicht in diesem Leben." Unabhängig davon berichtete er kurz vor seinem Tod aber immer wieder von Dingen, die er eigentlich nicht wissen konnte. Ich denke, wenn man kurz vor dem Tod steht, bekommt man automatisch und unabhängig vom eigenen Glauben den Zugang zu verschiedenen versteckten und meist unzugänglichen Informationen. Man zentriert sich sehr stark, konzentriert sich unbewusst auf sich selbst, sucht und findet sogar die eigene Mitte und geht immer tiefer in sich. Dann kommt man Gott wieder näher und sieht klarer.

Eines Tages sagte mein Vater zu meiner Mutter, dass sie gerade das Buch von Mark Twain lese, obwohl er sie nicht dabei hatte sehen können. Meine Mutter war überrascht. Mein Vater sagte weiter: "Du liest genau die Seite 132." Auch das hat gestimmt ... Zu diesem Zeitpunkt konnte er das Bett nicht mehr verlassen, und meine Mutter befand sich im Nebenraum.

Er berichtete auch, dass er aus seinem Körper immer öfter aussteigen und sehen könne, was in anderen Zimmern passiere.

Nikolai

Zehn Tage vor dem Tod meines Vaters ist etwas vorgefallen, was mich auf die Idee gebracht hat, dass alle Seelen auf dieser Welt, die sich kennen, sehr stark miteinander verknüpft sind. Dabei ist es völlig egal, wo sich diese Seelen gerade befinden. Wir sind alle eins.

Ich war gerade zu Besuch bei meinen Eltern, aber mein Vater lag damals schon im Bett, der Krebs machte ihn völlig immobil. Er musste gegen die Schmerzen auch sehr starke Medikamente einnehmen, weswegen er meistens schlief und kaum ansprechbar war. So saß ich mit meiner Mutter bei einem Tee, als sich mein Vater plötzlich aufsetzte, die Augen aufmachte und uns ansah. Mit leerem Blick fragte er meine Mutter: "Du, Larissa, warum ist eigentlich dein Onkel Nikolai in Moskau verstorben?" – Meine Mutter war auf eine solche Frage in diesem Moment überhaupt nicht vorbereitet gewesen und sagte: "Er lebt noch, wie kommst du darauf?" Darauf folgte nur: "Er ist tot ..." Es war genau halb fünf Uhr, das weiß ich so genau, weil gerade die Uhr schlug. Mein Vater sank daraufhin wieder auf sein Kissen und schlief weiter. "Was war das?", fragten wir uns. Nach einer kurzen Überlegung meinte meine Mutter, dass es womöglich an den Tabletten liegen könnte, die mein Vater einnahm.

Als ich gerade wieder nach Hause aufbrechen wollte, klingelte das Telefon. Ich wartete also, bis meine Mama gesprochen hatte, um mich von ihr verabschieden zu können. Sie legte den Hörer auf, setzte sich und sagte leise zu mir: "Vadim, Alexandra aus Moskau hat angerufen. Der Nikolai, ihr Vater, ist um halb fünf verstorben." Ich stellte mir später die Frage: Wie konnte mein Vater im Allgäu zehn Tage vor seinem eigenen Tod wissen, dass Nikolai in Moskau um diese Zeit verstorben ist? Wie ist das möglich, dass er das spürte? Man sagt bei den Schamanen, dass sich die Seele lockert, bevor sie aus dem Körper geht. Daher wissen die, die gehen und kurz vor dem Tod stehen, vieles.

Ich fand nach dem Tod meines Vaters einen Zettel an seinem Bett, auf den er Folgendes geschrieben hatte: "Leben ist nicht lang, aber interessant, Krebs tut weh, bereitet Schmerz und löscht meinen Körper aus, aber nicht meine Seele." Mein Vater hielt durch und kämpfte bis zum letzten Atemzug. Er hatte eine unheimlich starke Persönlichkeit ...

Stimmen, die man hört

"Es gab und gibt einige unglaubliche Ereignisse in meinem Leben, doch eines ist mir unauslöschlich im Gedächtnis geblieben: Ich schlief, und plötzlich, es muss wohl im Traum gewesen sein, spürte ich meinen Vater in meiner Nähe. Mein Vater lebte noch zu dieser Zeit, lag aber krank zu Hause. Er stand sehr nah am Bett, beugte sich zu meinem Kopf vor und sagte etwas an meinem rechten Ohr. Er sprach nicht leise, sondern mit ganz normaler Stimme, ich konnte ihn aber nicht verstehen. Ich schreckte hoch und war total durcheinander. Nur hatte ich das Gefühl, als ginge es um mein eigenes Leben und als wollte er mich warnen.

Ein paar Tage später hatte ich ein ähnliches Erlebnis: Ich sprach am Abend ein Gebet zu meinem Schutzengel und ging dann ins Bett. Ich bat ihn um Hilfe und Beistand. Mitten in der Nacht, sprach wieder mein Vater zu mir, ich spürte ihn ganz deutlich nah an meinem Ohr. Er flüsterte nicht, er sprach laut und deutlich. Wieder schreckte ich hoch und dachte, dass dies doch nicht wahr sein könne. Dieses Mal hatte ich aber alles verstehen können, er hatte gesagt: 'In deiner Nähe befindet sich dein Mann, der dich liebt. Leide nicht, lebe! Streite nicht, liebe!' Ich machte die Augen auf und sah meinen Mann in unserem Bett. Zu dieser Zeit haben wir oft miteinander gestritten, doch nach diesen Vorkommnissen hörte der Streit plötzlich auf. Ich fand es unglaublich, dass die Stimme meines Vaters, der nicht mal in meiner Nähe lebte, so laut und deutlich zu hören war. Ich habe mit meinem Vater darüber gesprochen, doch er wusste nichts von alledem. Mein Vater starb kurze Zeit danach."

Diese Geschichte einer Kundin verpasst vielleicht einigen von euch eine Gänsehaut? Es gibt, wie oben bereits erwähnt, eine so genannte Lockerung der Seele. Kurz vor dem Tod zentriert sich unsere Seele und kommuniziert mit anderen Seelen, auch über große Entfernungen hinweg. Man sollte solche Botschaften immer ernst nehmen. Es ist schließlich ein Privileg, wenn Sie Kontakt zu einem bald gehenden Menschen bekommen und er Ihnen nützliche Tipps für Ihr Leben gibt.

Telepathie

Ich hatte vor längerer Zeit einmal ein sehr interessantes und aufregendes Erlebnis. Ich sprach gerade mit jemandem über eine Kollegin, die ein neues Kartendeck herausgebracht hatte, das mich interessierte. Ich wollte gerade wissen, woher ich es beziehen könnte, da klingelte das Telefon - und just jene Kollegin war am Apparat und wollte mich sprechen ...

Ein Fall von Telepathie? Telepathie ist die Kunst des Gedankenlesens, und man ist auch in der Lage, auf diese Weise mit anderen Menschen allein über die Gedanken zu kommunizieren.

Einen Test, ob man ebenfalls die Fähigkeit hat, telepathisch mit anderen in Kontakt zu treten, kann man mit den so genannten Zehnerkarten von J. B. Rhine durchführen. Diese Karten zeigen fünf verschiedene Symbole, die jeweils auf fünf Karten abgebildet sind: Stern, Kreis, Kreuz, Wellen und Quadrat. Ein Deck besteht also aus 25 Karten. Man setzt zwei Leute in getrennte Räume, wobei einer ein paar der Karten in der Hand hält und eine davon zieht. Dann versucht er, sich auf diese Karte zu konzentrieren. Der Mensch im anderen Raum konzentriert sich gleichzeitig auf die Gedanken des Partners - und empfängt die Information. Der Sender überträgt dem Empfänger im Idealfall also Karte für Karte telepathisch das jeweilige Symbol.

Da es 25 Karten und fünf verschiedene Kartentypen im Stapel gibt, besteht eine Chance von 1:5 (20 Prozent), dass eine bestimmte Karte gezogen wird. Viele hellfühlige Menschen liegen jedoch bei weit über 70 Prozent, womit der reine Zufall ausgeschlossen ist.

Hellhörigkeit

Alina erzählte: "Es mag sicherlich verrückt klingen, weil ich ja noch ganz jung bin und diese Erfahrungen bereits in der frühesten Kindheit gemacht habe. Aber alles, was ich hier erzähle, entspricht der Wahrheit. Ich bin ein Indigokind und empfinde die Umwelt oft etwas anders als meine Mitmenschen. Ich habe Dinge erlebt, die wenig glaubhaft erscheinen. Als ich meine Visionen bekam und diese sich tatsächlich erfüllten, habe ich gemerkt, dass ich nicht verrückt bin. Was bei mir sehr stark ausgeprägt ist, ist meine Hellhörigkeit. Ich höre eine bestimmte Stimme, die mir sagt, was passiert. Es mag verrückt klingen, aber bis jetzt hat die Stimme immer Recht gehabt."

Ursulas Geschichte

Ursula aus Bremen berichtete: "Ich kann Stimmen hören bzw. wahrnehmen. Es ist eine schwere Gabe. Die Spirits machen immer Luftbewegungen und Wind, wenn sie mich besuchen wollen. Es hört sich unwahrscheinlich an, aber sie geben mir Antworten auf meine Fragen. Ich bitte sie oft, mit mir zu sprechen - und sie tun das. Das ist sehr ungewöhnlich, ich weiß.

Eines Tages standen wir nach der Messe draußen im Regen. Keiner von uns hatte aber einen Regenschirm bei, und so stellten wir uns unter ein Vordach. Ich sagte: 'Es wird aufhören zu regnen, wenn seine Exzellenz kommt und spricht.' Meine Tochter schaute mich komisch an, als ob ich Blödsinn sagen würde. Er kam, und es hörte punkt zwölf Uhr nachts zu regnen auf."

Und wieder ein Beispiel des Kontaktes nach oben, zum Universum. Wir sind nicht allein und werden von anderen Energiewesen behütet und begleitet. Übrigens, Ursula bekommt oft Besuch im Traum. Die letzten zwei Nächte begegnete sie in ihren Träumen bedrohlichen Vampiren und einer dunklen unsichtbaren Gestalt in einem Umhang. Sie kamen schweren Schrittes auf sie zu und schüttelten sie heftig. Sie sagten zu ihr: "Hör zu, unterdrücke deine Gabe nicht ..."

Rettende Mama

Hier noch eine wahre Geschichte, die unter die Haut geht. Gisela erzählte: "Nach dem Tod meiner Mutter vergrub ich mich noch mehr in meine Arbeit und kam oft erst spät abends aus dem Büro nach Hause.

Ich arbeitete damals bei einer Versicherungsagentur. Eines Abends nach der Arbeit ging ich zum Friedhof. Ich wollte unbedingt meine Mama dort besuchen.

Es war bereits dunkel, ich hatte vor der Dunkelheit jedoch keine Angst. An jenem Abend fühlte ich aber doch etwas Erschreckendes, aber nur für ein paar Sekunden. Ich parkte mein Auto wie immer direkt vor dem Eingangstor des Friedhofes, lief zur Tür und öffnete sie. Plötzlich hörte ich eine Stimme. Sie sagte: "Hallo, Gisi." Ich sah niemanden. Die Worte waren nicht laut, aber auch nicht leise zu vernehmen. Ich war etwas verschreckt, und es schien mir so, als käme die Stimme vom Himmel herunter. Ich ging zwar weiter und wurde wieder gelassener und ruhiger, aber ich lief deutlich langsamer und vorsichtiger.

Die ganze Zeit war neben dem Grab meiner Mutter eine freie Grabstelle gewesen, über die ich immer quer drübergelaufen war. Doch jetzt war das Grab ausgehoben und nur mit vier eingeschlagenen Eisenstäben, an denen ein ganz dünnes Band war, gesichert. Mit Sicherheit wäre ich in der Dunkelheit in das offene Grab hineingefallen und nicht mehr herausgekommen, wenn ich durch die Stimme, die ich gehört hatte, nicht langsamer gelaufen wäre. Ich bin mir sicher, die Stimme meiner Mutter hat mich gewarnt. Es wäre keiner um diese Zeit auf den Friedhof gegangen, und ohne Hilfe und Asthmaspray wäre es mein sicherer Tod gewesen, wenn ich in die Grube gefallen wäre."

Ja, auch nach dem Tod versuchen unsere Verstorbenen, uns zu schützen und zeigen uns den richtigen Weg. Ist das nicht schön?

Die Kraft des Gebetes

Inge erzählte mir ihre Geschichte mit Tränen in den Augen: "Es ist schon einige Jahre her. Meine Tochter hat damals eine Prüfung für ihr Meisterstudium gemacht. Für sie stand fest, dass sie die Arbeit gut geschafft hat und die Prüfung bestanden hatte, es kam jedoch heraus, dass sie durchgefallen war. Sie war sprachlos, legte Widerspruch ein und wollte alle Papiere sehen. Es hieß dann, sie bekomme die Unterlagen per Post zugeschickt.

Doch komischerweise kamen die Unterlagen nie an und sind auf dem Postweg verloren gegangen. Es half alles nichts, sie musste diese Prüfung wiederholen, zuerst mündlich. Sie ging also hin und ließ sich erneut prüfen, doch sie war so nervös, dass sie durchfiel. Sie kam aus dem Prüfungssaal und weinte. Wir beteten daraufhin gemeinsam - und es geschah nach einiger Zeit ein Wunder! Denn plötzlich ging die Tür auf, und der Prüfer holte meine Tochter erneut in den Saal, um ihr eine neue Chance zu geben. Sie konnte es kaum glauben, ging aber mit und hat ihre Prüfung doch noch bestanden. Eine Woche später tauchten auch die verlorenen Papiere wieder auf, die bescheinigten, dass sie die Prüfung bestanden hatte.

Ich bin sicher, dass ihr von oben geholfen wurde. Engel begleiten uns überall, und ein Gebet bringt unsere Bitten direkt zu ihnen."

Pseudo-Reiki

Eine Kundin von mir ließ ihren Sohn und sich vor einiger Zeit per Fernreiki behandeln, doch statt besser, ging es beiden immer schlechter. Aber es hieß dann immer nur: "Die Blockaden lösen sich auf, das Problem zeigt sich und dann setzt die Heilung ein."

Sie hofften also weiter auf eine Besserung und glaubten an alles. Es vergingen Wochen und Monate. In dieser Zeit hörte Sabine auf, Dinge zu tun, die ihr vorher Spaß gemacht hatten. "Wir litten unter Magendruck, Übelkeit, Durchfall, Herzrasen, Schwindel und Kopfschmerzen", erzählte Sabine. Später kamen zusätzlich auch noch Ängste ins Spiel, Sabine wurde depressiv und landete bei mir, wo sie sich reinigen ließ.

Die Chakren von ihr und ihrem Sohn waren "verschmutzt", der Energiefluss wurde abgebremst. Die so genannte Reiki-Behandlung hatte mit Reiki in diesem Fall nichts zu tun gehabt, denn der damalige "Heiler" hatte von beiden Energie genommen, statt ihnen welche zu geben - und ließ sich dafür auch noch bezahlen.

Diese fehlerhaften Behandlungen haben Sabine fast ein Jahr ihres Lebens gekostet. Liebe Leser, ich appelliere daher an dieser Stelle an Sie:

Passen Sie auf, es gibt viele schwarze Schafe auf dem esoterischen Markt, die ihre Dienste anbieten. Lassen Sie diese Personen von einem kompetenten Medium durchleuchten, und vertrauen Sie immer Ihrer Intuition!

Die Kraft des Wassers

Wenn ich meine TV-Auftritte habe, arbeite ich mit Energieübertragung. Oft lade ich energetisch über eine Entfernung hinweg Leitungswasser auf. Dafür sollen meine Zuschauer ein Wasserglas vor dem Fernseher stehen lassen, denn gerade Wasser ist ein prima Energieträger. Es nimmt Informationen auf und speichert sie. Durch das Trinken dieses "aufgeladenen" Wassers vergehen bei meinen Zuschauern anhaltende Schmerzen, Depressionen sowie Kummer.

Oft wurde berichtet, dass Tiere dieses Wasser auch sehr mögen. Eine Zuschauerin erzählte mir, wie ihre Katze das Wasser getrunken hat, bis sie ihren Durst gestillt hatte. Ich bekomme aber täglich Briefe und Mails von meinen Zuschauern, in denen neue Erlebnisse durch das Wasser beschrieben werden. Hier eine davon: "Ich war total energielos und müde gewesen. Ich wäre beinahe schon um 19 Uhr eingeschlafen, als ich auf Astro TV umgeschaltet habe und dich sah. Ich habe sofort Wasser hingestellt. Ich habe mich wirklich krampfhaft wach gehalten, nach einer halben Stunde dann das Wasser getrunken und danach so viel Energie gehabt, dass ich erst nach drei Uhr nachts eingeschlafen bin. Ich nehme seitdem immer wieder größere Mengen von diesem Wasser zu mir und kann nicht glauben, dass ich nach Jahren meine chronische Müdigkeit los bin. Außerdem habe ich kaum mehr Rückenschmerzen."

Wasser an sich ist für mich schon ein Phänomen, und ich empfehle auch immer, beim Beten ein Glas Wasser vor sich zu stellen. Denn das Wasser nimmt die Energie des Gebetes auf und kann danach getrunken werden. So gelangt die heilende Schwingung direkt in unseren Körper.

Die Erscheinung

“Durch deinen Aufruf, sich für das Mystische zu öffnen, fühle ich mich nun ermutigt, dir mein Erlebnis zu schreiben”, so fing der Brief von Angelika an. Es begab sich zu einer “Nicht-Jahreszeit” im Winter 2001, wo die Natur noch zu schlafen schien. Aber nicht nur die Natur schlief ...

“Ich genoss meinen Sonntag und lag auf der Couch im Halbschlaf”, erzählte Angelika in ihrem Schreiben. “In einem Zustand völliger Entspanntheit sah ich Folgendes: Mir erschien eine helle Gestalt, die mich am Bauch berührte. Es geschah blitzartig, und ich sah alles wie einen Film vor meinen Augen ablaufen. Ich sah diese Gestalt vor mir und erkannte eine Frau, die ihren Kopf zur Seite geneigt hielt. Sie lächelte mich an und sagte: ‘Ich gehe bald. Du sollst nie vergessen, dass ich dich liebe.’ Zwei Wochen später verstarb meine geliebte Großmutter.”

Und wieder ein Erlebnis, bei dem sich eine Seele verabschiedete, bevor sie ihren Körper verließ.

Bannen

Hier noch ein Kundenbrief mit einer interessanten Geschichte: “Im Februar diesen Jahres habe ich mich von einer Wahrsagerin beraten lassen. Diese meinte, dass eine meiner Bekannten einen Bann über mich gesprochen hätte und mit mir schwarze Magie treibe. Dieser Zauber habe verhindert, dass ich eine neue Arbeit fand. Ich hatte tatsächlich sehr lange Zeit viele Probleme: Ich hatte keinen Job, keinen Partner und lebte in einer sehr kleinen Wohnung.”

An dieser Stelle möchte ich erwähnen, dass es wahrhaftig Rituale und Magie gibt, die uns und unsere Entwicklung bremsen können. Diese Wahrsagerin sagte meiner Kundin, dass sie ihr helfen wolle und bot ihre Dienste mit der weißen, reinigenden Magie an.

"Ich habe lange überlegt, ob man über Menschen einen Bann verhängen kann. Ich habe es jedoch an eigenen Leib erlebt. Nach dem Ritual ging es mir sofort besser, ich fand innerhalb von ein paar Wochen einen neuen Job und war happy."

Die Reinigung von Karten

Das Thema Kartenlegen ist Ihnen bestimmt vertraut, und wenn Sie sich selbst ab und an die Karten legen, ist der folgende Vorgang sicherlich interessant für Sie.

Ich werde immer wieder gefragt, wie man Karten reinigen könne. Nun, da gibt es verschiedene Möglichkeiten. Eine davon ist, dass Sie die Karten mischen und dann auf einem Fensterbrett auslegen. Lassen Sie sie mehrere Tage dort liegen. Nach einem Monat legen Sie die Karten erneut auf dem Fensterbrett aus.

Die zweite Möglichkeit, besonders wenn die Karten klebrig sind, ist folgende: Nehmen Sie die Karten, und mischen Sie sie zur Reinigung ungefähr vier Minuten lang über einem normalen Haushalts- bzw. Mülleimer. So gehen die Energien in diesen Eimer über, und die Karten werden neu "energetisiert".

Man kann die Karten auch bei Vollmond am Fenster auslegen, so dass das Mondlicht auf sie fällt. Schon nach einer Nacht kleben die Karten nicht mehr und können wieder problemlos gemischt und verwendet werden. Die Mondkraft ist nicht zu unterschätzen, und für mich ist sie eindeutig ein Phänomen.

Amulettschutz

Meine Kundin Dora berichtete, dass sie mein Schutzamulett beim ersten Tragen sehr intensiv wahrgenommen hat, sie spürte die Energie fließen. Ihr wurde heiß, und sie fühlte eine Fülle im Brustbereich. Es war ihr nicht unangenehm, aber sie war darüber doch sehr verwundert. Nach ungefähr einer Stunde hat es sich dann normalisiert, und die Hitze ist verschwunden. Doch auch heute spürt sie beim Tragen noch eine schwache Reaktion. Sie fühlt sich damit aber gut und beschützt.

Jeder von uns hat unerfüllte Träume, Wünsche und Bedürfnisse; Amulette nun können Störungen aufheben und diese Wünsche zur Erfüllung bringen. Mein Amulett bringt sicher mehr Schwung ins Leben. Positiv wirkt sich das Amulett auch auf die Lebensbejahung, den Mut und das Temperament aus. Deshalb konnte auch Dora den Energiefluss spüren.

Ansonsten wirken sich Amulette aus auf die Konzentration, den Auraschutz und auf Entscheidungsfreude, sie lassen uns neue Wege und Möglichkeiten sehen und geben uns die Fähigkeit, etwas los- bzw. zuzulassen. Daneben beleben sie die Fantasie, stärken das Nervenkostüm, lassen eine neue Liebe zu und schenken mehr Energie. Sie reinigen die Seele, schenken uns mehr Geduld, Harmonie und Ausgeglichenheit; sie gleichen die Charaktereigenschaften generell zum Guten hin aus.

Meine Amulette weihe ich immer nach einem schamanischen Prinzip durch Gebete, so werden sie energetisiert.

Gedankenübertragung

Mara hörte eines Tages die Stimme ihrer Tochter Ramona, die sagte: "Ich schäme mich so, Mama. Verzeihe mir. Ich schäme mich sehr für das, was ich getan habe." Mara wusste nicht, was das sollte. Den Kontakt zu ihrer Tochter hatte sie seit Jahren abgebrochen.

Ich riet Mara, die Tochter anzurufen. Zuerst wollte sie dies nicht tun, doch ich habe sie dazu überreden können. Ans Telefon kam jedoch Ramonas Sohn Pavel, der ihr mitteilte, dass seine Mutter nach einem schlimmen Unfall im Krankenhaus liege. Mara fuhr sofort hin und fand ihre Tochter auf der Intensivstation. Als sie Mara sah, weinte sie und fragte, ob die Mutter ihre Gebete gehört habe, denn sie hatte sie darin um Verzeihung gebeten ...

Wie konnte Mara die Stimme ihrer Tochter zu Hause hören? Das ist ein schönes Beispiel für ein telepathisches Erlebnis ...

Alles Telepathie?

Als ich mit 16 Jahren zum ersten Mal mit mystischen Phänomenen konfrontiert wurde, besuchte ich ein paar Vorlesungen, und später nahm ich auch an verschiedenen Seminaren zum Thema Parapsychologie teil. Dort erfuhr ich, dass es zwei verschiedene parapsychologische Richtungen gibt: die so genannten Animisten, die sich bemühen, die parapsychologischen Phänomene durch verschiedene naturwissenschaftliche Erkenntnisse zu erklären, und die Spiritisten, die solche Phänomene mit Religion oder Mystik erklären. Meiner Meinung nach kann man viele Phänomene mit beiden Richtungen erklären.

Wissenschaftler in der ganzen Welt versuchen immer wieder, experimentell die Ursachen für Telepathie zu erforschen. In dem Buch *PSI* von S. Ostrander und L. Schröder steht einiges über Telepathieversuche in der ehemaligen UdSSR. Russische Wissenschaftler versuchten schon damals mit Hilfe von Hypnose, eine Form von Telepathie zu erreichen; so ist sogar eine Methode entstanden: die Telehypnose. Durch sie sollten Versuchspersonen aus der Ferne telepathisch in Hypnose versetzt werden, und es funktionierte!

Einen interessanten Fall von Telepathie hat mir auch Lydia, eine reife Dame Mitte 50, berichtet. Sie ging eines Abends, weil sie sehr müde war, schon früh zu Bett. Doch im Bett nahm sie plötzlich eine männliche Stimme wahr, die ihren Namen rief. Diese Stimme erinnerte Lydia an die ihres Bruders.

Am nächsten Morgen klingelte das Telefon. Lydia hob ab und erfuhr, dass ihr Bruder in der letzten Nacht überfallen worden war, doch Gott sei Dank war ihm nichts passiert. Dieses Erlebnis veränderte Lydias Leben.

Fahre langsamer ...

Laura war unterwegs nach Hause, doch auf den Straßen war nicht viel los, und Laura fuhr schneller, als erlaubt. Auf den letzten sechs Kilometern kam ihr ein Auto mit Lichthupe entgegen. Laura dachte, es sei die Polizei und bremste etwas ab. Dann fuhr sie langsamer und sah einen Kilometer weiter einen schweren Unfall. Die Unfallstelle war aber noch nicht abgesichert. Es stand auch kein Polizeiauto da ... auch kein anderes Auto mit Lichthupe. Laura erzählte: "Hätte ich nicht gebremst, hätte ich den Unfall zu spät bemerkt und wäre in die stehenden Autos hineingerast."

Einige Wochen davor fuhr sie als Beifahrerin bei einer Nachbarin im Auto mit. Auf einmal hatte sie das Gefühl, diese fahre viel zu schnell, und Laura bat sie, langsamer zu fahren und nicht nach dem Warum zu fragen ... Sie drosselte die Geschwindigkeit und fuhr dann langsamer. Kurz danach sahen sie einen Massenunfall auf einer Kreuzung, die direkt hinter einer Kurve lag. Wären sie schneller gefahren, hätten sie nicht mehr rechtzeitig bremsen und den stehenden Autos nicht ausweichen können.

Ich habe eine ähnliche Situation selbst auf dem Weg nach Hause erlebt. Ich wollte nach Konstanz und stand mit meinem Auto auf der Fähre. Wir dockten an, mein Auto startete jedoch nicht, es blieb einfach stehen. Mit viel Mühe und Kraft schleppten wir dann das Auto von der Fähre herunter, und ich wollte schon den ADAC anrufen. Ich hatte jedoch zuerst versucht, das Auto noch einmal zu starten, und es sprang mühelos an! Ich war erleichtert und fuhr weiter. Nach einigen hundert Metern sah ich einen Unfall. Er war vor etwa zehn Minuten passiert. Hätte ich die Panne nicht gehabt, wäre es auch mein Unfall gewesen, denn ich wäre genau zum Unfallzeitpunkt an der Unfallstelle gewesen.

Negative Magie

Meine Kundin Bärbel hatte ihren Herzensmann gefunden, ihm aber zunächst nichts von ihrer Zuneigung für ihn erzählt. Er spürte jedoch etwas und sprach sie selbst darauf an; erst dann offenbarte sie ihm ihre Gefühle.

Doch der Mann war bereits verheiratet, und mehrere Versuche, sich von seiner Frau zu trennen, scheiterten. Bärbel und er sahen sich aber dennoch und begannen eine Beziehung. Diese gestaltete sich allerdings mehr als kompliziert, weil sich die Ehefrau immer wieder einmischte und beständig versuchte, die beiden voneinander zu trennen. Bärbel und Gerald fanden jedoch immer wieder zusammen.

Doch schließlich ist die Ehefrau auf die Idee verfallen, sich zu rächen und schwarze Magie anzuwenden. Bärbel fühlte sich auf einmal schlecht. Sie bekam Kopfweh und konnte nicht mehr gut schlafen. Sehr oft fiel ihr in Zeitschriften auch das Wort "schwarze Magie" ins Auge. Sie hatte bisher aber nichts darüber gelesen und sich auch nicht damit beschäftigt. Sie hatte ständig das Gefühl, dass irgendetwas sie verfolgt, doch sie konnte es nur schwer beschreiben. Eines Nacht hatte sie einen schrecklichen Traum: Sie träumte von einer Wiese, auf der sie saß, und plötzlich tauchte neben ihr ein großes Gesicht auf. Es schrie sie an: "Ich zerstöre dich! Ich bin der Dämon." Das war ein deutliches Zeichen für Bärbel, um eine schamanische Reinigung mit Lichtenergie und Kerzen durchzuführen.

Ein paar Tage später rief Geralds Ehefrau an und bat um Entschuldigung. Sie ist auch krank geworden, denn alle bösen Energien gingen durch die Reinigung zu ihr zurück, so bekam sie tiefe Depressionen ... Aber Bärbel konnte ihr verzeihen.

Ich trug den Teufel in mir ...

Sie haben bestimmt einmal von Gläserrücken oder Geisterbeschwörung gehört ... Diese Beschäftigung kann gefährlich werden! Bei einer Geisterbeschwörung kann immer etwas schieflaufen, was auch die folgende Geschichte zeigt.

Robert war mit seinen zwei Freunden auf die Idee gekommen, Geister zu beschwören. Sie hatten kaum Erfahrung, doch riskierten sie den Spaß. Mittels Gläserrücken haben sie zu dritt eine Séance gestartet. Alles war unheimlich, und plötzlich sprach der Geist mittels eines Alphabets zu den

Jungs. Robert bekam Angst und verlor die Kontrolle über sich. Später konnte er sich an das, was passierte, nicht mehr erinnern.

“Ich weiß nur noch, dass ich meine Augen öffnete, aber kaum etwas sah. Ich spürte, ich trage den Teufel in mir”, erzählte Robert. Beide Freunde beobachteten Robert und bekamen ebenfalls Angst. Denn Robert sprach nicht mehr und fiel zu Boden. Seitdem konnte er nicht mehr lachen oder sich freuen, er fühlte weder Schmerz noch Lust zum Leben. In diesem Zustand kam er zu mir ...

Ich sah ihn an und bemerkte einen großen dunklen Schatten hinter ihm, denn der Geist ist nach der Séance bei ihm geblieben. Zu dieser Zeit verlor Robert auch seine Arbeit, und einer der beiden Freunde von Robert fing an zu stottern, was lange Zeit anhielt. Auch die Familien spürten die dunkle Energie und wollten mit den Jungs nichts mehr zu tun haben, sie hatten Angst.

Wir arbeiteten wochenlang mit Gebeten, und ich zog eine schamanische Reise mit meiner Schamanentrommel durch. Außerdem führte ich eine Feuerreinigung bei beiden Jungs durch. So konnten wir die Besetzung beseitigen.

Daher: Lassen Sie die Finger von okkulten Praktiken wie Gläserrücken oder Ähnlichem - Sie ziehen damit nie Engel, sondern immer nur niedere Geister an.

Die Patientin

Diese Geschichte erlebte meine Kundin Viktoria. Nach ihrem Studium zur Ärztin fing sie in einem Krankenhaus zu arbeiten an und behandelte eines Tages eine Patientin, deren Gelenke schmerzten. Doch während der Behandlung spürte Viktoria intuitiv, dass diese Frau ein schlimmes Leiden am Rücken hatte. Daher schickte sie sie noch zu ihrem Chefarzt. Einige Monate vergingen, ohne dass diese Patientin noch einmal vorstellig wurde.

Doch eines Tages war Viktoria bei der Arbeit und wollte gerade eine Patientin aus dem Wartebereich abholen, als die besagte Patientin, die sie zum Arzt geschickt hatte, auf sie zukam. Sie bedankte sich bei Viktoria und sagte, dass sie ihr das Leben gerettet habe. Denn: Aufgrund von Viktorias Gefühl ließ sich die Frau von einem Facharzt untersuchen, der mehrere Metastasen im Wirbelbereich gefunden hat. Die Diagnose erfolgte zum Glück sehr frühzeitig, und so konnten die Metastasen schnell und ohne Komplikationen entfernt werden. Heute glaubt Viktoria, dass diese Frau weiterleben sollte und ihre Schutzengel sie, Viktoria, benutzt haben, um ihr zu helfen.

Das schwarze Loch

"Vor etwa drei Wochen merkte ich, dass ich erheblich mehr Schlaf brauchte als sonst", berichtete mir Sabine. "Ich dachte mir anfangs nichts dabei. Doch mit jedem Tag war ich müder und lustloser. Ich war bei meinem Arzt und beklagte mich. Die Untersuchung hat jedoch nichts ergeben, laut Tests war ich gesund. Ich schlief inzwischen zwölf Stunden lang und war immer noch müde.

In diesen Tagen wurde eine Esoterikmesse bei uns veranstaltet. So entschloss ich mich, zu einem Sens bei dieser Esoterikmesse zu gehen. Ich ließ mich beraten und ein Aurafoto machen. Auf dem Foto sah ich ein schwarzes Loch um meinen Kopf, was auf einen Energieverlust hindeutete. Daraufhin rief ich sofort meine Freundin an, die deine Seminare besucht, und bat sie, mir zu helfen. Schon drei Stunden später führte sie eine Reinigungsarbeit an meiner Aura durch. Anschließend fuhr ich wieder zur Messe und machte erneut ein Foto. Man sah dann kaum noch dunkle Löcher, und mir ging es besser.

Am nächsten Morgen stand ich mit wackeligen Beinen auf. Ich nahm eine Rassel und reinigte damit zusätzlich meine Räume, anschließend sprach ich Gebete zu den Erzengeln. Inzwischen komme ich wieder mit sechs Stunden Schlaf aus, und es geht mir gut."

Dieser Fall zeigt uns ein Besetzungsbeispiel. Manchmal wird die Energie einer lebenden Person von anderen Wesenheiten "mitbenutzt", das merkt man, wenn es einem ganz kalt wird, oder man ist ausgelaugt und müde. Die Reinigung mit Rasseln und Gebeten gehört zum Exorzismus, bei dem der Mensch von Besetzungen und anhaftenden fremden Energien befreit wird. Die Fremdenergien werden sozusagen "ausgetrieben". Was sind das für Energien? Das können Teufel, Dämonen, Geister, verlorene Seelenanteile oder auch Einflüsse von schwarzer Magie sein. Auch negative Gedanken oder Flüche können eine Krankheit oder Besetzung auslösen. Bei einem Reinigungsritual werden verschiedene Gegenstände benutzt. Das können Trommeln, Rasseln, Asche, Wasser oder sonstige Dinge sein.

Doch auch Worte können eine magische Heilkraft besitzen. Erinnern Sie sich an die Heilgebete und das Besprechen? Ein geheimnisvoller Spruch oder ein richtig zusammengesetztes Gebet kann den Kranken von hartnäckigen Leiden befreien.

Das Wasserlesephänomen

Wenn ich meine Gedanken ausblende, sehe ich vor meinem geistigen Auge verschiedene Bilder. Das Gleiche passiert, wenn ich mich mit Wasserlesen oder einer Glaskugel beschäftige. Ich sehe dann Orte, Menschen und Handlungen. Da ich die Bilder nur sehr kurz sehe, kann ich mich nach einiger Zeit nicht mehr daran erinnern, doch auf diese Weise können mich diese Information auch nicht auf Dauer belasten.

Zuerst konnte ich das Ganze selbst noch nicht richtig einordnen, doch mittlerweile kann ich behaupten, dass ich Informationen aus dem Leben meiner Klienten sehe. Ich erkenne Energien, die sie umhüllen, und erkenne oft auch Verstorbene in ihrer Nähe. Nun bringe ich in meinen Seminaren das Wasserlesen auch meinen Schüler bei. Es funktioniert!

Schon im alten Ägypten und im antiken Griechenland gab es spezielle Tempel mit sehr tiefen Wasserquellen. Menschen, die Antworten auf ihre Fragen suchten, gingen zu diesen Quellen und schauten in die Tiefe. Sie empfingen dann Schwingungen und Informationen.

Um aus dem Wasser zu lesen, brauchen Sie Geduld, Übung und Zeit. Man muss allerdings nicht hellsichtig sein, um das Wasserlesen zu erlernen.

Doch warum sehen wir solche Bilder überhaupt? Nun, das Schauen in das Wasser bewirkt einen Dämmerzustand, wobei man sich kurz zwischen

Wachsein und Schlaf befindet, dadurch hat man einen besseren Zugriff auf das Unterbewusstsein. Mehr zu diesem Thema habe ich in meinem Buch *Das geheime Wissen* beschrieben.

Schreibmedialität

1989 begann ich in Usbekistan mit einer Freundin zusammen das mediale Schreiben und das Channeln zu üben. Es klappte nicht sofort, zunächst waren es nur ganz einfache Symbole, doch dann entwickelte sich endlich ein Zusammenhang der Buchstaben, und man konnte Worte erkennen. Wir übten und wollten wissen, wer uns diese Informationen zukommen lässt.

Es meldete sich eine Wesenheit namens Ahajana. Diese behauptete, ein Geistführer zu sein. Ich sollte dazu sagen, dass ich die Bezeichnung "Geistführer" damals zum ersten Mal hörte. Der Geistführer sagte, er sei da, um uns zu helfen. So unterhielten wir uns mit dem Wesen und erfuhren vieles über unsere Zukunft, was auch so eintraf.

Der Geistführer verriet uns, dass er weiblich sei und erst vor hundert Jahren aufgestiegen war. Damals wusste ich noch nicht, was ein "Aufstieg" ist, erst später studierte ich den Begriff und erfuhr, dass Geistführer aufgestiegene Meister sein können, die früher auf der Erde lebten und dann nach dem Tod aufgestiegen sind.

Über eine mehrjährige Phase des Übens entwickelte sich die Schreibmedialität dann sehr effektiv, und bis heute nutze ich bei meinen Klienten neben Wasserlesen und Kartenlegen auch diese Methode zur Beratung.

Ufologie und Ausserirdische

Die Ufologie ist die Wissenschaft über unerklärliche Flugobjekte, und da das Thema heutzutage viele Menschen interessiert, habe ich mich entschlossen, ihm ein Kapitel in diesem Buch zu widmen - auch damit Sie sich ein eigenes Urteil über dieses Phänomen bilden können.

Eines ist jedoch sicher: Bereits hunderttausende von Augenzeugen haben mittlerweile unidentifizierte Flugobjekte gesehen, weshalb es sich, so denke ich, zumindest bei einem Teil davon nicht um Einbildung oder eine bloße Täuschung gehandelt haben kann. Außerdem kursieren bereits seit Jahrhunderten weltweit Erzählungen über Sichtungen so genannter UFOs, und es gibt mittlerweile auch zahlreiche Fotos und einige Filme, die beweisen, dass wir nicht alleine sind in den Weiten des Universums ...

Dafür spricht alleine schon, dass angenommen wird, dass von den etwa 200 Milliarden Sternen in der Milchstraße mindestens ein halbes Prozent einen bewohnbaren Planeten darstellen. Demnach hätte sich auf fast einer Milliarde Planeten in der Milchstraße Leben entwickeln müssen, und die meisten dieser Zivilisationen haben bestimmt ein höheres Entwicklungsniveau erreichen können als wir, sie sind schließlich älter. In unserem Sternensystem existieren also mit ziemlicher Sicherheit viele, sehr alte Zivilisationen, deren Fähigkeiten weit über das Fassungsvermögen unseres geistigen Horizonts hinausgehen. Das sind Zivilisationen, die vielleicht bereits vor Jahrtausenden Atomkraft und Lichtgeschwindigkeit kannten, sie könnten theoretisch (und wahrscheinlich auch praktisch) bereits vor Jahrtausenden die interstellare Raumfahrt beherrscht haben.

Viele Menschen berichten bei ihren UFO-Sichtungen von Lichtern oder leuchtenden Objekten, die nachts und tagsüber auftauchen können. Sie sind meist sehr schnell sowie beweglich und sind in ihrer Form rund, oval oder flach wie eine Scheibe. 1992, als ein UFO in Chile gesehen wurde, beschrieben die Augenzeugen das Objekt auch als kleinen leuchtenden Ring, der sich langsam bewegte. Journalisten beschrieben das Phänomen als "eine leuchtende Wolke".

An ein Ereignis in Russland aus dem Jahr 1985 kann ich mich sehr gut erinnern, da ich zu dieser Zeit selbst da lebte. Am 31. Januar 1985 meldete *Radio Moskau* eine UFO-Sichtung, für die es mehrere hundert Augenzeugen und die Besatzungen einiger Passagiermaschinen, die in Moskau landen sollten, gab. Alle hatten ein leuchtendes UFO beobachtet, das sich in eine grüne Wolke gehüllt hatte und die landenden Maschinen begleitete. Danach meldeten sich bei der *Trud*-Zeitung mehrere weitere Augenzeugen. Sie schrieb: "Ein großer strahlender Stern tauchte vor der Besatzung der Maschine auf und sandte einen Lichtstrahl zur Erde." Die Besatzung der Maschine schätzte die Flughöhe des UFOs auf ca. 40.000 Meter. Der Lichtstrahl wurde vom UFO zur Erde gesandt und war so hell, dass die Besatzungen Häuser und Straßen aus 10.000 Meter Flughöhe erkennen konnten. Dieses Licht wurde plötzlich auf das Flugzeug umgelenkt und blendete die Männer im Cockpit!

Dieses Objekt konnte auf Radarschirmen der Bodenkontrollen registriert werden.

Wir sollten die Existenz von außerirdischem Leben als Tatsache anerkennen. Unbekannte Flugobjekte wurden in allen Ländern der Erde gesichtet! Sie werden von Menschen unterschiedlichster Herkunft und Bildung beobachtet, es handelt sich also nicht nur um Spinner ... Sogar Astronomen registrieren solche Erscheinungen am Himmel! Viele der beobachteten Objekte strahlten sogar unbekannte Energiemengen ab, so dass die Elektronik lahmgelegt wurde ... Wie viele Beweise brauchen wir denn noch?

Kontakt mit Ausserirdischen

Immer wieder tauchen in der Presse auch Berichte über Kontakte von Menschen mit Außerirdischen auf, und ich selbst habe einen Kunden, der behauptet, von Außerirdischen untersucht worden zu sein. Glauben oder nicht glauben, das entscheiden Sie. Hier die Geschichte von Gerald:

"Ich wachte kurz nach dem Einschlafen auf, in meiner Wohnung war es kalt. Ich sah aus dem Fenster und sah dort ein Licht. Ich stand auf und ging zu dem Fenster, denn ich spürte eine unheimliche Anziehungskraft ... Draußen sah ich eine helle Kugel, der zwei menschenähnliche Gestalten entstiegen, die mich ansahen. Auf einmal befand ich mich in einem dunklen Raum, und die beiden standen vor mir. Ich wusste: Sie haben mich medizinisch untersucht.

Morgens wachte ich auf meiner Couch auf, nicht im Bett. Ich konnte mich nicht erinnern, wie ich dorthin gekommen war, doch ich merkte, dass ich keine Schmerzen mehr in der Nierengegend hatte, die mich zuvor jahrelang geplagt hatten. Dank den Außerirdischen ..."

UFO-Beweise?

"Dort draußen gibt es genügend Wunder, ohne dass wir welche erfinden müssten", sagte einmal Carl Sagan - wie wahr ... Ein schöner Beweis dafür ist auch die folgende Geschichte eines Waldarbeiters aus Livingstone in Schottland, der im Jahr 1979 unterwegs war zu einer Baumschule. Plötzlich stand er einem kuppelförmigen Objekt gegenüber, das lautlos über dem Erdboden schwebte. Der Mann schätzte das Objekt als ziemlich groß ein, es soll etwa sechs Meter breit und einige Meter hoch gewesen sein. Das Objekt wurde von zwei weiteren kleineren kugeligen Objekten begleitet, die etwa einen Meter im Durchmesser maßen. Die Objekte näherten sich dem Mann, die Kugeln hängten sich an seine Beine und zogen ihn zu dem größeren Objekt hin. Plötzlich verlor er das Bewusstsein.

Nach 20 bis 30 Minuten kam er wieder zu sich, er war wieder alleine, die Objekte waren verschwunden. Der Mann konnte jedoch im Rasen immer noch die Abdrücke des Objektes erkennen. Zunächst konnte er weder sprechen noch gehen. Er schleppte sich nach Hause, wo seine Frau dann die Polizei rief. Leider wurde dem Mann schließlich kein Glauben geschenkt, Ufologen untersuchten zwar die Stelle, aber sie fanden nichts. (Diesen Vorfall beschrieben später mehrere Autoren, auch H. Evans in seinem Werk *Beweise: UFOs*.)

Ein anderer Fall aus Amerika tauchte 2000 in der Weltpresse auf. Ein Bauer in Florida sah auf seinem Feld ein rundes, leuchtendes Objekt. Nachdem er das Objekt gesehen hatte, blieb er wie verhext stehen. Es war mehrere Meter breit, und sein Durchmesser betrug zwischen acht bis neun Meter. Das Objekt landete nahe vor dem Bauern, und plötzlich vernahm er eine Stimme, die ihm befahl, näherzutreten. Nachdem er das getan hatte, befand er sich plötzlich in dem Objekt. Er entdeckte dort zwei Wesen vor sich, die ihm erklärten, wer sie waren und wie das UFO funktionierte. Schließlich wurde er entlassen, und das Objekt flog davon.

Beim Durchblättern alter Zeitschriften fand ich noch einen anderen Bericht aus den achtziger Jahren, wieder aus Russland. Eine Gruppe stand auf der Straße, als ein mehrere Meter breites, rundes und sehr helles Objekt am Himmel gesichtet wurde. Das Licht schien Richtung Erde. Das deutlich zu erkennende Objekt schwebte in einer Höhe von 100 Metern und entfernte sich dann innerhalb von sehr kurzer Zeit.

Dies sind natürlich nur einige von tausenden von Fällen, über die die Presse berichtete. Mittlerweile geben einige Regierungsstellen auch zu, Spuren von UFOs zu besitzen. Diese Beweise stehen aber noch nicht zur Analyse zur Verfügung. Schade eigentlich. Doch in Zukunft werden bestimmt noch viele Beweise auftauchen.

Meine UFO-Sichtungen

Meine erste Begegnung mit dem Thema UFOs liegt Jahre zurück. Bereits in meiner Kindheit hatte ich ein Bild gesehen, das mich persönlich sehr faszinierte. Es handelte sich um eine fast 7000 Jahre alte Höhlenzeichnung, die in Fergana, Usbekistan, also in meiner Geburtsstadt, gefunden wurde. Auf dieser Zeichnung sieht man ohne Zweifel ein echtes UFO bzw. eine fliegende Untertasse und einen Astronauten im Anzug. (Dieses Bild finden Sie auch im Internet, wenn Sie den Suchbegriff "UFO in Usbekistan" eingeben.)

Genauso wie Usbekistan das Herz von Zentralasien ist, gilt das Ferganatal als heiliges Zentrum Usbekistans. Das Tal wird durch die Bergketten vor kalten Nordwinden geschützt, und in den Bergen bei Schachimardan gibt es tausende Bergflüsse und Bergseen. Diese Berge gelten seit Jahrtausenden als heilig und heilend, und man erzählt sich, dass sich die Götter genau hier vor tausenden von Jahren gezeigt haben. Die Frage ist nur: Götter oder Außerirdische? Ich war selbst mehrmals in diesen Bergen und kann bestätigen, dass dort eine besondere Energie herrscht. Man fühlt sich frei und energiegeladen, etwas abgehoben und weniger geerdet. Es kam sogar öfter zu Levitationen (ein parapsychologisches Phänomen, bei dem Menschen und Gegenstände auf unerklärliche Art und Weise schweben).

Nach meinem Umzug nach Deutschland kam ich wieder mit dem Thema Ufologie in Kontakt, als ich an meinem Geburtstag 1996 in Kaufbeuren mit meinen Gästen auf dem Balkon stand, und wir plötzlich alle eine leuchtende Kugel sahen. Bei dieser UFO-Sichtung, die später auch durch die Lokalpresse ("Kreisbote") von Kaufbeuren bestätigt wurde, da noch mehr Leute das UFO gesehen hatten, sahen wir das Objekt, das den Nachthimmel nach Norden hin überquerte. Es zeigte im inneren Bereich ein Flackern und war rund, es pulsierte und war eher verschwommen.

Zwei Tage nach diesem Ereignis kam es in Kaufbeuren zu einer erneuten Sichtung. Diese konnte ich diesmal zusammen mit meinen Eltern miterleben. Wir sahen eine Kugel, die wieder lautlos den Himmel überquerte.

Während eines Urlaubes in Litauen sah ich zusammen mit Verwandten von mir eine leuchtende Kugel. Sie schwebte ziemlich schnell über den Himmel und kam näher auf uns zu. Man konnte sogar Außenleuchten an der Kugel erkennen, die geräuschlos in der Luft hing und sich dann weiter bewegte. Wir waren sprachlos ... Diese UFO-Erscheinung war für viele Anwesende die erste in ihrem Leben gewesen ... Schade nur, dass keiner von uns auf die Idee kam, die Kugel zu fotografieren.

Annas UFO-Kugel

Ich habe eine Klientin, die sehr schüchtern ist. Zuerst wollte sie daher ihre Geschichte nicht erzählen, da sie dachte, ich würde sie auslachen. Doch schließlich entschloss sie sich, die Erlebnisse zu offenbaren. In meinem Buch bleibt sie anonym, ich nenne sie einfach Anna.

Die Geschichte passierte vor vielen Jahren. Anna lebte damals mit einem Freund zusammen, mit dem sie spirituell viel verband. "Wir waren an einem See und hatten mal wieder hitzige Diskussionen über unsere unterschiedlichen Ansichten zu Spiritualität hinter uns", erzählte Anna. Beide lagen entspannt auf einer Decke, als Anna plötzlich aufschreckte. Sie sprang hoch, da sie kurz einen sehr hohen Ton gehört hatte, den allerdings niemand außer ihr hatte wahrnehmen können. Doch kurz darauf reagierte auch ihr Freund, dem der Schreck ins Gesicht geschrieben stand, da die Dinge, die vorher auf der Decke gelegen hatten, in der Luft schwebten. Auch die Menschen am See reagierten ziemlich verwirrt, und erst nach kurzer Zeit ist wieder Ruhe eingekehrt. Die Gegenstände fielen wieder zu Boden, und Anna sah, wie ein kleines, helles, goldenes und sehr bewegliches "Ding" sich über den See wegbewegte. Sie sah eine UFO-Kugel ...

Seit dieser Zeit erlebte Anna auch ausgesprochen viele Naturphänomene: Sie sah Blitze, die in Bäume einschlugen, wobei ihr aber nichts passierte, oder sie traf Tiere, die sehr stark auf sie und ihre Gedanken reagierten. Einige Tiere verhielten sich dabei sehr lustig: Kühe sprangen vergnügt auf der Weide herum, und ein Hund sprang, als Anna auf einer Bank saß, auf ihren Schoß und wollte nicht zu seinen Besitzern zurück.

Irgendwann beim Spazierengehen kam die goldene Kugel wieder auf Anna zu. Ihre Energie war sehr intensiv. Auch nachts kam es vor, dass die Lichtkugel im Schlafzimmer auftauchte, was auch Annas Partner sehen konnte.

All diese Phänomene habe ich von ihr aus erster Hand ...

Die leuchtende Kugel

Viele meiner Klienten waren bereits Zeugen von UFO-Sichtungen, so auch Maria, die eines Abends im Juni 2005 am nächtlichen Himmel eine farbige rot-bläuliche, leuchtende Kugel sah, die sich in Richtung Osten bewegte.

Zuerst dachte Maria, dass draußen ein Fest stattfinden würde mit einem Feuerwerk, doch es gab keinerlei Geräusche. Nachdem sich der

Leuchtkörper etwas auf Maria zubewegt hatte, blieb er an einer Stelle am Himmel bewegungslos stehen, so dass Maria die Kugel nun besser sehen konnte. Es war eine um ihre eigene Achse sich drehende Kugel, in deren Mitte Maria eine dunklere Stelle erkennen konnte. Nach einigen Sekunden bewegte sich die Kugel weiter und erlosch ...

Ausserirdische

Vor etwa zwei Jahren zeigten sich Monika nachts zwei Gestalten. Eine stand genau vor dem Bett, die andere etwa zwei Meter daneben. Sie waren dunkelrot, wobei eine etwas kleiner war mit einem Hut. Vor Schreck ist Monika aus dem Bett gesprungen und zitterte vor Angst.

Die Gestalten verschwanden - aber nicht für lange. Sie kamen auch in der nächsten Nacht und berichteten ihr, dass sie keine Menschen oder Geister wären, sondern von einem anderen Planeten kommen würden. Monika glaubte es nicht, bis sie ihr in einer Nacht wie in einem Film einen fremden Planeten zeigten. Nun ließ sie zwar den Gedanken zu, dass das, was sie da sah, doch existieren könnte, aber sie wollte von dem Ganzen dennoch nichts wissen und hat nur noch mit Licht geschlafen. Doch auch bei Licht zeigten ihr die Außerirdischen ihren Planeten. Zuerst spürte sie immer wieder, dass etwas sie am Bauch berührte, dann kam die Vision ...

Der Feuerball

Mein Kunde Jürgen erzählte mir eine interessante Begebenheit, die seiner Tochter Maria passierte: Maria kam eines Morgens zu ihm und fragte ihn, wieso in der Nacht niemand auf ihre Rufe reagiert hätte. Sie hatte zunächst einen Feuerball vor ihrem Fenster gesehen, der sich dann in Richtung Tür bewegt hat, bevor er wieder zum Fenster hinausschoss. Der Lärm, den er dabei gemacht hatte, muss ohrenbetäubend gewesen sein ... weswegen es Maria auch nicht verstand, dass niemand nach ihr gesehen hatte.

Das "Feuerball-Phänomen" ist nicht sehr geläufig, erklärt werden kann es jedoch sehr gut: Das, was Maria gesehen hat, war eher ein Kugelblitz, kein außerirdisches Flugobjekt. Kugelblitze sind extrem seltene Erscheinungen, die fast immer im Zusammenhang mit Gewittern und überwiegend in Bodennähe auftreten. Sie werden genauso wie in Marias Erklärung als schwebende, glühende und oft laute Objekte beschrieben. Nach mehreren Sekunden verschwindet die Erscheinung meist wieder, ohne Spuren zu hinterlassen. In anderen Fällen können Kugelblitze aber auch schaden.

Der Kugelblitz ist also ein real existierendes Phänomen der Atmosphäre. Wissenschaftler vermuten, dass ein Kugelblitz ein normaler Blitzschlag ist, der Silizium aus dem Boden löst und es kugelförmig verbrennen lässt.

Wie Sie sehen, auch seltsame Phänomene lassen sich ab und zu wissenschaftlich erklären ...

Die fliegende Lichtzigarre

Markus bemerkte eines Abends, als er im Bett noch ein Buch lesen wollte, ein Lichtobjekt am Himmel. Das Licht war sehr hell und stand wie eingefroren vollkommen still. Das Objekt war zudem ziemlich groß und sah aus wie eine Zigarre. Es bewegte sich kein Stück, und das für mehr als zehn Minuten. Markus weckte seine Freundin, und auch sie sah das Licht verblüfft an. Plötzlich bewegte sich das Objekt, und ein Lichtstrahl fiel zur Erde. Dann ging alles sehr schnell, und beide konnten das Objekt nicht mehr sehen.

Roswell

Roswell ... Allein der Name lässt das Herz vieler Menschen höher schlagen, konnte man damals doch den Beweis erbringen, dass es tatsächlich außerirdisches Leben gibt. 1947 stürzte vor vielen Augenzeugen in den USA ein unbekanntes Objekt ab, das zuvor auch schon von Kenneth

Arnold in seinem Privatflugzeug über Washington gesehen wurde. Er beschrieb das Objekt später so: "Diese Kugel glänzte und glitt dahin wie Untertassen auf dem Wasser." So wurde der Begriff "Untertasse" für UFOs geboren ... Kurz nach dieser Meldung fand man dann ein seltsames Objekt auf der nahe gelegenen Ranch von Mac Brazel. Der Rancher fand Trümmerteile, die auf der Erde lagen, konnte sie aber nicht einordnen und unterrichtete daher die örtliche Wetterstation von seinem Fund. So erfuhren auch der Sheriff und später die Luftwaffe davon.

Die Teile wurden vom Militär mitgenommen und zunächst zum Flugplatz Roswell gebracht. Ein paar Tage danach unterrichtete der Pressesprecher des Roswell-Militärstützpunktes telefonisch die Medien: "Die Gerüchte über die fliegenden Scheiben sind Wirklichkeit." So berichteten bald alle Zeitungen von aufgefundenen UFO-Teilen, doch schon ein paar Stunden später wurde die Aussage vertuscht: "Die gefundenen Teile gehören einem Wetterballon."

Da sich die USA damals schon im Kalten Krieg mit Russland befanden, wurde ein großes Geheimnis aus dem Geschehnis gemacht. Die Presse gab jedoch immer noch keine Ruhe. Sie beschrieb die gefundenen Teile als "dünnes aluminiumfarbenes Material" und behauptete, dass es sich jedoch nicht um Aluminium handelte. Jahrzehntelang hörte man nichts mehr von dem Absturz des UFOs, erst 1978 wurde ein Major von einem UFO-Forscher interviewt, und er gab zu, ein Raumschiff von Aliens gesehen zu haben. Aber das war noch nicht alles, denn auch von der Leiche des Außerirdischen wurde berichtet! Für Furore sorgte dann später auch das berühmte Video einer angeblichen Autopsie dieser Leiche, was jedoch eine Fälschung war.

Was geschah damals wirklich? Fragen über Fragen ... Bis heute bleibt der Fall Roswell ungeklärt.

Zwei mysteriöse Objekte erklärt!

Deutschland 1999: Mehrere Augenzeugen sahen zwei strahlende Lichtobjekte am Himmel, die kurz nach Sonnenuntergang am Himmel erschienen, wobei die relativ großen Lichtobjekte zunächst übereinander standen und dann schließlich absanken. Bei der Polizei gingen hierzu

Meldungen aus der Nähe von Hamburg, aus Mannheim, aus Baden-Baden, aus Karlsruhe und aus Kaufbeuren ein.

1996 hatte ich in Kaufbeuren selbst eine UFO-Erscheinung. Nun sollte wieder eine da sein? Für mich schienen diese Lichtquellen kein außerirdisches Objekt zu sein. Das waren eher nur Lichter ... Die Objekte waren hellweiß bis gelb und funkelten am Himmel. Die Erscheinungen wiederholten sich fast täglich und passierten hauptsächlich kurz nach Sonnenuntergang. So dachte ich eher an ein Naturschauspiel und nicht an ein UFO. Forscher fanden dann auch heraus, dass es sich bei der Erscheinung um eine seltene astronomische Konstellation von Venus und Jupiter handelte, die in einer Konjunktion am Himmel standen. Dadurch entstand der Eindruck von einem "größeren" und einem "kleineren" Objekt. Unzählige Male sorgte eine solche Planeten-Konjunktion für ein UFO-Fieber!

Ein Schädel aus dem All?

Ein angeblich außerirdischer Schädel bewegt seit einiger Zeit schon die Presse. Bis heute streiten Wissenschaftler und Forscher, ob dieser einem Menschen oder einem Außerirdischen gehörte, denn der Schädel weist viele Anomalien auf und wird als "Sternenkindschädel" bezeichnet. Dieser Schädel stellt so ziemlich alles in Frage, was wir von der menschlichen Entwicklung zu wissen glauben, auch die komplette Darwintheorie!

Dieser Schädel wurde in den 30er Jahren in Mexiko gefunden und gehört zu einem etwa 6-jährigen Kind. Amerikanische Wissenschaftler untersuchten den Schädel, und eine ausführliche DNS-Analyse ergab, dass keine menschliche DNS im Zellkern zu finden war. Auch die Augenhöhlen sind nur halb so tief wie bei einem "normalen" Menschen und sind völlig symmetrisch angelegt. Für das Gehirn gibt es in dem Schädel außergewöhnlich viel Platz, und es gibt keine Nebenhöhlen.

Ist der Schädel wieder ein Beweis für außerirdische Existenzen?

Karma, Wiedergeburt-, Nahtod- und ausserkörperliche Erfahrungen

Der Tod ist nicht das Ende, er ist der Anfang. Er gehört zu unserem Leben, und ist nur ein Übergang in eine andere Dimension. Viele Nahtoderfahrungen oder der so genannte "Kurztod" werden von verschiedenen Personen verblüffend ähnlich beschrieben.

Beim Sterben koppelt sich unsere unsterbliche Seele vom physischen Leib ab. Alles ist Energie, auch unsere Seele ist eine Energieform - eine bewusste Energie. Die Menschen mit Nahtoderlebnissen beschreiben helle Tunnels, Licht, Wärme, Musik, die schwer zu beschreiben ist, Geräusche, dunkle oder helle Gestalten. Einige sehen sich von oben und haben das Gefühl, sie selbst und alles um sie herum ist durchsichtig. Andere wiederum sind in der Lage, Räume durch Wände zu betreten, sie sehen z. B. was andere Menschen im Nebenzimmer machen.

Die Silberschnur

Liliana war 28, als alles geschah. Sie litt unter einer Herzinsuffizienz, und eines Tages wurde sie in das städtische Herzzentrum eingeliefert, wo sie auf weitere Untersuchungen wartete. Die Ärzte entschieden sich für eine OP, die über fünf Stunden dauerte. Sie lag zwar schon in Narkose auf dem OP-Tisch, doch Liliana fühlte, dass sie unglaublich schnell denken und alles, was um sie herum vorging, wahrnehmen konnte. Sie sah sich zuerst als Kind, dann als Jugendliche und schließlich als erwachsene Frau. Sie sah es jedoch nicht der Reihe nach, sondern alles zur gleichen Zeit. Ihr Denken wurde immer breiter und weiter, als sie merkte, dass sie auch alles im Zimmer und im Flur sehen konnte. Sie schwebte oberhalb des Bettes, wo ihr Körper lag, und konnte ihn sehen. Sie fühlte eine unbeschreibliche Freiheit und schwebte in den Korridor. Dort waren einige Menschen. Sie sah sie an und merkte, dass sie durchsichtig waren. Sie sprachen mit ihr und teilten ihr mit, dass sie ihre Verwandten abholen wollten. Das waren Verstorbene.

Sie konnte jedoch auch lebende Personen sehen, während diese Liliana jedoch nicht sehen konnten. Liliana wollte noch weiter schweben, als sie merkte, dass sie etwas festhielt. Sie schaute zurück und sah einen Faden, der sie mit ihrem Körper auf dem OP-Tisch verband. Es war ein eigenartiger, dünner, heller Faden. Sie ging zurück und befand sich plötzlich wieder in ihrem Körper. Sie konnte in diesem Moment auch die Worte des Chirurgen hören: "Wir haben sie wieder." Seit diesem Geschehnis veränderte sich das Leben von Liliana. Sie hatte viel über das Leben und den Tod erfahren und keine Angst mehr vorm Sterben.

Was war hier passiert? Was war das für ein Faden? Nun, Liliana hatte eine außerkörperliche Erfahrung. Im deutschen Sprachraum wird die AKE (kurz für außerkörperliche Erfahrung) auch als Astralreise bezeichnet, was so viel wie "nicht körperlich wahrnehmbare" oder auch "unerklärliche" Reise bedeutet. Während solch einer außerkörperlichen Erfahrung ist es nicht möglich, Gegenstände zu berühren oder mit der physischen Materie zu kommunizieren. Man kann aber durch den Raum und durch materielle physische Hindernisse "fliegen" oder "gehen". Dabei bleibt die Seele jedoch an den physischen Körper gebunden. Er bleibt durch eine so genannte "feinstoffliche Verbindung", die oft als Silberschnur bezeichnet wird, mit dem Körper in Verbindung. Diese Verbindung wird umso dünner, je weiter sich unser feinstofflicher Körper vom physischen Körper entfernt. Eine komplette Unterbrechung der Verbindung ist eher nicht möglich. Die so genannte Silberschnur wird meistens als nicht sichtbare, etwa drei Zentimeter dicke Schnur, die zwischen der Stirn des physischen Körpers und dem Genickbereich des projizierten Körpers verläuft, beschrieben.

Bei der außerkörperlichen Erfahrung selbst unterscheidet man unterschiedliche Arten:

- luzide Träume. Das sind Träume, bei denen sich der Träumende darüber bewusst ist, dass er träumt. Dabei kann er den Ablauf seines Traums willentlich beeinflussen.

- Astral- und Ätherprojektionen. Das ist das bewusste oder unbewusste Austreten der feinstofflichen Seele aus dem physischen Körper. Das kann während des Schlafes oder im Laufe einer Operation passieren. Man sieht sich fast immer selbst von außen.

Merkmale für solch eine außerkörperliche Erfahrung können sein:

- Die Wahrnehmung verschiebt sich auf Dinge außerhalb des Körpers.
- Man sieht seinen eigenen Körper von außen.
- Man hat das Gefühl, angstfrei fliegen zu können.
- Man befindet sich in einem Zustand völliger Bewusstheit.
- Man kann sich nach der Rückkehr in den Körper klar an alles erinnern, auch an die Gedanken und Gefühle während der Reise.
- Man kann das gesamte Erlebnis bewusst steuern.

Bei einer außerkörperlichen Erfahrung hat man auch das Gefühl, alles gehe schneller, man kann auch sehr schnell denken und handeln, und man verliert den Bezug zur Zeit.

Als Kind habe ich einen Unfall erlebt. Dabei habe ich meinen Körper bei der Kollision verlassen. Die Zeit, kurz bevor das andere Auto in unseren Wagen raste, kam mir wie in Zeitlupe vor. Schon damals dachte ich: Wie kann man die Zeit verzögern? Die Sekunden wirkten wie Minuten ... Der Geist konnte auf einmal schneller denken.

Schamanen verwenden dieses Phänomen oft, um die Zeit auszudehnen. So erleben wir viel mehr in der gleichen Zeit. Auf diese Weise können Sie mehr anpacken und erledigen, zum Beispiel wenn Sie eine Prüfung haben, aber noch viel zu lernen haben ... Dann können Sie dieses Phänomen anwenden.

Wie alles begann

In meinem 12. Lebensjahr erlebte ich einen Unfall als Beifahrer eines PKWs. Nach dem Zusammenprall beider Autos stand ich plötzlich vor dem Wagen und konnte alles von der Seite aus betrachten: Ich sah mich, den Fahrer sowie ein Ehepaar auf dem hinteren Sitz des Autos, die mitgefahren waren. Ich wusste nicht, was passiert war. Kurz vor dem Austreten sah ich einige Sekunden lang alles wie in Zeitlupe. Ich konnte jedoch noch sehr schnell denken: "Wieso fährst du nicht schneller? Wieso geht alles so langsam?"

Dann kam die kurz anhaltende Dunkelheit, dann das Licht und schon stand ich auf der Straße. Ich konnte beobachten, wie sich die Insassen zu bewegen versuchten. Ich saß auch im Auto, jedoch bewegungslos. Auf einmal merkte ich, dass der hinter mir sitzende Mann sich "geteilt" hatte. Ich sah eine wässrige, lichtartige, helle Substanz, die aus ihm Richtung Himmel herausfloss.

Kurze Zeit später war ich wieder in meinem Körper und habe Schmerzen gefühlt. Ich sah meine Urgroßmutter an meiner Seite und fühlte Liebe in mir. Sie war da und hat auf mich aufgepasst. Ich hatte das Gefühl, als werde ich in dieser Liebesenergie erlöst. Ich fragte mich, was da passierte. Ich empfand jedoch keine Angst vor dem Tod. Erst einige Minuten später, als ich in meinem Körper war, hat sich herausgestellt, dass der hinter mir sitzende Mann verstorben ist. Er erlitt einen sekundenschnellen Herzstillstand und starb daran.

Was hatte ich da also gesehen? War das seine Seele gewesen, die in den Himmel geflossen ist? War das seine Energie? Ja, ich bin davon überzeugt, dass ich Zeuge einer Seelenumsiedlung geworden bin. Denn der Tod ist nicht das Ende, er ist der Anfang, ein Übergang zu der nächsten Bewusstseinsstufe der Seele.

In den nächsten Stunden hat sich herausgestellt, dass alle Insassen, auch der Tote, Knochenbrüche erlitten hatten. Ich hatte dank meinem Schutzengel, Urgroßmutter Anastasija, jedoch keine. Oma Walja sagte mir, ich hätte in diesem Moment noch mehr Engel um mich herum gehabt ... Nach diesem Vorfall begann ich meine spirituelle Arbeit.

Das Leben geniessen

Hier ein Fall aus meiner Praxis: Walenta, meine Kundin, erlebte eine Nahtoderfahrung mit 34. Sie berichtete Folgendes: "Ich lag im Bett, als mich eine warme Gestalt umhüllte. Ich rutschte aus meinem Körper und ging durch die geschlossene Tür in den Korridor. Mich zog etwas auf die unterste Etage. Ich folgte meinem Drang und flog hin, in das Zimmer einer Dame. Als ich dort war, sah ich, wie sie sich aus ihrem Körper befreite. Neben ihrem Bett standen zwei andere Seelen. Sie sprachen mich mental an und lächelten mir zu. Ich spürte sie sehr stark und nahm alles sehr klar wahr. Es erschien alles so selbstverständlich, wie mein Alltag. Ich unterhielt mich mit der Dame kurz telepathisch, führte mit ihr ein kurzes, aber sinnvolles Gespräch über das Jenseits und ging zurück.

Ich sah plötzlich mein Leben in einem schnellen Durchlauf, doch ich war gelassen und ruhig. Für mich war das ein sehr angenehmes Erlebnis. Ich spürte jedoch, dass ich zurück musste, obwohl ich es nicht wollte. Trotzdem zog mich eine unerklärliche Kraft in meinen Körper zurück, und ich floss hinein. Am nächsten Tag erfuhr ich, dass meine Nachbarin von unten gestorben war. Seitdem weiß ich: Das Leben ist zu kurz, um sich zu ärgern, man muss leben und das Leben genießen!"

Ausserkörperliche Erlebnisse

Gregorius berichtete: "Vor einigen Jahren hatte ich eine meiner vielen Operationen bei Vollnarkose. Einige Stunden später platzte eine Naht, und es kam dadurch zu einem sehr hohen Blutverlust. Ich musste deshalb noch einmal operiert werden. Ich lag in einem Bett auf der Intensivstation und schaute an die Decke. Plötzlich ging ich aus dem Bett, fühlte den kalten Boden an meinen Füßen und stieg schließlich auf die Fensterbank. In dem Moment konnte ich die Steine, die Hecke und auch den Rasen genau sehen und wollte hinunterspringen. Als ich dann aber nach hinten schaute, sah ich meinen Körper im Bett liegen. Ich dachte an meine Kinder und dachte, dass, wenn ich springe, ich sie nie mehr sehen würde. Durch diese Gedanken wurde ich sehr traurig.

Auf einmal lag ich wieder im Bett. Ich war sehr schwach und musste längere Zeit auf der Intensivstation bleiben. Als man mich endlich nach mehreren Wochen auf Normalstation verlegte, kam eine der Schwestern zu mir und fragte nach meinem Befinden. Sie erzählte mir dabei, dass niemand geglaubt hätte, dass ich die Intensivstation jemals auf eigenen Füßen verlassen würde. Da wusste ich genau, dass das Erlebnis kein Traum, sondern ein Nahtoderlebnis gewesen war."

Mehrere Menschen berichten seit Jahren von so genannten Nahtoderfahrungen. Unter solch einer Erfahrung versteht man ein Phänomen, das unter anderem bei Menschen auftritt, die für kurze Zeit für klinisch tot befunden werden oder während einer OP oder eines Unfalls aus ihrem Körper herausgetreten sind. Für mich ist dieses Thema besonders interessant, weil ich selbst ebenfalls eine ähnliche Situation erlebte.

Nahtoderlebnis im Auto

Nahtoderfahrungen sind seit den sechziger Jahren bekannt geworden, es gab sie jedoch schon immer. Auch wenn sich die konkreten Schilderungen von Betroffenem zu Betroffenem etwas unterscheiden, so weisen sie doch zahlreiche Übereinstimmungen auf! Viele sehen den eigenen Körper von außen, schweben in der Luft oder sehen einen Tunnel. Der amerikanische Arzt Raymond A. Moody veröffentlichte mehrere Bücher, unter anderem "Leben nach dem Tod", zu diesem Thema. Das war auch mein erstes Buch zu diesem Thema. Das Thema hat mich nach meinem Autounfall so fasziniert und gefesselt, dass ich es regelrecht verschlungen habe.

Auch R. A. Moody schreibt in seinen Büchern, dass ein Mensch beim Sterben hören kann, wie der Arzt ihn für tot erklärt. Der Betroffene ist in der Lage, seltsame Geräusche wahrzunehmen. Wenn sich der für tot Erklärte plötzlich außerhalb seines Körpers befindet, sieht er andere Wesen, die auf ihn zugehen und ihn ansprechen. Dabei verstehen die Betroffenen unter "Sprechen" eine geistige Kommunikation. Auch meine Klienten berichteten, wie sie von Geistern begrüßt wurden und wie ihnen von diesen geholfen wurde. Viele sahen und spürten bereits verstorbene Verwandte oder Freunde, und sahen ein Licht ...

Egal, wie viele Bücher Sie zu diesem Thema gelesen haben, es kristallisieren sich immer einige Punkte heraus, die typischerweise eine Nahtoderfahrung charakterisieren: Leichtigkeit, Außerkörperlichkeit, die Begegnung mit anderen Verstorbenen sowie der Rückblick auf das bisherige eigene Leben. Oft sieht der Verstorbene auch schöne Landschaften und empfindet Glück und Wärme.

Hier ein Bericht von einer Kundin, die jedoch anonym bleiben will: “Es ist etwa neun Jahre her. Ich hatte damals eine schwere Zeit. Ich war 22 Jahre alt und fuhr mit meinem Freund in seinem Auto nach Hause. Es war ziemlich schlechtes Winterwetter, wir fuhren auf einer Bundesstraße, und als ich auf den Tacho schaute, sah ich, dass er zu schnell fuhr. Ich sagte, dass er etwas langsamer fahren solle. Danach kam eine enge Kurve, und plötzlich war alles dunkel. Eine kurze Zeit konnte ich nichts sehen. Ich schwebte und fühlte, dass ich leicht wurde. Es kam mir so vor, als würde ich träumen. Es war wunderbar weich, warm und angenehm in einem. Sofort merkte ich, wie wir beide auf der Straße liegen; das Auto hatte einen Totalschaden, und daneben standen Menschen. Ich dachte in diesem Moment: ‘Gut, dass ihr uns aus dem Auto gezogen habt.’ Diese Menschen schauten auf mich herunter. Es war hell, und ich wollte nicht aufwachen. Dann war es jedoch wieder dunkel, und ich war zurück in meinem Körper. Ich hatte Schmerzen und war wieder in meinem Körper gefangen.”

Deine Zeit ist noch nicht reif

Halina berichtete: “Mein Erlebnis liegt nun schon sehr viele Jahre zurück, es ist ziemlich genau 25 Jahre her. Damals war ich 26, und dieses Nahtoderlebnis hat mein ganzes Leben verändert. Ich wurde innerhalb von einer Woche 2-mal operiert, wobei die letzte OP sehr problematisch war. Die Ärzte konnten nicht mehr viel tun. Ich lag auf dem OP-Tisch und hörte, wie der Chirurg sagte: ‘Sie ist tot’.

Ich habe den Austritt aus meinem Körper nicht direkt in Erinnerung, es ging zu schnell; ich fühlte mich wie Wasser, das aus dem Körper herausfließt. Ich weiß jedoch noch, dass meine verstorbene Oma auf einer wunderschönen Wiese wartete. Ich konnte sogar den Rasen riechen. Es war alles so friedlich, doch sie schickte mich zurück: ‘Deine Zeit ist noch nicht reif, um zu uns zu kommen.’ Ich habe widersprochen, aber sie sagte: ‘Du hast noch viel zu erledigen, bereite dich auf eine Geburt vor.’ Ich wurde tatsächlich später schwanger und bekam einen Sohn. Es war alles real.”

Nahtod-Erlebnisse

Menschen, die nach einem klinischen Tod reanimiert wurden, berichten oft von einem Gefühl der universalen Liebe und der Gewissheit, Teil des Kosmos und eines Ganzen zu sein. Bei Nahtod-Erfahrungen berichteten die Menschen, dass sie währenddessen gespürt haben, wie ihre Seele den Körper verließ. Sie konnten von oben den Körper und die Räume beobachten und waren von einem hellen Licht, von Leichtigkeit und von Glück umhüllt. Diese Gefühle sind so gigantisch, dass sie im normalen Leben nicht möglich sind.

Auch bei außerkörperlichen Erlebnissen kann man sich selbst von oben betrachten, wie meine Bekannte Gloria berichtete: "Ich habe dieses außerkörperliche Erlebnis nicht während einer Operation erlebt, sondern auf einer Party. Ich saß an der Bar und nahm einen Drink zu mir. Doch plötzlich musste ich heftig weinen, ich erinnerte mich an meine vor Jahren verstorbene Mutter. Ich atmete schneller und schneller und kam in eine Art Nebel. Plötzlich habe ich mich auf dem Sofa liegen sehen. Ich habe gesehen, wie Menschen sich über mich beugten. Doch plötzlich zog es mich wieder in meinen Körper zurück."

Karmische Energien

Wiedergeburt, Nahtoderfahrungen und Karma - all diese Themen hängen zusammen. Eine Klientin von mir berichtete, dass bei ihr unheimliche Dinge gehäuft passieren. Dies geht so, seit ihr Mann sie verlassen hat und mit einer anderen Frau zusammen ist.

Rada, so heißt diese Kundin, war beunruhigt und erzählte Folgendes: "Bei mir schalten sich Elektrogeräte aus und an, auch eine Stehlampe dimmt sich mehrmals hintereinander von selber hoch und wieder herunter. Ebenso hängt ein Zimmerschlüssel an einem Schloss, als wenn er unter dem Schlüsselloch festgeklebt wäre. Dann fällt er erst nach Stunden herunter." Was passiert hier genau?

Man weiß, es gibt Energien, die wir mit anderen Menschen austauschen. So fühlen wir auch, ob ein Mensch uns sympathisch ist oder nicht. Diese Energien tauschen sich permanent aus, und wenn uns dieser Mensch verlassen sollte, werden Energiebahnen, durch die die Energie fließt, unterbrochen. Das kann eine Auswirkung auf uns und auf unsere Umgebung haben. In Radas Fall sieht es jedoch eher nach Magnetismus und Poltergeistern aus. Beides ist jedoch nicht durch Jenseitsenergie entstanden, nein, sondern Energien des Mannes sind hier definitiv im Spiel. Mit der Zeit verschwindet dieses Phänomen meistens spurlos.

Damit dieser starke karmische Energieaustausch schneller vergeht, kann ein Ritual durchgeführt werden, das die Energien unterbricht: Man nimmt eine Kerze, ein Glas Wasser und Salz. Zünden Sie die Kerze an, und halten Sie sie in Ihrer linken Hand. Geben Sie dann etwas Salz in das Wasser, und tauchen Sie einen Finger der rechten Hand hinein. Rühren Sie das Wasser mit dem Finger fünf Minuten lang um. Löschen Sie die Kerze anschließend in dem Wasser. So werden Sie alles Negative entfernen können.

Klinisch tot

Nach Monaten des Klinikaufenthalts landete Helmut auf einer Intensivstation zwischen zwei entscheidenden Operationen. Nachts wurde er wach und sah einen langen Tunnel. Am Ende dieses Tunnels sah Helmut eine helle Wolke aus hellem Licht. Er ging auf dieses Licht zu, bzw. er schwebte. Plötzlich erschien ihm eine wunderschöne, blühende Wiese. Hier fühlte er sich sofort geborgen. Er hörte schöne Musik, und eine Stimme sagte zu ihm: “Mach dir keine Gedanken, du wirst alles überstehen und musst weiterleben.” Helmut wurde notoperiert und nach einigen Tagen nach Hause entlassen. Diese Nahtoderfahrung veränderte sein Leben.

Der Heiler Jo

Es liegt in der Natur des Menschen, nicht alles zu glauben, was er hört oder sogar selbst mit seinen eigenen Augen sieht. Diese Geschichte ist trotzdem wahr, obwohl ich mir sicher bin, dass sie manche nicht glauben werden ...

Meiner guten Freundin Berta ging es vor einiger Zeit sehr schlecht, ich merkte das immer wieder in unseren Gesprächen. Sie war erkrankt und hatte auch einen guten Heilpraktiker, den sie Heiler Jo genannt hat. Durch seine Hilfe ging es ihr ein wenig besser, aber nur, bis der Heiler umzog. Berta hatte aber noch telefonischen Kontakt zu ihm, bis sie eines Tages die schlimme Nachricht erreichte, dass es Heiler Jo nicht mehr gebe. Er war verstorben, und die Beerdigung war am nächsten Tag. Natürlich war Berta sehr traurig.

Doch am Tag, als der Heiler Jo beerdigt werden sollte, war sie einkaufen und fuhr dann nach Hause. Sie hörte immer wieder eine Stimme in ihrem Kopf, die sagte: "Berta, ruf meine Familie an, ich lebe." Als Berta zu Hause war, rief sie dort an. Auch die Frau von Jo hatte etwas gemerkt, bevor er beerdigt wurde. "Er sah so lebendig aus", sagte sie später. Einige Stunden danach stellten sie dann tatsächlich fest, dass Jo noch lebte.

Blind, aber oho!

"Ich hatte eine Nahtoderfahrung, als ich zehn Jahre alt war", erzählte Gudrun. "Ich fuhr damals auf der Straße mit meinem Fahrrad und raste gegen einen Wagen. Das war furchtbar! Dadurch habe ich meinen rechten Arm und 90 Prozent meines Augenlichts verloren. Seitdem bin ich fast blind ..."

Sie sprach langsam und erzählte weiter: "Ich habe bei dem Unfall, als ich herunterfiel, einen Tunnel und das Licht am anderen Ende des Tunnels gesehen. Dort standen meine beiden Omas und der Großvater. Alle schüttelten den Kopf. Ich spürte, dass sie wütend waren, weil ich nicht zu ihnen sollte." Seit dem Unfall hat Gudrun das Gefühl, dass der Großvater bei ihr ist, und wenn sie ihn braucht, hilft er ihr. Sie spürt es und weiß, was er meint, sie hört oft auch seine Stimme und fühlt seinen Atem. Sie sagt: "Ich kann ihn sogar riechen. Ich denke, es liegt an meiner Blindheit, dass ich diese Gabe auf einmal bekam."

Blinde Menschen sehen tatsächlich oft mehr als die sehenden. Meine bereits verstorbene Oma Walja, eine Heilerin und mein größtes Vorbild, war in den letzten sechs Jahren ihres Lebens blind und sagte dazu: "Ich will das Elend dieser Welt nicht mehr sehen." Sie sah aber viel mehr als alle anderen, konnte Krankheitsherde erspüren und heilen, sah mit ihrem Herzen tief in die Probleme der Menschen und konnte sogar auf den Tag genau ihr Todesdatum vier Jahre davor vorhersagen. Also: blind, aber oho!

Der Tod ist eine Illusion

Emilia, mit 92 Jahren meine älteste Kundin, erzählte eines Tages über ihre Nahtoderfahrung. "Ich schlief und sah, dass ich mich mitten im Krieg befand. Auf einmal traf mich eine Kugel. Sie ging durch die Lunge wie ein Messer durch warme Butter. In meinem Traum merkte ich, wie meine Seele den Körper verließ. Plötzlich war ich in meinem Schlafzimmer, sah mich auf meinem Bett liegen und stieg weiter auf.

Auf einmal befand ich mich im Himmel, oder besser gesagt in einem Licht. Hier sah ich auch die anderen Verstorbenen, die ich früher gekannt habe. Einen Moment später durfte ich wieder zurück. Ich war wieder daheim und so glücklich! Dort habe ich jedoch bemerkt, dass ich mich nicht bewegen konnte. Ich lag im Bett neben meinem Körper und nicht in ihm. Ich kam zu mir und dachte: 'Ich bin tot.' Doch auf einmal wurde ich unsicher, denn irgendetwas zog mich doch in meinen physischen Körper zurück."

Emilia wachte auf. Ihre Tochter stand bei ihr und weinte. Sie betete für Emilia. Diese fragte, was los sei, woraufhin ihr die Tochter erzählte, dass sie Emilia bewusstlos vorgefunden hatte, der Krankenwagen müsste auch gleich kommen ...

Kurze Zeit später machte Emilia wieder Erfahrungen mit dem Tod. "Der Tod ist eine Illusion", sagte sie. Sie starb Ende 2007.

Spiegelbilder

In einigen meiner Sendungen im Jahre 2005 hatte ich im Fernsehen von der Spiegelmeditation erzählt. Dies machte viele Zuschauer neugierig! Aber erst kurz zur Methode: Man setzt sich vor einen Spiegel und konzentriert sich solange darauf, bis ein Schwebegefühl aufkommt. Dabei merkt man, dass der Spiegel sich vergrößert. Durch die Entspannung und die Tiefe des Spiegels kommen wir in eine Trance und können plötzlich verschiedene Bilder sehen.

Doch nun zur Geschichte, die sich bei Laura zugetragen hat: "Ich setzte mich ins abgedunkelte Zimmer mit einer Kerze. Anfangs erschrak ich im Dunkeln über meine Augen, die mir im Spiegel ganz anders und fremd vorkamen. Sehr schnell begann ich aber, Gesichter im Spiegel zu sehen. Die Bilder wechselten sehr schnell, so dass ich zunächst nichts Markantes an den Gesichtern erkennen konnte." Plötzlich sah sie die Bilder klarer. Ein Mann mit einem spitzen braunen Bart schaute Laura ruhig an. Sie fragte sich natürlich, wer dies wohl sei, und so fragte sie den Mann nach seinem Namen: "Ich bin dein Dad." Ein anderes Gesicht sagte, dass er Bruno, der Magier, sei.

Mit diesen Namen konnte Laura allerdings absolut nichts anfangen. Sie recherchierte daher im Internet, bis sie etwas fand. Mit Spannung las sie dort und fand sogar ein Bild von Bruno. Auf diesem Bild erkannte sie das Gesicht wieder, das sie im Spiegel gesehen hatte. "Das hat mich natürlich alles sehr beeindruckt. Seitdem betrachte ich die Gesichter im Spiegel und sehe Mundbewegungen. Ich kann auch einiges hören."

Diese Methode gibt es seit hunderten von Jahren. Wenn Sie damit arbeiten wollen, versuchen Sie es ruhig. Die Methode ist meist ungefährlich.

Alles Karma?

"Mich interessiert schon seit Längerem die Frage, was ich aus dem vorherigen Leben mitbringe ... Vieles im jetzigen Leben ist schwierig, und ich denke, es gibt einen Grund dafür. Ich fühle es. Laut deinem Buch *Alte russische Karma- und Reinkarnationslehre* war ich ein Mann in

Serbien und Mediziner. Witzig, ich bin es jetzt auch, allerdings als Frau. Ich habe schon immer das Gefühl gehabt, ich sollte hier etwas beenden. Vieles sollte ich neu lernen, und ich sollte an die Grenzen der Psyche gehen ... Ich habe nie ganz den Lebensmut verloren, es gab immer eine große Kraft.

Hinzu kommt, dass ich einem Mann begegnet bin, bei dem ein Blick genügte, um mich zu verlieben. Wir hatten nie eine Beziehung, das Gefühl, dass er der Richtige ist, geht jedoch nicht weg ... Es gibt einen Grund, warum es so ist. Wenn ich auch oft aufgeben wollte, mein Herz sagt immer 'warte'." So weit der Auszug aus einem Brief von Brigitte aus Norddeutschland.

Viele von euch, die mein Buch lesen, stellen sich bestimmt auch die gleiche Frage: "Warum bin ich hier?", oder "Warum habe ich Kontakt zu dem oder dem Menschen aufgenommen, oder warum habe ich eine bestimmte Person zum Freund oder Feind?" Das Schlüsselwort dazu ist das Karma - unsere seelische Erfahrung, die wir seit mehreren Leben immer wieder sammeln. Es ist unsere Energieform, unser Potenzial und unser Schicksal in einem. Verwenden Sie mein Karmaorakel mit dem Buch, um das Thema für sich zu vertiefen.

Karmische Beziehung

Wenn Sie das Wort Karma hören, können Sie es bestimmt nicht immer einordnen - ist das etwas Gutes oder Böses? Nun, ich möchte eines klarstellen - Karma ist unsere Erfahrung, unsere Energie. Da die Welt dual ist (gut und böse, weiblich und männlich, hoch und tief, weiß und schwarz usw.) und wir diese Dualität auch in uns selbst tragen (wir können freundlich und sauer reagieren, wir können lieben und hassen), kann das Karma sowohl schlecht wie auch gut sein. Schließlich sind wir alle etwas Besonderes und kommen zur Erde, um neue Erfahrungen zu sammeln und einiges daraus zu lernen.

Wir kommen alleine auf diese Welt und bleiben wir selbst. Alles andere um uns ist über die Jahre hinaus veränderbar. Wir geraten in sinnvolle oder sinnlose Beziehungen und lernen sehr viel daraus, Sie lernen von Ihrem Partner und der Partner von Ihnen. Also ist das Beziehungskarma auch eine Schulaufgabe für uns, woraus wir einiges lernen müssen. Diese Erfahrung liegt meistens zwischen zwei oder mehreren Personen.

Die karmische Beziehung ist oft sehr kompliziert und bringt uns Kummer und Leiden. Die Karmamerkmale in solch einer Beziehung können sehr vielfältig sein. Schon beim Kennenlernen spüren beide Partner eine gewisse Anziehungskraft und ein unerklärliches Vertrauen zueinander. Ich bezeichne dieses Gefühl oft als "unbeschreibliches Bauchkribbelgefühl". Man kann jedoch nicht sofort zusammenfinden, aber auch nicht ohne einander sein. So beginnt ein Leidensweg. Viele karmische Beziehungen beginnen am Arbeitsplatz, und fast in 80 Prozent der Fälle liegt auch ein Altersunterschied vor. Alle karmischen Beziehungen brauchen jedoch Zeit und Geduld. Genau darin liegt die Heilung des Karmas!

Eine karmische Beziehung ähnelt einem Gummiband, das zwischen beiden karmischen Partnern gespannt ist. Einer der Partner sollte sich immer zurückhalten oder sich ganz zurückziehen. Durch dieses Band tauschen sich die Energien der beiden Personen aus, und somit fühlt ein Partner, wie es dem anderen geht. Stellen Sie sich einfach vor, was dabei passiert: Sie gehen einen Schritt auf den Partner zu, schieben hiermit Energien zu ihm. Das Gummiband lockert sich. Was macht der Partner? Natürlich geht er einen Schritt zurück und lässt Sie zappeln. Schließlich hat er Energie und Ihre Zuneigung bekommen, was will er noch mehr. Sie sind daraufhin sauer und machen selbst einen Schritt zurück, um ihm zu zeigen, dass Sie eben unzufrieden und verletzt sind. Das Gummiband spannt sich wieder an. Was passiert dann? Natürlich geht der Partner auf Sie zu, um neue Energien zu tanken, weil Sie den Energiefluss durch das Zurückziehen unterbrochen haben. Wie verhalten Sie sich danach, wenn er den nächsten Schritt getan hat? Machen Sie wieder einen Schritt auf ihn zu, macht er bestimmt wieder einen Rückzug. Damit das nicht passiert, warten Sie einfach ab, bis der Partner mehrmals auf Sie zugegangen ist. Lassen Sie ihn immer wieder handeln. Genießen Sie die Zeit, auch wenn Ihre Geduld nachlässt und nicht immer mitmacht. Lassen Sie ihn handeln, so kommt die Beziehung ins Rollen. Lernen Sie Geduld! Dieses Muster ist bei jeder karmischen Beziehung vorhanden.

Ich hatte einmal eine Anruferin, die eine negative karmische Beziehung lebte. Eine negative karmische Beziehung ist eine Beziehung mit dem Ziel, etwas nachzuholen, was man in einem vorigen Leben nicht erledigen konnte, z. B. Kinder zu zeugen. Dabei ist zu erwähnen, dass man bei negativen karmischen Beziehungen nicht zusammenfinden soll, und diese Kundin erlebte diese "paranormale" Beziehung ihr ganzes Leben lang als Belastung. Sie weiß bis heute nicht, wieso sie mitgemacht hat. Doch von vorne: Sie lernte einen Mann kennen, und sie waren erst drei Wochen zusammen, als sie schwanger wurde. Kurze Zeit danach verließ sie der Partner. Sie brachte ihre Tochter zur Welt und lernte einen anderen Mann kennen. Beide heirateten und waren glücklich ... Genau ein Jahr lang, bis der erste karmische Partner wieder auftauchte und meine Kundin verführte. Sie war wieder schwanger, der Karmamann aber verschwand erneut. Nach ein paar Jahren gingen die Eheleute auseinander. Der Karmamann tauchte wieder auf und ... genau, die Frau war wieder schwanger. So weit, so gut, diese Kundin hat fünf Kinder von diesem Karmamann bekommen, sie war mehrere Male verheiratet, jedoch nie mit dem Karmamann. Erst als sie in die Menopause kam, konnte sie den Karmamann wegschicken. Eine verrückte, aber wahre Geschichte.

Blockadenlösung und Karmaheilung

Gesundheit und Wohlbefinden: Zwei Worte, die eine elementare Bedeutung in unserem Leben haben. Ohne Gesundheit gibt es kein Wohlbefinden, und ohne das Wohlbefinden keine Gesundheit. Nicht umsonst sagt man, dass die Gesundheit im Geiste entsteht, also geht alles vom Kopf aus. Wir Menschen hätten viel mehr Möglichkeiten, gesund zu bleiben oder zu werden, wenn wir unsere Sinne spirituell erweitern würden ...

Jeder Mensch trägt etwas Spirituelles in sich, und dieses "Etwas" ist in der Lage, uns seelisch und körperlich zu reinigen und zu heilen, denn jeder Mensch ist etwas Besonderes und hat Selbstheilungskräfte. Alles in der Welt läuft nach karmischen Gesetzen ab, und auch Krankheit ist meist nur ein Zeichen der Seele. Sie sagt uns: "Etwas stimmt nicht in deinem

Verhalten oder in deiner Einstellung - denk darüber nach, das Symptom gibt dir den Hinweis!"

Denken Sie immer daran: Schmerz ist keine Bestrafung, sondern ein Zeichen, dass wir etwas an uns verändern sollten. Schmerz und Krankheit sind somit eine Warnung und eine Chance. Schwierig ist es jedoch, diese zu verstehen. Wir leiden und lernen hoffentlich etwas daraus. Bloß - was und wie genau? Wie löse ich die Blockaden in mir? Nun, Blockaden sind definitiv lösbar. Achten Sie auf Ihren Körper, und fragen Sie sich: "Was willst du mir mitteilen?"

Die schamanische Lehre besagt, dass sich die Krankheitsursachen in unserer inneren Welt verstecken. Diese kann man durch schamanische Arbeit mit Trommeln und Musik herausfinden und durch spezielle russische Heilgebete lösen, die der Atem unserer Seele sind. Sie werden nach einem speziellen Schema zusammengestellt: Der erste Teil des Gebetes ist der Aufbau, der zweite Teil dient der Steigerung der Kraft, hier werden Bibelgebete verwendet. Im dritten Teil des Gebetes formulieren Sie Ihre Wünsche, und der vierte Teil dient dem Abschluss:

"Liebes Universum, ich bitte dich um Hilfe. (Lesen Sie dann 4-mal ein Bibelgebet, z. B. das Vaterunser). Gib mir Kraft und lass mich genesen. So wie die Sonne täglich aufgeht und die Erde wärmt, so soll auch ich meine Schmerzen und Leiden verlieren. So sei es."

Ich bilde seit Jahren Menschen in Fragen der Spiritualität, in Gebeten und in Heilung aus. Diese Fächer sind von jedem erlernbar, auch eine so genannte schamanische Reise kann jedem Menschen zugänglich werden. Schamanismus ist schließlich eine alte Methode und ein Lebensstil in einem. Schamane zu sein heißt, zur Natur zu finden, und die Natur ist unser Heiler. Im Leben geht es immer darum, das Gleichgewicht zu halten. Habe ich etwas zu viel oder zu wenig getan, werden wir immer wieder von oben aufgefordert, zur goldenen Mitte zurückzukehren. Denken Sie daran: Die Natur kennt keine Vernichtung, nur Umwandlung. Es gibt auch keine Zufälle, aber es gibt Ordnung.

Entdecken auch Sie Ihren inneren Heiler, denn jeder Mensch ist in der Lage, sich zu heilen. Dazu ein Tipp zum Einstieg: Legen Sie sich ruhig auf eine harte Unterlage, und schließen Sie die Augen. Stellen Sie sich dabei vor, Sie liegen auf einer Wiese. Gehen Sie einfach ein paar Schritte spazieren, und suchen Sie nach Ihrem inneren Heiler. Rufen Sie ihn, er wird bestimmt erscheinen. Dann fragen Sie ihn, was Sie für sich tun können, um sich heilen zu können. Er wird Ihnen bestimmt einige Tipps verraten, was Sie machen können. Machen Sie dann Ihre Augen wieder auf, und lesen Sie das Heilgebet.

Haben Sie sich schon einmal gefragt, warum etwas ausgerechnet jetzt oder warum es ausgerechnet Ihnen passiert? Hier ist die Antwort: Alles funktioniert nach dem so genannten schamanischen Medizinradprinzip. Dabei bedeutet das Wort "Medizin" nicht Arzneimittel, sondern alles, was uns heilt: neue Ideen, Visionen, Träume ... und unsere Bereitschaft, unser Leben zu verändern. Leben wir nicht nach diesem Prinzip, werden wir oft durch Krankheiten dazu gezwungen, die Wege zu gehen, die für uns richtig sind. Fragen Sie deshalb nicht: "Warum ich?", sondern "Was kann ich an mir verändern?"

Einen Fall aus meiner Praxis möchte ich an dieser Stelle noch erzählen. Eine Dame, ich nenne sie einfach Frau X, kam zu mir zur Beratung. Sie war über 70, hatte jedoch keine Falten und war sehr fein angezogen. Auf den ersten Blick dachte ich, dass diese Dame um die 50 ist. Sie trug einen kurzen Rock und hohe Stiefel und schwebte in meine Praxis wie ein Schwan. Anstatt mich zu begrüßen, sagte sie nur: "Schau mich nicht so an, ich sterbe." Ich bat sie herein und legte ihr die Karten, wobei ich merkte, wie unruhig sie wurde. Ihre Frage war: "Warum ich?"

Diese Kundin befand sich im letzten Stadium von Krebs. Meine Gabe und die Karten bestätigten mir meine Vermutung: Die Lebenseinstellung von Frau X war fehlerhaft, doch diese Erkenntnis kränkte sie nur. Sie war eine Millionenerbin, hatte Geld und lebte dafür. Ja, sie hatte ihr Leben dem Geld geopfert; nicht das Geld war für sie da, sondern sie für das Geld. So wurde sie krank, doch sie sah es selbst leider kaum ein.

Wir diskutierten ... Eine Woche später kam sie wieder und machte ihr Täschchen auf. Sie zog ein paar Blätter daraus hervor und legte sie mir hin. Es waren Spendenbelege. Auf meine Frage, was sie mir denn damit zeigen wolle, sagte Frau X Folgendes: "Ich habe etwas gemacht, was mich heilen muss. Ich spendete an Bedürftige viel Geld, und jetzt werde ich belohnt." Auf meine Frage, warum sie die Spenden aufgeschrieben habe, sagte sie nur, dass sie doch wissen müsse, wo ihr Geld bleibe. Ich fragte auch, warum die Summen mit Kommas versehen wären ... Daraufhin die Dame: "Aus steuerlichen Gründen!"

Diese Geschichte ist traurig. Frau X sah einfach nicht ein, dass sie sich ihr ganzes Leben lang für das Geld versklavt hatte. Doch einige Wochen später rief sie wieder an und fragte nach einem Termin. Sie kam und strahlte eine neue Energie aus, so dass ich sofort merkte, dass sich etwas in ihrem Leben verändert hatte. Sie erzählte, was mit ihr passiert war.

Sie war nach Indien gefahren, um ihre letzte Reise zu machen. Dort angekommen, wurde sie zum Hotel gefahren. Sie stieg gerade aus dem Auto, als ein Junge ihr die Schuhe putzen wollte. Frau X explodierte und schrie den Jungen an, schließlich hatte sie teure weiße Schuhe an, und der Junge hatte sie beschmutzt. Plötzlich kam ein kleines Mädchen, das mit einem Taschentuch die weißen Schuhe von Frau X nachputzte. Das hat Frau X das Herz gebrochen. Sie entschloss sich, für das Mädchen etwas zu tun, was auch sicher von Herzen kam. Ab diesem Moment wurde sie sehr schnell gesund und lebt auch heute noch. Mit der Zeit gewann sie eine neue Lebenseinstellung und hat mittlerweile sogar mehrere kleine Kinderstätten gegründet. Sie sagte einmal selbst: "Durch meine Krankheit und deine Schelte konnte ich endlich zu Gott finden."

Man erntet, was man sät

Kurz vor Ostern ist Susannes Schwester ins Koma gefallen. Susanne kontaktierte daraufhin eine so genannte Wahrsagerin und bat sie, der Schwester zu helfen. Dafür verlangte die Wahrsagerin allerdings sehr viel Geld, was Susanne ihr geschickt hat, obwohl sie alles dafür zusammenkratzen musste. Nach Ostern ging es der Schwester besser. Die Wahrsagerin hat jedoch noch einmal versucht, bei Susanne um Geld zu betteln. Sie war aber nicht mehr gewillt, das Geld zu schicken.

Nachdem Susanne kein Geld mehr schickte, rief die Wahrsagerin sie erneut an. Sie sagte, wenn sie nicht bald Geld sehen würde, würde sich Susanne wundern. So kam sie zu mir in die Praxis, weil sie große Angst hatte. Ich konnte ihr die Angst aber schnell nehmen, indem ich einen Energieschutzschild um sie herum errichtete.

Nach einer Woche erzählte mir Susanne Folgendes: "Ich schlief ganz tief und merkte, dass sich jemand an mein Bett setzte. Ich wachte auf und sah eine dunkle Gestalt. Sie sprach zu mir mit einer tiefen Stimme: 'Du hast mich fast getötet' und ging dann plötzlich weg ..."

Susanne erfuhr Tage später, dass die Pseudo-Wahrsagerin bei einem Unfall fast ums Leben gekommen war und nun im Krankenhaus lag. Anscheinend hatte sie versucht, aus Hass negative Energien an Susanne zu senden, aber diese sind wegen des Schutzschildes an sie zurückgegangen. So bekam sie das, was sie gesendet hat, selbst ab und gab danach Ruhe.

Man sagt nicht umsonst: Man erntet immer nur das, was man sät ... Denken Sie daran, bevor Sie handeln. Denken Sie an die Karmagesetze.

Der Karmahintergrund

Meistens verdrängt man die Gedanken an den Tod, und für viele ist auch das Jenseits irreal. Früher oder später kommt aber für jeden von uns die Stunde der Wahrheit, in der wir uns mit dem Thema Tod auseinandersetzen müssen. Weil viele von uns den Tod als das "Aus" sehen, gibt es in unserem Dasein viele geistig tote Seelen. Doch das Leben ist ein Strom fließender göttlicher Energie, nichts geht verloren. Die Natur kennt nur eine Umwandlung der Energien, aber keine Vernichtung. Wer behauptet, er lebe nur einmal und danach sei einfach nichts, sollte sich die Frage stellen: "Wozu bedarf es dann Ethik oder Moral? Warum führen Sie dann kein hedonistisches Leben?"

Erst wenn wir unser Leben analysieren und erst, wenn wir begreifen, warum wir überhaupt leben, dann bekommt unser Leben einen Sinn. Und wer sein eigenes Leben zu verstehen lernt, fürchtet sich nicht mehr vor dem Tod. Das Erdendasein ist nur ein Abschnitt unseres Lebens, und diesen Abschnitt sollten wir positiv gestalten. Das Leben hängt von uns ab, und wir hängen von unserem Karma ab, von der Summe aller Taten unserer Seele.

An bewusstem Leben fehlt es uns leider aber sehr oft, wobei ich unter bewusstem Leben die Auseinandersetzung mit dem Leben verstehe. Jeder

Mensch kommt zur Erde so wie in eine "Erdenschule", um sich mit dem Leben auseinanderzusetzen und um etwas zu lernen. Unsere unsterbliche Seele lernt also. Leben und sterben, um weiter zu leben, das ist ein karmisches Gesetz. Gleiches zieht Gleiches an, deshalb gilt auch: Wenn wir nicht versuchen, bewusst zu leben, dann wird unser Leben unbewusst bleiben. Entscheiden wir uns aber jetzt noch dazu, diese Chance der Weiterentwicklung anzunehmen und uns wirklich bewusst auf uns selbst einzulassen, in unsere Mitte zu kommen, dann nutzen wir unser Leben richtig.

Zufälle?

Ein Brief von Linda brachte mich zum Grinsen. In meinen Sendungen wiederhole ich immer wieder, dass unser Leben nur Ordnung zugeführt bekommt und kein Durcheinander. Es gibt keine Zufälle ... Es wird nur Ordnung ins Leben gebracht. Hier ihr Brief: "Ich suchte vergeblich sehr lange nach einer Wohnung. Vor zehn Tagen hatte ich dir gesagt, dass ich zum Wohnungsamt gehen würde, um vielleicht dort Hilfe bei der Wohnungssuche zu bekommen. Inzwischen war ich dort, und ich konnte mir eine Wohnung am Stadtrand ansehen.

Du sagst immer, es gibt keine Zufälle, aber es ist doch seltsam: Genau diese Wohnung stand vor Monaten in der Zeitung. Damals sagte ich noch zu meinem Sohn, dass die Wohnung am Stadtrand ist und ich aber lieber eine Wohnung in der Stadtmitte hätte. Und was passierte? Genau dieselbe Wohnung, die ich damals abgelehnt hatte, wird mir jetzt als einzige verfügbare Wohnung angeboten."

Ja, es war kein Zufall in Lindas Leben. Später hat sich herausgestellt, dass Linda in diese Wohnung umziehen sollte, um ihren neuen Partner kennen zu lernen. Er war der Hausmeister in der Anlage.

Wiedergeburt

Wie kommt es, dass Menschen nach einem bestimmten Ereignis eine Sprache beherrschen, die sie vorher nie sprachen oder sogar gar nicht kannten? Manche von ihnen erzählen dabei sogar Einzelheiten aus einem Vorleben. An dieser Stelle möchte ich etwas von der Reinkarnation oder Wiedergeburt erzählen. In der Presse habe ich schon öfter gelesen, dass Menschen plötzlich eine andere Sprache gesprochen haben, ohne sie zu kennen. So berichteten mehrere Zeitungen über einen Jungen aus Indien. Der 10-Jährige wollte, dass seine Mutter ihn zu einem bestimmten Haus in einer weit entfernten Stadt bringt.

Zuerst nahm sie die Bitte des Kindes nicht ernst, doch der Junge gab nicht nach und fing an, eine andere Sprache zu sprechen. Der Junge erzählte, dass er früher unter der genannten Adresse in einem Ort gelebt hatte und er ein 48-jähriger Mann gewesen sowie dass er eine große Familie gehabt hat, die immer noch in seinem Haus lebe. Die Mutter des Kindes war verblüfft und erschrocken, so fuhr sie mit ihm zu der angegebenen Adresse. Das Kind wusste sofort, wo sich der Hauseingang befand. Es erkannte Möbel und wusste bis ins Detail, wo sich welche Sachen im Haus befanden und wessen Zimmer wo war. Das Kind ging zu der Hausbesitzerin und sprach sie mit ihrem Namen an (Sie wissen, dass in einzelnen Gegenden von Indien verschiedene Sprachen gesprochen werden). Es kannte sie und sie ihn, behauptete die Frau später. Sie erkannte seine Augen, die Augen ihres Mannes.

Einen anderen Fall erlebte ich vor Jahren in meiner Praxis. Bei einer Meditation sprach mich meine Klientin Rosalia auf Französisch an. Da ich die Sprache nicht beherrsche, fragte ich sie danach, was das bedeuten würde. Rosalia war überrascht und berichtete mir, dass sie nie Französisch gesprochen habe und dass ihr die Sprache völlig unbekannt sei. Außerdem war sie nie in Frankreich gewesen und hat die Sprache niemals gelernt.

Tage später bei der zweiten Meditation passierte es erneut. Ich fragte sie während der Meditation, was sie sehen würde. Sie beschrieb mir in Deutsch einen Vorort von Paris und sprach zwischendurch immer wieder französische Sätze. Sie sagte mir, sie befinde sich in einer Pariser Gegend auf einer bestimmten Straße, und sie lieferte detaillierte Informationen über diese Umgebung.

Aus der Presse sind auch weitere ähnliche Fälle bekannt. Viele Menschen glauben an die Unsterblichkeit der Seele. Ich selbst bin ebenfalls davon überzeugt, dass sich die Seelen auch nach dem physischen Tod des Körpers weiterentwickeln. Auch Goethe und Schopenhauer glaubten an die Wiedergeburt.

Tiergeschichten

Tiere reagieren auf viele Umweltereignisse, da sie sie intuitiv erspüren können. Wenn ein Hund beispielsweise immer wieder viel Gras frisst, deutet das auf eine gute Ernte hin. Sollte ein Hund sich zusammenrollen, wird es bald kalt. Sollte der Hund sich aber hinlegen und sich ein bisschen strecken, dann wird es warm. Wenn sich ein Hund auf dem Rasen vergnügt, kommt Wind auf. Man sollte hier auch immer schauen, wo der Kopf des Hundes ist, denn aus dieser Richtung wird der Wind kommen. Wenn ein Hund Schnee frisst, wird bald schlechtes Wetter kommen, sollte er aber seinen Kopf an sein Herrchen oder Frauchen drücken, dann wird das Wetter regnerisch. Ebenfalls viel Regen wird kommen, wenn der Hund zu wenig frisst und sehr viel schläft.

Doch nicht nur Hunde lohnt es sich zu beobachten, sondern auch alle anderen Tiere weisen erstaunliche Fähigkeiten auf. Doch lesen Sie selbst ...

Die Katze Ria

Meine Oma Walja erzählte von einem Fall aus ihrer Jugend. Damals war sie eine junge 18-jährige Frau gewesen und lag im Bett, konnte aber nicht schlafen. So versuchte sie zu meditieren. Walja “träumte” von ihrer Katze Ria, die sie vor etwa zwei Jahren in gute Pflege gegeben hatte. Sie fühlte, wie diese Katze ihre Hand mit ihrem Schweif streifte. In diesem Moment dachte meine Oma: “Die Ria besucht mich.” Sie konnte die Katze sogar richtig hören und riechen.

Als sie Ria anfassen und streicheln wollte, stellte sie jedoch fest, dass jemand ihr die Hand festhielt. Sie sah hin und sah zwei weiße Hände, man kann sich vorstellen, wie sehr sie sich erschrocken hat. Da hörte sie eine leise Stimme, die sagte: ”Bette mich um und bring mir Blumen.” Mit dieser Information hatte meine Oma nicht gerechnet und rief die Katzenpflegerin an. Sie teilte meiner Oma mit, dass Ria bereits vor sechs Wochen verstorben war.

Oma Walja ging daraufhin zu dem Platz, wo Ria begraben worden war. Zu ihrem Erstaunen fand sie aber eine Baustelle an diesem Platz. Es gab auch keine Bäume mehr an dieser Stelle. Oma Walja, damals ein junges Mädchen, nahm daher eine Schaufel und bettete Ria in ihren Garten um. So bekam Ria wieder ihre wohlverdiente Ruhe. Diese Katze war alt, erzählte mir meine Oma, über 30 Jahre! Dies ist sehr selten, und es handelt sich hier um sehr reife Katzen- und Hunde-Seelen, die uns in unserem Leben aus Liebe begleiten, und da sie so reif sind, sind sie in der Lage, uns auch nach ihrem Tod zu unterstützen.

Wildtiere

Meine Klientin Sandra ist eine sehr naturverbundene Frau, sie erlebte auf einem ihrer Spaziergänge folgende Begebenheit: "Ich habe mich heute morgen entschlossen, einen Spaziergang ins Grüne zu machen, da ich den Zivilisationslärm mal wieder satt hatte", schrieb Sandra. Solche Spaziergänge machte sie mindestens drei Mal in der Woche, um ihren seelischen Ausgleich zu behalten. Als sie zum Ortsausgang kam, rannte aus der Ferne ein Tier direkt auf sie zu. Zuerst dachte sie, es wäre ein kleiner Hund, aber als es näher kam, erkannte Sandra, dass es ein Feldhase war. Dieser blieb etwa drei Meter von Sandra entfernt stehen, hoppelte dann zum Wegrand und blieb dort längere Zeit sitzen. Er schaute Sandra an und verschwand erst, als sich ein Radfahrer mit seinem Hund näherte.

Sandra ging weiter durch die Felder und bemerkte in einem Wildrosenbusch zwei Goldhähnchen, auch diese machten keine Anstalten zu flüchten, obwohl Sandra direkt vor ihnen stand.

Ein paar hundert Meter weiter setzte sich Sandra auf eine Bank. Kurz darauf flogen zwei kleine Vogel heran und hüpften um sie herum. Sandra ist die Tochter von einem Förster und ist im Wald aufgewachsen. Sie kennt sich mit Wildtieren gut aus und weiß, dass dies kein normales Verhalten für wilde Tiere ist. Sie blieb daher aus Neugierde sitzen und war ratlos, was gerade geschah. Als sie endlich nach Hause kam, sah sie Qualm über ihrem Haus. Es brannte. Hätten sich ihr die Tiere nicht gezeigt, wäre sie längst im Haus gewesen ... Sie verstand in dem Moment, dass die Wildtiere sie davon abgehalten hatten, rechtzeitig nach Hause zu gehen. Dank der Tiere lebte sie noch.

Als Sandra mir ihre Geschichte erzählte, erinnerte ich mich an eine alte Geschichte. Puschkin, der russische Dichter, sah kurz vor seinem Duell einen Hasen rennen. Trotzdem fuhr er weiter und wurde ermordet. Man sagt in Russland, dass, wenn ein Tier sich auf unserem Weg zeigt, man umkehren sollte, denn es ist ein schlechtes Zeichen für eine Reise und bedeutet Gefahr.

Katzenkraft

Haben Sie sich schon einmal gefragt, warum Hexen immer eine schwarze Katze haben? Es ist einfach: Katzen sind in der Lage, negative Energien aufzuspüren und aufzunehmen, und die schwarze Farbe dient der Erdung und dem Ableiten von Negativem. Schwarze Katzen sind also zum Schutz der Hexen da. Sollte ein anderer Zauberer Magie gegen eine Hexe ausüben, leidet auch nicht die Hexe, sondern die Katze dieser Hexe.

Ich kann mich noch an einen Fall aus meiner Kindheit erinnern. Als ich klein war, hatten wir eine ältere grauhaarige Dame als Nachbarin, Sawa, und sie besaß eine schwarze Katze. Alle nannten sie Budur. Die Katze war immer an Sawas Seite. Eines Tages kam Sawa zu meiner Oma und bettelte um Hilfe. Sie behauptete, dass ihre Schwester Magie anwenden würde, denn seit dem letzten Streit mit ihr fühlte sich Sawa sehr schlecht und dachte, dass es von ihrer Schwester käme. Sie reinigte sich selbst, es brachte jedoch keine Erfolge. So kam sie zu meiner Oma und fragte nach einem Ritual oder einem Gebet. Meine Oma sah sie an und sprach ein Heilgebet. Sie nahm ein Glas Wasser und sprach darauf die heilenden Worte. Sawa fühlte sich sofort besser.

Sawa ging aber noch weiter und rief eine bekannte Zigeunerin an, die sie ebenfalls um Hilfe bat. Die Zigeunerin kam, betete und führte ein Ritual durch. Sie nahm auch Wasser zum Besprechen und schüttelte das besprochene Wasser aber auf Sawas Katze. Diese erschrak und rannte davon. Alle Anwesenden waren schockiert, denn Sawas Zigeunerin übergab durch diese Handlung alles Negative an Budur. Ein paar Tage später starb die Katze. Sawa sagte, dass Budur ihren Tod durch das Wasser übernommen habe, aber bald als kleines Kätzchen wiederkommen werde. Ein paar

Monate später ist ihr eine kleine schwarze Katze zugelaufen ... Sawa, die Hexe, lebte noch einige Jahre in unserer Nachbarschaft.

Die Rettung

Vor einigen Monaten fand Luka beim Spazierengehen am Straßenrand einen großen, bewegungslos auf der Erde liegenden Vogel. Er war nicht tot, aber flugunfähig. Luka nahm ihn für zehn Minuten zwischen seine Hände und hauchte ihm ein wenig Wärme zu. Plötzlich öffnete der Vogel seine Augen und bewegte sich. Luka öffnete seine Hände und sagte: "Flieg, flieg, du kannst es", und der Vogel erhob sich und flog davon, zitterig und unsicher. Er flog bis zum nächsten Ast. Luka nahm ihn daraufhin in seine Hände und wiederholte den Vorgang.

Beim zweiten Mal war er schon viel sicherer. Als Luka von seinem Spaziergang zurückkam, fand er den Vogel nicht mehr. Er war davongeflogen. So wirken die biosensorischen Kräfte.

Tiergeister

Ein Bekannter erzählte mir vor Kurzem eine mysteriöse Geschichte, die er selbst erlebt hat. Eduard, so heißt dieser Bekannte, beschäftigt sich mit Tieren und übt Tierkommunikation aus. Ein Pferd in seinem Reitstall hat besonders ein Mädchen geliebt. Das Mädchen war eine leidenschaftliche Reiterin und liebte das Pferd auch von ganzem Herzen. Vor Jahren nahm sie alte Hufeisen von ihm mit nach Hause und nagelte sie an ihre Wand. Das Pferd war aber schon alt und litt Jahre später sogar an Krebs. - Und als das Pferd eingeschläfert werden musste, fiel im selben Moment bei dem Mädchen zu Hause ein Hufeisen von der Wand.

Zufall? Ich denke nicht. Auch Tiergeister können sich verabschieden.

Vögel

Verschiedene Länder, verschiedene Sitten. So wird in einigen asiatischen Gegenden die Eule als Glücksbringer angesehen, während sie bei uns in Europa als Weisheitssymbol gilt. In Russland steht die Eule jedoch auch für Abschied und Tod. Außerdem sagt man in Russland, dass, wenn ein Vogel in die Wohnung fliegt, bald ein Abschied kommen wird. Es muss sich dabei nicht immer um einen Todesfall handeln, oft bedeutet es nur, dass wir etwas oder jemanden nicht mehr an unserer Seite haben werden.

Ich habe 2008 eine Erfahrung mit einer Eule machen müssen. Sie kam zu uns auf die Terrasse und sah mich an. Dies alles geschah am Tage, also ganz untypisch für eine Eule. Sie saß auf der Stange und schaute mir direkt in die Augen. Ich verspürte zuerst Unruhe und wusste nicht, was sie wollte. Sie ließ dann einen Laut vernehmen und flog wieder davon. Einen Tag später zeigte sie sich wieder. Zu der gleichen Zeit flog auch eine Meise in mein Wohnzimmer. Diese beiden Zeichen waren Anzeichen für den Tod meines Vaters, der eine Woche später starb.

Dies war jedoch nicht das einzige Mal, dass Vögel mir etwas ankündigten. Meine Oma starb ein halbes Jahr davor, und damals flog eine Taube in den Wintergarten der Wohnung, und ein Spatz versuchte, durch ein Küchenfenster hereinzufliegen. Es war auch ungefähr eine Woche vor dem Geschehnis.

Die Eule

Auch einige meiner Kunden berichten von ähnlichen Erfahrungen mit Vögeln, die immer Abschied bedeuteten, so auch in der folgenden Geschichte: "In der Zeit, als es in unserer Ehe anfing zu kriseln", schrieb Regina, "haben wir unser Haus gerade umgebaut. Meinen Nochmann hat es damals gestört, dass sich eine Eule in der Scheune aufhielt. Sie verursachte Schmutz und schrie immer, wenn sie meinen Mann sah.

Zu dieser Zeit musste ich zwei Tage verreisen. Mein Mann hat die Gelegenheit genutzt, um die Eule mit Baulärm, der so eigentlich gar nicht notwendig war, zu verscheuchen. Die Eule tat mir leid. Ich hatte mich auch schon daran gewöhnt, dass sie immer da war. Ich habe meinen

Mann damals gebeten, die Eule in Ruhe zu lassen. Als logische Erklärung führte ich an, dass die Eule schließlich auch die Mäuse in Schach halten würde. Aber insgeheim hatte ich Angst, dass sein Verhalten Unglück bringen könnte. Mein Mann lachte mich aber nur aus.

Nach einem Monat hatte mein Mann einen Unfall auf der Baustelle. Er fiel auf den Rücken und erlitt mehrere Brüche. Er blieb jedoch starrköpfig und vertrieb sogar Schwalben aus der Scheune. Ich habe ihm zwar wieder meine Bedenken mitgeteilt, aber es war zwecklos. Ein halbes Jahr später trennten sich unsere Wege, und danach ließen wir uns scheiden. Für mich begannen damit schwere Zeiten. Eines Tages sah ich aber, dass eine Eule in die Scheune kam, und kurz danach versuchten die Schwalben zu nisten. Sie dürften dieses Mal natürlich bleiben, und ich merkte bald, dass sich alles zum Guten wendete."

Die Taube

Als der Vater von Olga starb, hat ihre kleine Tochter sie in der nächsten Nacht gebeten, bei ihr im Zimmer zu schlafen. Sie hatte Angst und sagte nur: "Mama, der Opa ist da." Seit diesem Tag saß immer wieder eine Taube auf Olgas Schlafzimmerfenster, die sie morgens weckte. Die Taube blieb ungefähr ein Vierteljahr da – im Januar ...

Die Mutti-Taube

Einer anderen Klientin, Ria, passierte Folgendes: Seit geraumer Zeit kam ebenfalls eine Taube zu Rias Hof. Nun machte sich Ria ihre Gedanken, was wohl die Taube bedeuten sollte ... Sie kam täglich und war alleine, was für eine Taube nicht typisch ist. Ria sprach mit der Taube, und diese kam immer sehr nah an Ria heran, so dass sie sie sogar ein paar Mal streicheln konnte.

Bis heute ist es mehr oder weniger unklar, warum die Taube aufgetaucht ist, doch sie nistete sich genau zu der Zeit unter Rias Schlafzimmerfenster ein, als ihre Mutter verstarb. "Mutti-Taube", so nennt Ria die Taube, die nun schon seit Jahren bei ihr lebt.

Unerklärliches, Wunder und das, was nicht sein kann

Es gibt Dinge, die man nicht immer erklären kann. Hier einige wahre Begebenheiten, die alle so passiert sind. Entscheiden Sie selbst, ob Sie daran glauben können ...

Selbstentflammung einer Laterne

Anne S., eine langjährige Kundin, erzählte mir, dass sie sich einmal eine große orientalische Laterne gekauft hatte, die zwar sehr schön, aber Anne doch etwas unheimlich war. Aber es reizte sie, diese Laterne zu kaufen!

Eines Abends sah sie gerade eine Sendung im Fernsehen, und ein Medium stellte dort Jenseitskontakte her. "Ich hatte Teelichter in dieser großen Laterne stehen, hatte sie jedoch nicht angezündet", berichtete Anne. Plötzlich knisterte es in der Laterne, doch Anne war von dem Jenseitskontakt so fasziniert, dass sie es erst gar nicht wahrnahm. Dann zerplatzte das Glas der Laterne! "Ich sah Feuer, das aus der Laterne aufstieg, das Feuer wurde zu einer hohen Stichflamme und griff auf die Gardine über, die zu brennen anfing. Sie verbrannte nur ganz oben, nichts war jedoch schwarz oder verkohlt." Anne löschte das Feuer und entfernte die Laterne, wobei sie sah, dass die Teelichter ebenfalls nicht verkohlt waren.

Wie ist so etwas möglich? Ich denke, es handelt sich um eine Selbstentflammung, von denen es mehr gibt, als man denkt.

Der Energiestein

Eine Klientin von mir war mit ihrem Mann vor einigen Jahren im Frühling am Mittelmeer, dort gingen sie täglich am Strand spazieren. Regina, so heißt die Frau, fand dabei einen wunderschönen feueropalfarbenen Stein. Sie zeigte ihn ihrem Mann und dem Sohn, doch die lachten nur. Regina aber fand den Stein so schön, dass sie ihn mitnahm, und sie sagte zu ihrem Mann, dass der Stein ihr Wunschstein wäre. (Schon in der Antike wandelten Menschen verschiedene Steine zu Wunschamuletten um.)

Der gefundene Stein roch aber wie Sprengstoff, Regina konnte den Geruch deutlich wahrnehmen. Sie fragte ihren Mann, ob er es auch riechen könne, worauf ihr Mann sie als verrückt bezeichnete und auslachte. Am Abend kamen alle zum Auto, und Regina legte den Stein zuerst in ein Taschentuch, dann in ihre Handtasche. "Gut, dass ich intuitiv auf die Idee kam, ihn dort wieder herauszunehmen", sagte Regina, denn sie ließ den Stein auf dem Rücksitz des Wagens liegen, als sie essen gingen am Abend.

Als sie eine Weile später zurück zum Parkplatz kamen, sahen sie von weitem schon Rauchschwaden. Es brannte in ihrem Auto! Wie es zu dem Brand gekommen ist, weiß Regina bis heute nicht, aber als sie das Auto aufsperrten, war die Rückbank verbrannt.

Der Stein muss sich irgendwie selbst entzündet haben. Was war das? Hat Regina tatsächlich die Gefahr gerochen? Man weiß ja, dass es möglich ist, auch das zu riechen, was geruchlos sein sollte, z. B. Chakren, Energien, Verstorbene, Zahlen, Buchstaben ... Möglich wäre es. Auf alle Fälle hat sie ihr Mann nach diesem Vorfall nie mehr als verrückt bezeichnet.

Botschaften aus der Zwischenebene

Vor vier Jahren bin ich nachts wach geworden und sah, wie sich ein rötliches Licht im Zimmer ausbreitete. Eine meiner Klientinnen, Sabrina, berichtete über eine ähnlich interessante Begebenheit: "Vor etwa zehn Jahren wachte ich in meinem Schlafzimmer auf, weil es plötzlich sehr hell im Zimmer war. Ich stellte fest, dass zwei Teelichter brannten. Ich konnte mir das aber absolut nicht erklären, weil ich diese Teelichter nie angemacht hatte. Besonders nicht, bevor ich ins Bett zum Schlafen ging. Die Lichter dienten auch lediglich der Dekoration – und das seit mehr als zwei Jahren; in dieser Zeit hatten sie nur am Bett gestanden, unberührt und ungebraucht. Ich stand auf, machte die Lichter aus und ging wieder ins Bett. Zu meiner Verwunderung waren die Lichter in der Früh aber komplett heruntergebrannt. Also müssen sie sich, nachdem ich sie ausgemacht hatte, wieder entflammt und weitergebrannt haben.

Ein paar Tage später ist bei mir nachts um eine Minute vor sechs das Radio angegangen. Ich muss dazu sagen, dass es kein Weckradio war, sondern die Stereoanlage. Das Radio davon habe ich nie benutzt, und die Anlage war auch ausgeschaltet gewesen. Das Radio hat auch keine Fernbedienung. Ich überlege mir bis heute, wer das wohl sein könnte?"

Nach unserem Gespräch stellte sich heraus, dass genau zu dieser Zeit Sabrinas Bruder in einem Krankenhaus starb. Anscheinend verabschiedete sich seine Seele von ihr. Da Sabrina sich früher mit solchen Themen nie befasst hat, kam sie nicht auf Idee, dass es ihr Bruder gewesen sein könnte.

Die Sieben

Wie schon weiter oben erwähnt, hatte ich in meiner Familie mehrere Todesfälle innerhalb einer kurzen Zeitspanne. Dabei ist mir aufgefallen, dass all diese Todesfälle im Datum mindestens eine 7 enthalten. Was steckt hinter dieser Zahl?

Wie alles in der Welt, so haben auch die Zahlen stets eine Bedeutung. Meine Oma, die große Heilerin Russlands, Baba Walja, ist am 07.07.2007 verstorben. Sie war meine Lehrerin, hat mir sehr viel Gutes beigebracht und mich im Heilen unterrichtet. Kurze Zeit nach ihrem Tod habe ich festgestellt, dass auch ihre Mutter drei Siebener in ihrem Todesdatum hatte. Doch was mich noch mehr schockiert hat war, dass alle beide ihr Geburtsdatum sowie ihr Todesdatum mit vielen Siebenern verbunden haben. Beide sind zudem an einem Dienstag geboren und an einem Dienstag verstorben. Was kann das wohl bedeuten?

Hier die Sterbedaten:

meine Urgroßmutter Anastasija	27.08.77
meine Oma Walja	07.07.07
der Großonkel meiner Mutter, Gregori	07.09.07
die Cousine meiner Mutter, Laura	27.09.07
der Onkel meiner Mutter, Nikolai	17.01.08
mein Vater Waldemar	27.01.08

Die Sieben ist eine Transformationszahl. Ist das nicht verrückt?

Ich selbst bin jetzt, im Jahr 2008, 34 geworden, also 3 + 4 = 7.

Die 7 ist eine magische Zahl und spielt bei vielen wichtigen Aspekten unseres Lebens eine große Rolle:

- Wir haben 7 Wochentage.
- Man sagt, das der siebte Sohn des siebten Sohnes heilende Fähigkeiten besitzt.
- Ich bin die siebte Generation von Heilern in der Familie.
- Wir haben 7 Hauptchakren (Energiezentren).
- Nach Hermes haben wir 7 Planetensphären.
- 7 gilt als eine karmische Zahl oder als Schicksalszahl.
- Nach ägyptischer Vorstellung besteht eine Seele aus 7 Schichten und Anteilen.
- Man kennt das verflixte 7. Jahr.
- Wir haben 7 Sinne.
- Letztes Jahr habe ich von meiner lieben Kollegin und guten Freundin Andrea Buchholz ihr Buch *7x7 magische Tipps* bekommen, das nicht umsonst den 7er-Rhythmus benutzt ...
- Es gibt 7 so genannte Hexensteine.
- 7 gilt in der Numerologie als Glückszahl.
- 7 symbolisiert den Menschen und gilt auch als Menschenzahl.
- Ein Mensch hat 7 Lebensphasen, 7 Altersphasen.
- Bei vielen Heilgebeten wird das Gebet "Vaterunser" 7-mal gelesen.
- Das Vaterunser beinhaltet 7 Bitten in sich.
- Man zählt 7 Sünden.
- Es gibt 7 Musiktöne.
- Man spricht vom 7. Sinn.

Demnach ist die 7 eine Zauber- oder Magiezahl und wird oft als heilige Zahl verstanden ...

Eine Kundin schrieb mir einmal: "Lieber Vadim, in meiner Mitgliedsnummer ist 4-mal die 7 enthalten, dies ist bestimmt auch kein Zufall, da ja 7 meine Zahl ist."

Anscheinend ist es aber auch meine Zahl, nur ob das gut oder schlecht ist, kann ich nicht sagen ...

Zahlen im Mond

Ein befreundetes Ehepaar, meine Kundin Dzeni und deren Mann, wollten sich während eines Urlaubes an der Ostsee ein Feuerwerk anschauen, das einen Ort weiter stattfinden sollte. Es wurde immer dunkler, und ein riesiger Vollmond stand über dem Meer an einem wolkenlosen Himmel. Davon bezaubert schaute Dzeni immer nur in den Mond ... bis sie plötz-lich Zahlen sah!

"Ich bat die anderen, sich den Mond anzuschauen und mir zu sagen, was sie dort sehen würden. Alle drei sahen eine Fünf", erzählte Dzeni. Kurze Zeit später sahen alle noch eine Sieben. Keiner wusste jedoch, was das bedeuten könnte. Die Zahlen waren einfach da.

Zur damaligen Zeit war Dzeni 50 Jahre alt. Mit 57 Jahren aber veränderte sich ihr chaotisches Leben von Grund auf, und die Zahlen waren ein Zeichen dafür.

Lebendige Heiligenbilder

In einer kleinen italienischen Stadt wurde 2005 beobachtet, wie eine Madonnenstatue ihre Gliedmaßen bewegte. Tage später sahen die Besucher der Kirche von San Pietro bei Neapel, wie die Figur sogar ihre Knie bewegte. Viele Zeugen haben dies gesehen, und Bilder von dem Wunder waren in den Fernsehnachrichten auf der ganzen Welt zu sehen.

Ein anderer Fall passierte bei Moskau: Eine Ikone vergoss Tränen. Tausende von Gläubigen konnten das sehen.

In der *New York Times* vom Februar 1987 stand: "Tausende drängen sich täglich um die 'weinende Jungfrau' in der kleinen griechisch-orthodoxen Kirche in Chicago." Anfang Dezember 1986 entdeckten Gläubige, dass aus den Augen des Marienbildes Feuchtigkeit austrat. Dies sahen mehrere tausend Besucher der Kirche. Das Bild wurde untersucht und kirchliche Amtsträger sagten, dass kein Betrug im Spiel sei. Für die Tränen hat die Kirche übrigens eine Erklärung gefunden, so die *New York Times*: "Es ist ein Aufruf Mariens an die Welt, den Materialismus durch Spiritualität zu ersetzen."

Eine ähnliche Meldung wurde über die *Associated Press* veröffentlicht, die Folgendes schrieb: "Tausende versammelten sich am 20. Juli 1989 bei Tarpon Springs, Florida, um die Kapelle des heiligen Michael zu besuchen. Der Grund dafür: Gläubige hatten behauptet, dass aus den Bildnissen von der Madonna und dem Jesuskind Tränen tropften."

Noch eine andere Pressemeldung aus *Share International vom* April 1991: "In einer Gemeinde in der Nähe von Los Angeles tropfte seit drei Jahren Öl und später auch Blut aus einem Marienbild." Die vom Vatikan in Auftrag gegebene Untersuchung ergab: "Es soll sich hier um über fünfhundert Jahre altes reines Olivenöl handeln, mit Bestandteilen, die auf der Erde nicht zu finden sind."

Alles nur ausgedacht? Bei mehreren tausend Zeugen wohl eher nicht. Die Presse berichtete unzählige Male über solche Fälle, die untersucht wurden und bei denen kein Betrug festgestellt werden konnte:

New Orleans Times-Picayune (1988)
Tallahassee Democrat (1989)
Youngstown Vindicator (1991)
New York Times (1991)
Orange County Register (1991)
Knight Ridder Newspapers (1992)
Long Beach Press-Telegram (1992)
Baltimore Sun (1992)
San Antonio Light (1992)
Examiner (1992)
Milwaukee Newspaper (1994)
News-Review (1994)

New York Newsday (1994)
San Francisco Examiner (1996)
Toronto Sun (1996)
L'orient le jour, Libanon (1997)
Los Angeles Times (1997)

Dies beweist: Solche Erscheinungen treten regelmäßig auf, und nicht nur Amerika ist dabei vertreten, sondern die weinenden Statuen und Ikonen findet man weltweit.

Indisches Mädchen weint Steine

In der *New Zealand Herald* aus Neuseeland erschien 2004 folgender Bericht: Ein junges indisches Mädchen wurde in die Klinik gebracht. Die Fünfzehnjährige hatte ein außergewöhnliches Leiden: Aus ihren Augen traten kleine Steinchen aus. Es ist auch davor schon berichtet worden, dass bei einigen Menschen Steine aus der Nase oder den Ohren kamen. Das Mädchen berichtete zunächst, dass es unter unerträglichen Kopfschmerzen litt; später traten dann die Steine aus.

Die Ärzte waren ratlos und fanden keine Erklärung dafür. Der medizinische Leiter des Krankenhauses, in dem das Mädchen behandelt wurde, meinte: "Dass Steine aus den Augen austreten, ist ein ungewöhnliches Phänomen, das in keiner medizinischen Literatur erwähnt wird." Man spricht hier von einem manifestierten Wunder.

Ich habe selbst einmal gesehen, wie bei einer Dame unter den Nägeln ständig Holzspäne gezogen wurden. Sie manifestierten sich immer wieder, über Monate hinweg, ohne dass sie mit Holz überhaupt in Kontakt kam ...

Mysteriöse Feuerbälle

Die *Bangkok Post* berichtete am 22. Oktober 2002 über folgende Begebenheit: Tausende Touristen strömten in einen abgelegenen Teil von

Thailand, um ein mysteriöses Phänomen zu sehen: Farbige Feuerbälle schossen in den Himmel.

Die thailändische Regierung veranlasste sogar eine Untersuchung des Phänomens, denn dieses Ereignis tritt jährlich immer im Oktober auf. Einige Wissenschaftler meinten, dass die Feuerbälle durch entflammbare natürliche Gasvorkommen verursacht werden.

Zufälle gibt es nicht!

Ein lieber Klient, Andreas, berichtete: "Ich hatte vor wenigen Jahren ein seltsames Erlebnis, als ich in eine Polizeikontrolle geraten bin. Ich war in meiner Mittagspause essen gegangen, hatte aber keinen Ausweis dabei. Ausgerechnet mich haben die Polizisten natürlich kontrolliert. Der Polizist sagte in scharfem Ton: 'Ihren Ausweis, bitte!'

Als ich mich zu ihm drehte, hörte ich im gleichen Moment eine Stimme im Hintergrund sagen: 'Lassen Sie ihn, ich kenne ihn!' Der Polizist sagte daraufhin nur: 'OK, gehen Sie weiter.' Ich atmete auf. Als ich mich zu der Person umdrehte, die das gesagt hatte, sah ich niemanden. Es war weit und breit niemand da. Dieses Erlebnis ist mir bis heute in Erinnerung geblieben."

Tja, das ist eine sehr interessante Geschichte. Wir vergessen immer wieder unsere Schutzengel, Energien, die uns begleiten und oft vor etwas warnen oder sogar retten und die uns unangenehme Dinge ersparen können.

Ein aussergewöhnlicher Salat

Meine Kundin Sabine, selbst hellsichtig und sehr spirituell, hatte ein Erlebnis, dass sie sich nicht erklären kann: Sie aß einen ganz gewöhnlichen Blattsalat. Plötzlich tauchten daraus zwei blaue kugelförmige Augen auf, die nicht nur für sie, sondern auch für ihre zwei Kolleginnen sichtbar waren. Diese Augen konnten auch mit dem Handy fotografiert werden. In der darauf folgenden Nacht sah sie diese Augen auch im Traum und hörte eine melodische, klare Stimme, die ihr sagte: "Ich schütze dich." Warnung oder Schutz von der höheren Welt?

Dies ist auch wieder einmal ein Beweis dafür, dass uns Engel und andere höhere Wesen begleiten und dass sie sich immer wieder zeigen können. Wir müssen dafür nicht einmal an sie glauben.

Verfärbungen

Eines Tages wollte meine Nachbarin Inge eine Kartoffelsuppe kochen. Sie schälte dazu Kartoffeln und bemerkte das Unerklärbare: Ihr fiel auf einmal auf, dass jede Kartoffel ein Zeichen eingestanzt hatte, eine Art Kreis. Außerdem hat sie in ihrem Zimmer zwei Edelsteinherzen aus Jade hingelegt. Als sie sich diese Steine nach wenigen Tagen ansehen wollte, sah sie, dass sich die Steine dunkelbraun bis schwarz verfärbt hatten. Was könnte das gewesen sein? - Nun, solche Verfärbungen sind meist mit schlechten Energien im Raum verbunden. Die Steine sind in der Lage, Negatives aufzunehmen und zu beseitigen. Man sollte solche Steine im Garten vergraben bzw. sie Mutter Erde für einige Tage zurückgeben.

Was die Kartoffelmuster angeht, so gibt es auch hier eine Erklärung: Die Kartoffelknolle ist eine so genannte Ursubstanz, aus der später die Pflanze entsteht. Die Knolle dient, wie auch ein Korn oder eine Wurzel und natürlich auch ein Ei, dem Leben, der Umwandlung und der Entwicklung. Sie alle sind in der Lage, das Negative zu speichern und zu beseitigen. Nicht umsonst werden Knoblauch und Zwiebeln gegen negative Energien verwendet.

Die Kristallkugel

Eine liebe Kollegin erzählte mir ihre Geschichte: "Es passierte an einem sonnigen Sonntagvormittag im Frühling 2006. Ich hatte am Tag zuvor die Kristallkugel meiner Freundin mit zu mir nach Hause genommen. Einen bestimmten Grund gab es dazu nicht, ich wollte sie nur einmal ausprobieren, ob und was ich darin sehen könnte. Diese Kugel gehörte früher dem Vater meiner Freundin, der bereits seit Jahren verstorben war.

Die Kugel stand über Nacht und bis in die späten Vormittagsstunden bei mir auf dem Tisch - und nichts passierte. Ich ging dann für etwa eine Stunde weg, kam wieder nach Hause, ging ins Wohnzimmer, wo die Kugel auf dem Tisch stand und traute meinen Augen nicht: Die Kugel stand noch immer auf dem Tisch, aber unter der Kugel stieg rundum Rauch hervor. Ich bekam einen Schrecken und nahm die Kugel in die Hand. Sie war kalt und hörte sofort auf zu qualmen. Erst dann sah ich, dass in der Tischdecke unter der Kugel ein etwa zwei Zentimeter großes Brandloch war. Die Einwirkung der Sonne konnte ich ausschließen, da mein Tisch in einer sehr dunklen Ecke des Zimmers steht. Es war so unheimlich, dass ich die Kugel sofort meiner Freundin zurückgegeben habe. Seitdem ist mit der Kugel nichts mehr passiert."

Was passierte hier? Wollte der Verstorbene seine Kugel nicht weitergeben? Sollte diese im Besitz der Tochter bleiben? Diese Begebenheit bleibt unerklärlich ...

Sternschnuppen

"Vor zwei Jahren im Sommer konnte man bei uns im Ort Sternschnuppen beobachten. Das war ein sehr schönes Ereignis, und ich habe mir natürlich etwas gewünscht, als ich sie gesehen habe. Man sagt schließlich, das Gewünschte geht dann in Erfüllung - und der Wunsch ist bereits tatsächlich in Erfüllung gegangen, aber erst nachdem ich vor ein paar Monaten Folgendes geträumt habe: Ich stand auf meinem kleinen Balkon und sah sehr viele Sternschnuppen am Himmel. Die Sternschnuppen fielen direkt auf die Erde. Es war schön und unheimlich. Sie zerplatzten auf der Erde und zerfielen in tausend kleinere Sterne, die am Boden liegen blieben. Ich ging im Traum auf die Straße und sammelte die kleinen Sterne auf. Dabei dachte ich, jetzt muss ich mir doch etwas

Schönes wünschen. Und was habe ich mir gewünscht? Dasselbe wie damals bei den realen Sternschnuppen. Kurz danach erfüllte sich mein Wunsch."

An dieser schönen Geschichte sehen wir, wie wichtig es ist, an unsere Wünsche zu glauben, denn wenn wir in der Lage sind, sie uns als bereits real und verwirklicht vorzustellen, dann gehen sie auch bestimmt irgendwann in Erfüllung.

Der blaue Mann

Zu einer meiner TV-Sendungen, in der ich zwei Bilder von mir gezeigt hatte, hatte ich sehr viel Resonanz. Die Zuschauer stimmten ab, welches von beiden Bildern auf meine neuen Karten aufgedruckt werden sollte. Gewählt wurde das blaue Bild. Eine Zuschauerin berichtete Folgendes: "Lieber Vadim, beim Anschauen des Mannes mit dem blauen Mantel sah ich meinen an einem Herzinfarkt verstorbenen Vater. Er sagte: 'Hier gebe ich dir einen guten Rat für das Leben, jedoch musst du wissen, dass er nur mit deinem Willen zusammen gilt.' Ich habe zwar das Bild nicht von Nahem gesehen, jedoch empfand ich Liebe und Güte. Die Flammen auf dem Bild sagten mir, ich muss mich bewegen. Ich arbeite mit deinen Büchern und Karten und wäre sehr dankbar, auch dieses neue Deck kaufen zu können. Von ganzem Herzen ein großes Dankeschön für deine Sendungen. Ich, wie sicher auch viele andere, können so viel davon lernen."

Feuergeister

Feuergeister sind Naturwesen, mit denen auch Schamanen arbeiten. David aus Hamburg hat eines Abends auch einmal in Ruhe vor einer Kerze meditiert, als er bemerkte, dass sich die Flamme veränderte. Irgendwann sah er kleine Farbflecken in einem ganz tiefen Blau aufsteigen. Er erkannte auch einige Gesichter in der Flamme. David schaute weiter in die Flamme, sie zeigte ringsum eine Art Nebel, es sah aus wie ein kleiner Engel. Der Farbfleck stieg nicht mehr in die Höhe, er lief an der Kerze herunter auf David zu. Er öffnete die Hände und hatte dann ein wunderbares warmes Gefühl. Es fühlte sich so an, als ob jemand sehr zart seine Handrücken streichelte ...

(Denken Sie jedoch bei aller Versunkenheit immer daran, die Kerze auf eine feuerfeste Unterlage zu stellen und sie nach Ihrer Meditation wieder zu löschen!)

Die Schuhe einer Verstorbenen

Eine Kollegin berichtete folgende Geschichte: Es ist etwa zwei Jahre her, seit ihrer Mutter etwas passierte, für das es zum damaligen Zeitpunkt für alle keine Erklärung gab. Ihre Mutter ist über 80 Jahre alt, eine sehr lebenslustige, vitale Frau, die täglich in Bewegung ist. Es passierte an einem ganz normalen, trockenen und schönen Tag, an dem die alte Dame, wie jeden Tag, einen Spaziergang machte. Ohne ersichtlichen Grund fiel sie auf einmal hin. So etwas kann einer älteren Person zwar immer wieder passieren, aber es geschah nicht nur einmal. Die Dame fiel immer wieder zum Boden. Keiner konnte sich erklären, warum das passierte, und auch Ärzte fanden keine Erklärung dafür. Größere Verletzungen trug sie Gott sei Dank nicht davon.

Das Einzige, was aber erst nach ein paar Tagen auffiel, war, dass sie an diesem Tag Schuhe getragen hatte, die sie von ihrer vor Kurzem verstorbenen Freundin mitgenommen hatte. Es vergingen ein paar Monate, und der Vorfall war schon vergessen, bis genau dasselbe wieder passierte. Die Frau hatte an diesem Tag wieder die Schuhe ihrer verstorbenen Freundin an. Sie fiel wieder auf den Boden, doch der Sturz verlief dieses Mal um einiges schlimmer als die ersten Male. Sie trug schwere Rippenprellungen und offene Wunden davon. Es konnte kein Zufall mehr sein. Die Schuhe wurden natürlich weggeworfen, und es passierte nichts Derartiges mehr.

Schuhe speichern tatsächlich Energien durch die Fußsohle des Menschen. Ein lange getragener Schuh ist in der Lage, die von dem Besitzer gespeicherte Energie weiterzuleiten. Ich empfehle meinen Klienten, solche Schuhe am besten wegzuwerfen. Sollten Sie auf die Schuhe angewiesen sein, dann legen Sie für ein paar Tage mehrere Eichenblätter und Zimt in die Schuhe. Anschließend werfen Sie den Inhalt weg.

Karmische Verbindungen

Barbara fährt jedes Jahr nach Griechenland, und die Reisen dahin sind unglaublich karmisch. Sie hat durch diese Reisen viel lernen dürfen. So erlebte sie in Griechenland einen Unfall, erkrankte an Rheuma und lernte dort ihre karmische Liebe kennen.

Solche Erfahrungen waren für sie eigentlich selbstverständlich, ähnlich wie ein Erlebnis in Indien mit einer Kobra: Barbara saß auf der Terrasse vor dem Ayurvedazentrum, als sie auf einmal eine etwa fünf Meter lange Schlange sah, die sich ihr im Garten des Ayurvedazentrums zeigte. Von diesem Tag an hat Barbara immer wieder das Privileg genossen, die Schlange fast täglich zu sehen. Sie hat mit der Kobra gesprochen, obwohl der Guru sagte, diese Art Schlange komme in der Gegend überhaupt nicht vor. Später kam die Kobra auch in Barbaras Träume. Jetzt weiß Barbara, dass es mehrere karmische Wege gibt, die uns oft sogar ins Ausland führen können.

Wir kommen an verschiedene Orte, weil wir dort schon einmal gelebt haben und immer noch etwas zu erledigen haben. Sie weiß auch aus einer schamanischen Reise, dass die Kobra ihr Krafttier ist.

Aura-Soma

Immer wieder bekomme ich Berichte von Kunden über Engel, so berichtete auch Jeanne: “Ich wollte schon lange eine Aura-Soma-Beratung machen, weil mir das eine Beraterin ans Herz gelegt hatte. Sie hat mir dazu geraten, weil ich Kopfweh hatte. Eines Tages war es auch so weit. Auf dem Weg zur Praxis habe ich dann die Engelzeichen gesehen. Ich sah, wie sich die Blätter einer Eiche bewegten und konnte hören, dass die Engel zu mir sprachen. Ich hörte nur: ‘Gabriel und Raphael’. Als ich dann in der Beratung war und die Fläschchen ausgesucht habe, hat mir die Aura-Soma-Beraterin gesagt, dass zwei von meinen vier Fläschchen die Erzengelflaschen sind. Ist das nicht unheimlich? Das waren die Flaschen von meinen beiden Erzengeln."

Der weisse Mercedes

Meine Kundin Lala, selbst ein Medium, erzählte mir eine mystische Begebenheit aus ihrem Leben. Sie nannte sie "die erste bewusste unheimliche Geschichte meines Lebens". Diese Geschichte passierte kurz bevor ihre Oma vor vielen, vielen Jahren starb.

Lala war mit ihrer Mutter im Auto unterwegs. Auf einmal kam ihr ein weißer Mercedes mit Lichthupe entgegen, und sie musste eine Vollbremsung machen. In diesem Moment sagte ihre Mutter: "Was machst du? Wieso bremst du so?" "Hast du den Mercedes denn nicht gesehen?" "Nein, da war überhaupt nichts", sagte die Mutter. Lala war irritiert und sagte: "Dann ist womöglich um diese Uhrzeit Oma gestorben." Und so war es auch. Sie starb genau um die Uhrzeit, als Lala den Mercedes sah. Ihre Oma fuhr übrigens ihr ganzes Leben lang einen weißen Mercedes.

Zahn um Zahn

Eine Zuschauerin ließ mich an einem ihrer Erlebnisse teilhaben. Katrin, so heißt sie, ist eine sehr kreative Frau. Kurz nach ihrer Heirat wurde sie schwanger. "Ich hatte einen guten Bezug zu meinem Vater, sagte ihm jedoch noch nichts davon. Ich wollte ihn erst damit überraschen, wenn ich sicher war, dass dieses Kind gesund zur Welt kommt. Ich war damals über Vierzig, mein Partner war fast 50 Jahre alt. Ich war in der 12. Woche, und nach einigen Wochen erhielt ich endlich ein Attest, in dem stand, dass die Schwangerschaft gut verläuft, die Werte gut sind und das Baby gesund zur Welt kommen wird. An diesem Tag wollte ich es meinem Vater mitteilen.

Mein Vater war herzkrank, und er hätte eine schlechte Nachricht nicht ertragen, deshalb habe ich auf das Attest gewartet. An dem Tag, an dem ich es ihm sagen wollte, besuchte mich eine Freundin, die ich sehr lange nicht gesehen hatte. Sie wollte nach dem abendlichen Besuch bei mir wieder nach Hause fahren. Ich brachte sie also zum Bahnhof und fuhr heim. Ich hatte jedoch ein schlechtes Gefühl und änderte meine Pläne: Ich kam zuerst bei meinem Vater vorbei. Dort angekommen sah ich meinen Vater im Dunkeln sitzen, er sah fern und wirkte unruhig. Ich hörte ihn ganz komisch atmen, ging zu ihm und sah, wie er nach Luft rang! Seine Zunge hing heraus, er zitterte. Ich rief den Krankenwagen.

Der Arzt kam, konnte ihn aber nicht mehr wiederbeleben. Mein Vater starb. Eines kann ich mir nicht verzeihen: Ich war schwanger und sollte keiner Aufregung ausgesetzt sein. Ich betete zu Gott: 'Bitte, lass meinen Vater leben, aber bitte nimm mir nicht mein Kind.' Dann tat ich etwas sehr Böses: Ich bat den Allmächtigen, wenn doch einer sterben müsse - mein Kind oder mein Vater -, dann solle er meinen Vater nehmen. Der Arzt meinte, selbst wenn er neben meinem Vater gestanden hätte, als dies passierte, er hätte nichts für ihn tun können. Es war ein tödlicher Infarkt.

Bei der nächsten Untersuchung musste mir mein Arzt sagen, dass mein erstes Kind bereits seit einer Woche tot sei. Er hörte keine Herztöne mehr. Was wäre, wenn ich Gott nicht gebeten hätte, meinen Vater anstelle des Kindes zu nehmen, wenn er einen von beiden haben wollte. Könnte mein Vater dann noch leben?"

Wie man sieht, auch Worte haben eine Kraft in sich. Ein Wort ist Energie! Katrins Vater könnte aber bestimmt nicht mehr leben, weil es in Gottes Hand lag, ihn mitzunehmen. Schließlich, müssen wir nicht sterben, sondern wir dürfen es ... wenn wir reif genug sind.

Das Leiden

In Russland sagt man, dass, wenn jemand stirbt, man den Verstorbenen bitten kann, die Leiden, die wir haben, mit ins Grab zu nehmen. Einige sagen, dass es am besten wirkt, wenn man den Verstorbenen an der Hand hält und darum bittet.

Es ist schon ein paar Jahre her, da schrieb mich eine meiner Kundinnen an: "Eine gute Freundin von mir ist gestorben, und ich bat sie an ihrem

Grab um Hilfe. Meine Oma hat gesagt, wenn ich Probleme habe, dann soll ich, wenn jemand gestorben ist, an seinem Grab ihn oder sie in Gedanken darum bitten, dass er oder sie mir die Probleme abnimmt und mich erlöst. Das habe ich dann auch getan. Als ich eine Rose auf den Sarg warf, bat ich meine Freundin in Gedanken, mir meine gesundheitlichen Probleme abzunehmen. Plötzlich fühlte ich in mir eine starke Kälte, so dass ich den Friedhof fluchtartig verließ. Es machte mir Angst."

Die Reaktion des Frierens bestätigte Lara den Kontakt zur Freundin. Sie hat so sehr gefroren, merkte aber, dass ihre Haut warm war. "Dieses Gefühl hatte ich schon einmal früher, als meine Eltern mich bei einer Dame durch Gebete besprechen ließen", sagte Lara. Was passierte damals am Grab? Nach Laras Aussage hat sie seit dem Vorfall keine körperlichen Schmerzen mehr gehabt. Sie wurde von ihren Schmerzen erlöst. War es "nur" der Glaube, der Lara heilte?

Ein weiterer Aberglaube besagt, dass man die Ängste vor Verstorbenen verliert, wenn man denjenigen an den Füßen anfasst. Das habe ich selbst getestet, es stimmt. Man bekommt eine unheimliche Ruhe danach und fühlt sich zentriert.

Halten Sie mich nicht für verrückt!

An dem Tag, als der Papst starb, war ich in meiner Praxis. Ich wusste noch nichts davon. "Halten Sie mich nicht für verrückt, ich bin weder besonders gläubig, noch bin ich Katholikin. So viel zu Anfang", sagte mir Dorothea am Telefon. Sie rief mich an und erzählte: "Ich spürte etwas in mir und wusste plötzlich, dass der Papst tot ist."

Abends habe ich dann erfahren, dass er tatsächlich gestorben war. Ich rief Dorothea zurück, und sie erzählte mir, dass er vormittags laut Medienberichten einen Fieberanfall gehabt hatte. Ab diesem Zeitpunkt bekam sie Eingebungen und konnte ihn hören. Jedenfalls hatte Dorothea den Eindruck, dass der Papst sich mit ihr unterhielt. Sie hörte seine Stimme in ihrem Kopf. Sie wusste nicht weiter und rief mich an. Ich erklärte ihr, dass der Tod nicht das Ende ist und man solche Eingebungen bekommen kann, so wurde sie wieder etwas ruhiger. Die Begegnungen mit dem Papst gingen aber über mehrere Tage weiter, und Dorothea berichtete mir täglich ihre Erfahrungen.

"Durch Leiden wachsen wir an uns selbst. Erst auf der nächsten Ebene werden wir echte Freude erleben", sagte sie einmal. Dieses Leben besteht aus Prüfungen. Manche sind sehr hart. Dorothea bekam durch ihre Erlebnisse neue Perspektiven für ihr Leben. "An Prüfungen können wir unser Wachstum erkennen. Unser Tod ist der große Schritt ins nächste Abenteuer. Entweder kommen wir zurück, wenn wir weiter lernen müssen, oder wir steigen höher. Das hat mir der Papst gesagt", sagte sie mir ...

Selbstmordgedanken

Viele Menschen können das Elend dieser Welt nicht ertragen und kommen dadurch leider oft auf Selbstmordgedanken. Es gab einen Fall in meiner Praxis im Jahr 2005. Eine Klientin kam zu mir und sagte, dass sie nie gedacht hätte, dass sie in ihrem Leben so am Ende sein würde. "Ich konnte kein Leid und keinen Schmerz mehr ertragen und wollte mich heimlich von dieser Welt verabschieden", sagte sie mir. "Ich weiß, davon bekomme ich von dir auch noch Schimpfe".

Ich schimpfte nicht. Ich versuchte ihr zu erklären, dass der Tod nur einen Übergang darstellt und dass sie durch die Entscheidung, ihrem Leben ein Ende zu setzen eben kein Ende erreichen würde, denn die Probleme sind dadurch beileibe nicht aufgelöst! Im Gegenteil: Sie kommen in verschärfter Form immer wieder in den nächsten Leben. Zudem landen Selbstmörder in einer Ebene, die die Probleme auf Erden nun wirklich klein erscheinen lässt! Selbstmord ist daher nie eine Lösung, sondern macht alles nur noch schlimmer. Außerdem ist Ihr Leben ein Geschenk von Gott – wer sind Sie, dass Sie sich anmaßen, es einfach wegzuwerfen?!

Die Kundin sagte zudem, dass sie es machen würde, damit alle sich danach Vorwürfe machen. Ich grinste und erklärte ihr das Gegenteil: Alle werden sie eher schnell vergessen, statt sich Gedanken zu machen. So wird sie mit ihrem Tod nichts beweisen. Sie erzählte mir auch, dass sie einen Versuch schon hinter sich habe: "Ich saß abends vor meinem Fernsehgerät und hatte meine Blutdruckmedikamente schon in der Hand, ein paar davon hätten schon genügt und ich wäre im Himmel gewesen. Ich hatte oft den Wunsch, bei meinen Eltern zu sein, damit ich kein Leid mehr ertragen müsste. Doch im Radio lief eine Sendung mit meinem Lieblingsmoderator. Fast zeitgleich erschienen vor meinen Augen die Gesichter meiner Eltern, und sie schüttelten den Kopf. Dann hörte ich, wie sie sagten, ich hätte bei ihnen im Himmel noch lange nichts zu suchen. Ich fühlte mich wie betrunken und fing an zu weinen." Die Eltern hatten Recht. Sie haben ihr in diesem Moment das Leben gerettet. Meine Klientin hat das Gefühl, sie wachen auch heute von oben über sie. Dieses Ereignis war für meine Klientin sehr wertvoll als Erfahrung.

Das kann nicht sein ... oder?

Angelina hatte einen Hund, Rex. Sie kannte diesen Hund und seinen Charakter sehr gut, auch seine Macken waren ihr geläufig. Angelina sagte, dass dieser Hund ihr bester Freud war. Er hat sogar in ihrem Bett schlafen dürfen. Vor zwei Jahren hatte Angelina keine Zeit mehr für ihn und konnte sich nicht mehr um ihn kümmern. Sie musste verreisen und gab deshalb den Hund ihrer besten Freundin zur Pflege, die sich die letzte Zeit auch schon um den Hund gekümmert hatte.

Eines Morgens wachte Angelina auf, ging auf die Toilette und schloss die Tür wie gewöhnlich zu. Auf einmal hörte sie ihren Hund im Flur. "Das kann aber nicht sein", dachte Angelina und schaute nach. Sie sah nichts, dennoch hörten seine Schritte und sein Atmen nicht auf. Am späteren Abend sprach sie mit der Freundin, die den Hund aufgenommen hatte. Sie erzählte, dass der Hund bereits am Tag vorher verstorben war. Er wollte sich aber selbst von Angelina verabschieden.

TV-Phänomen

Meine Kundin Gabriele schickte mir einmal folgende E-Mail: "Nach unserem Gespräch am Montag habe ich mich sehr wohl gefühlt. Parallel dazu war aber mein TV-Video-System verstellt, und nach einigem Hin und Her konnte ich es doch wieder so einstellen, dass ich deine Sendung aufzeichnen konnte. Dann fiel der Kanal kurz vor deiner Sendung aus. Als ich beim Sender anrief, war innerhalb von zwei Sekunden das Bild wieder da. Seit Montag höre ich auch wieder das 'Klopfen' in meiner Wohnung. Es kam jedoch auch früher schon vor. Sobald ich dein Amulett bekam, ging das Klopfen komplett weg. Sollte ich diese Hinweise als ernste Zeichen verstehen, keinen Kontakt zu dir oder deinen Lehren zu haben? Hält mich jemand davon ab?

Ich habe bei dem Wissen, das du vermittelst, ein sehr gutes Gefühl: Ich habe durch deine Sendungen seit einigen Wochen einen immer stärker werdenden Widerwillen gegen bisherige Lebenssituationen und Wege gespürt. Das Gefühl, mich aus bisherigen karmischen Verwicklungen befreien zu wollen, ist geweckt."

Es freut mich immer wieder, Briefe von meinen Zuschauern zu bekommen. Die oben beschriebene Geschichte deutet auf eine Transformation von Gabriele hin. Man verändert sich selbst und seine Umgebung durch neue spirituelle Informationen und zieht damit neue positive Ereignisse und Personen an. Ich höre auch von meinen Schülern, wie sich ihre inneren Welten nach einigen Seminaren verändern. Man wird freier und stellt sich immer öfter Fragen, die man sich früher nie gestellt hätte, wie "Wieso bin ich auf die Erde gekommen?" oder "Was ist der Sinn meines Lebens?"...

Aussergewöhnliche Dinge

In unserem Leben passieren oft Dinge, die wir nicht einordnen können. Meiner Kundin Erika passierten solche Dinge ständig. Sie sieht oft Lichtphänomene in Gold und Silber. Diese Lichter begleiten sie immer wieder auf dem Weg zur Arbeit und zurück nach Hause. Das sind Lichtenergien, die sie schützen. Einmal retteten sie Erika sogar vor einem Autounfall. Sie selbst sagt dazu: "Das sind meine Lichtengel."

Vor ihrem inneren Auge sah Erika einmal auch ein "goldgelbes Auge", das von links nach rechts schaute. Leider konnte sie das angenehme

Gefühl nicht lange halten, doch das Auge erschien noch häufiger. Dieses Auge verrät ihr einige Sachen aus der Zukunft. Sie macht sich immer wieder Notizen zu dem, was das Auge "sagt". Bis jetzt traf alles ein.

Interessant ist auch: Sobald Erika mit jemandem telefoniert, entstehen Störfelder in der Leitung. Sie hat schon versucht, von mehreren Telefonen aus zu telefonieren, doch die Störung besteht weiter. Deshalb bevorzugt sie eher den direkten Kontakt zu Menschen.

Der Lieblingsbaum der Dame

Tomas berichtet: "Ich habe 2006 eine unheimliche Geschichte erlebt. Ich wohnte zehn Jahre lang in einem Haus bei einer alten Dame. Diese Frau hatte einen Lieblingsbaum in ihrem Garten: Sie liebte ihren alten Pflaumenbaum. Er war zwar schon ganz hohl, aber er hatte noch einen großen, lebenden Ast, der im Frühling immer sehr schön blühte. Die Frau sagte öfter: 'Wenn der Baum stirbt, werde ich auch nicht mehr lange leben.'

Vor Weihnachten kam die alte Dame ins Krankenhaus, und es ging ihr immer schlechter. Es schneite in diesem Jahr sehr viel, und Tomas erinnerte sich an ihre Aussage über den Baum. So kehrte Tomas eines Tages den Schnee vom Ast, damit dieser auch ja nicht abbrechen konnte. Im Januar ist die Frau im zweiundneunzigsten Lebensjahr nach einem wirklich erfüllten Leben von uns gegangen. Drei Tage nachdem sie gestorben war, fiel eine Schneelawine vom Dach, und der Baum brach zusammen. Das konnte kein Zufall mehr sein.

Tatsächlich, sind Bäume, die wir selbst pflanzen, energetisch mit uns verbunden. Man sagt nicht umsonst, dass, wenn man krank ist, man einen Baum pflanzen soll, denn so verdoppelt man die eigene Lebensenergie. Auch die Schamanen sagen, dass wir eins sind mit der Natur. So bleiben wir mit unserem Baum verbunden. Die alte Frau wusste das.

Ich kenne noch mehrere solcher Fälle. Besonders starke Reaktionen kann man bei Walnussbäumen ablesen. Wenn der Mensch, der den Baum gepflanzt hat, stirbt, bringt dieser Nussbaum in diesem Jahr keine Nüsse mehr hervor. – Ist das nur Aberglaube? Nein, ist es nicht.

LICHTTALER

"Lieber Vadim, auf jeden Fall möchte ich Ihnen zuerst Folgendes sagen: Machen Sie weiter so, erzählen Sie in Ihrer Sendung von den Weisheiten, lesen Sie Mails vor in jeder Stunde und die Menschen werden Sie kontaktieren. Erklären Sie uns alles, was es zu erklären gibt", so fing eine Mail von meiner Zuschauerin Ursula an. Tatsächlich erkläre ich vieles in meinen Sendungen, und solche Mails machen mir Mut. Es freut mich riesig, wenn Zuschauer etwas aus meinen Sendungen mitnehmen können. Das ermutigt mich, weiterzumachen.

Ursula hat mir jedoch auch eine interessante Geschichte zugeschickt. Sie erzählte, dass, seit sie regelmäßig meditiert, sich der Kerzenschein vor allem im Dunkeln verändert: Sie sieht die Energie der Flamme. Diese verändert sich fast täglich und versucht Ursula Informationen zu geben. Außerdem sah sie, als sie eines Tages in der Kirche war und auf das Kirchenfenster schaute, auf einmal einen hellen Lichtstrahl. Der blitzschnelle, blendend weiße Lichtstrahl kam mehrere Male mit hoher Geschwindigkeit. Dann war er wieder weg.

Zuhause, kurz danach, passierte ihr dann Folgendes: "Ich lag im Bett und schlief fest, dann erwachte ich plötzlich und öffnete meine Augen. Ich hatte das Bedürfnis, sofort nach oben schauen zu müssen, und plötzlich fielen lauter Lichttaler von oben herab direkt in mein linkes Auge." Es waren viele, sehr helle Lichttaler, die Ursula blendeten. Dann waren sie weg. Aber Ursula war nun hellwach - und das mitten in der Nacht. Es war wie ein Energieschub. Ursula fühlte eine starke Energie im ganzen Körper und konnte anschließend bis morgens nicht mehr einschlafen. Ich erklärte Ursula, dass sie anscheinend selbst ein starkes Medium ist und Energien aus dem Universum bereits unbewusst aufnimmt. Auch Feuergeister können einen solchen Energieschub verursachen ...

Gerätestreik

Nun vielleicht eine nicht so mystische, jedoch interessante Geschichte. Vor mehreren Jahren ging auf einmal mein Kühlschrank kaputt, und ich dachte: "Na toll, das war's dann." Ein paar Tage später ging er aber plötzlich wieder. Kurz danach gab mein Videorecorder den Geist auf, und auch hier: Ein paar Tage später funktionierte er zu meiner Überraschung wieder. Wieder nach ein paar Tagen fiel in der gesamten Wohnung ständig der Strom aus, die Sicherung flog jedoch nicht raus. Wieder eine Woche später fing schließlich auch noch der Fernseher an zu streiken. So verging viel Zeit. Mit allen Geräte in meiner Wohnung habe ich dieses Theater durchgemacht.

Vielleicht gibt es eine logische Erklärung dafür, aber für mich war das äußerst seltsam. Vor allem, da alles genau in der Zeit passierte, als ich mich verstärkt mit Geistheilen und Kartenlegen beschäftigte ...

Mein Ausland

Vor vier Jahren zog ich aus mehreren Gründen für einige Zeit wieder ins Ausland. Auch jetzt lebe und arbeite ich, wie Sie vielleicht wissen, in der Schweiz am Bodensee. Der Umzug damals hat mich viele Nerven gekostet. Es fing alles damit an, dass der gesamte Umzug um fast vier Wochen verschoben werden musste. Ein Bekannter, der damals mit seinem Auto aus dem Ausland kommen sollte, wollte mir helfen beim Umzug, aber kurz vor den Termin hatte das Auto einen Unfall. Mein Bekannter nahm daraufhin ein anderes Fahrzeug und kam. Zu unserer Enttäuschung blieb aber auch dieses, mit Möbeln voll beladene Auto stehen - Motorschaden. So gingen wir zu Plan B über, ein Umzugsunternehmer musste her. Doch damit war der Ärger nicht vorbei. Ich suchte vergeblich nach einem Nachmieter für die alte Wohnung. Alles dauerte, und ich hatte die Hoffnung schon fast aufgegeben, als sich eine Woche vor meinem Umzug doch neue Mieter meldeten. Aber es ging noch weiter: Die alte Wohnung haben wir gestrichen, doch in der Küche fiel die ganze Farbe einfach wieder ab. Der Schaden musste natürlich behoben werden, und ich habe mich endlich auf die neue Wohnung gefreut.

Lange dauerte meine Freude jedoch nicht an: Es kam der Tag, als meine neuen Möbel geliefert wurden. Zuerst kam die Couch, eine weiße Ledercouch, die mir sehr gut gefiel ... bis ich an der Seite riesige Kratzer entdeckte, die erst Wochen später ausgebessert wurden. Dann kam der Tisch fürs Büro. Nach dem Auspacken entdeckte ich, dass die Tischplatte eingeschlagen und beschädigt war. Der Tisch musste ausgetauscht werden. Bis es soweit war, waren fünf Wochen vergangen. In dieser Zeit habe ich meine Vorhänge anfertigen lassen. Doch als ich sie aufhängen wollte, entdeckte ich, dass sie zu lang waren, obwohl sie von der Schneiderin selbst ausgemessen worden waren. Sie konnte sich nicht vorstellen, wie so etwas passieren konnte, hat sich entschuldigt und alle Vorhänge ausgebessert. Als Krönung kam mein neuer Fernseher. Die Lieferanten stellten das Gerät hin und gingen. Als ich einige Minuten später den Fernseher ansah, entdeckte ich, dass er völlig verkratzt war. Die Firma hatte versehentlich ein altes Ausstellungsstück anstelle des neuen Gerätes geliefert. Natürlich wurde der Fernseher auch wieder ausgetauscht.

Ist das alles nur Zufall? Doch sind das nicht zu viele Zufälle auf einmal? Oder wollte mein Schicksal nicht, dass ich ins Ausland ziehe? Denn im Ausland erlebte ich einige unschöne Vorfälle. Wenn ich in Amerika bin, kommen oft grausame Geschichten vor. In New York beispielsweise sind wir vom Taxifahrer überfallen worden. Er nahm das Geld und fuhr weg. Wir konnten uns jedoch noch das Kennzeichen notieren und gingen damit zur Polizei. Dort hörten wir, dass der Fahrer seit Jahren von der Polizei gesucht wird, doch keiner konnte sich bis jetzt das Kennzeichen merken. Der Taxifahrer wurde gefasst, und wir bekamen unser Geld zurück. Auf der gleichen Reise blieben wir in der U-Bahn fast zwei Stunden stecken, und abends wurden zwei Personen vor unserem Hotel erschossen. So ging die Reise weiter nach Miami.

Dort genossen wir die Tage, doch genau gesagt nur zwei Tage ... Dann kam der Wirbelsturm. Alle wurden evakuiert. Wir hatten einen Wagen gemietet und fuhren selbstständig ins Landesinnere. Das war eine Reise, sage ich Ihnen!

Ich war seitdem fast jedes Jahr in den USA, und jedes Mal erwischte ich Stürme, Erdbeben und einmal sogar eine Überflutung. Mir kam es so vor, als ob ich diese Dinge buchstäblich anziehe. Doch dann kam ich auf eine andere Idee: An den Orten, wo ich mich aufhielt, passierte so gut wie nichts, der Sturm traf nicht direkt die Stadt, und die Überflutung brachte Elend und Zerstörung nur viel weiter von unserem Ort entfernt.

Auch Jahre später in der Dominikanischen Republik passierte dasselbe: Bei einer Reise wurde mein Fleck wieder vom Sturm ausgespart, und bei der zweiten Reise gab es eine Überflutung mit tausenden Toten, aber wiederum nicht dort, wo wir waren. Die ganze Region stand unter Wasser, nur nicht der Ort, an dem wir unseren Urlaub verbrachten ...

Die Frage ist natürlich, was bewirkt jeder Mensch mit seiner Energie an einem Ort? Ist das alles nur ein dummer Zufall, oder steckt etwas Geheimnisvolles dahinter? Ich habe meinem Schicksal damals wie auch heute blind vertraut und bin immer wieder nach Übersee gereist. Denn alles, was passiert, hat einen Sinn. Wir müssen dadurch oft zu uns finden und Vertrauen lernen. Vertrauen ist der Glaube an das, was sich nicht beweisen lässt ...

Das Zeichen

Eine ganz liebe Kundin, Halina, erzählte mir, dass sie vor ein paar Jahren aus ihrer Stadt weggezogen ist. Sie zog in die Nähe ihrer Tochter, die selbst eine kleine Familie hat. So kam es, dass der Kontakt zu allen Freunden weniger wurde. Halina hielt nur den Kontakt zu einer besonderen Freundin aufrecht, und sie telefonierten nach wie vor fast täglich. Vor einem Jahr erlebte sie einen Schock: Sie erfuhr, dass die Tochter sich das Leben genommen hatte. Die Freundin kam damit leider nicht zurecht, weshalb auch sie sich das Leben nahm durch Erhängen. Ich muss dazu sagen, dass Mutter und Tochter schon eine Weile wegen irgendwelcher Unstimmigkeiten keinen Kontakt mehr hatten. So erfuhr sie von dem Tod ihrer eigenen Tochter von der Freundin.

Sie bekam diese Nachricht an einem Freitag, und seitdem erscheint auf ihrem Telefon, immer am Freitag, die alte Telefonnummer der Freundin. Diese Nummer existiert nicht mehr, aber sie erscheint immer bei ihr, gerade so, als ob sie jemand angerufen hätte. So blieb dieser Tag in Erinnerung.

Halina war nicht auf der Beerdigung erwünscht und trauerte still zu Hause. Später, nach einem Jahr, besuchte sie das Grab ihrer Tochter und nahm erst dann Abschied von ihr. Erst dann sah sie die Telefonnummer nicht mehr auf dem Display. Die Nummer war bestimmt ein Zeichen ihrer Tochter.

Einen anderen Fall erlebte ich selbst 2006. Einer meiner Bekannten nahm sich leider auch das Leben durch Erhängen. Er bereitete seinen Tod lange Zeit vor und überschrieb seine Güter schon vor einiger Zeit an seine Frau und die Tochter. Keiner merkte etwas und keiner wusste, dass so etwas passieren würde. Keiner ahnte auch von der Überschreibung. An dem Tag, an dem es passierte, rief ich ihn an. Ich wusste nicht warum, wieso und weshalb ich ihn anrief. Ich hatte einfach ein ungutes Gefühl und einen unerklärlichen Drang dazu. Längere Zeit ging niemand ans Telefon, sein Handy, dann wurde abgehoben, und ich hörte im Hintergrund eine verzweifelte weinende bzw. heulende Stimme, die fast ins Handy geschrien hat: “Ich konnte ihn nicht retten!” - die Stimme seiner Frau.

Währenddessen zog ich eine Karte aus dem Lenormand-Kartendeck ... Es war die Sargkarte, also die Todeskarte. Ich mischte die Karten erneut und zog dieselbe Karte wieder zwei Mal. Dann war ich davon überzeugt, dass der Bekannte sich das Leben genommen hatte. Die Stimme an anderem Telefonende war immer noch nicht in der Lage, mir etwas zu erklären. Die Frau fand den Erhängten in demselben Moment, als sein Handy geklingelt hatte. War das ein dummer Zufall, dass ich dort sekundengenau zu dieser Zeit anrief und dass ich die Todeskarte drei Mal nacheinander zog? Ich denke nicht ...

Priester des Lichts

Es gibt mehr Dinge zwischen Himmel und Erde, als wir mit unserem Verstand erkennen können. Dazu gehört auch Daniel Dunglas Home – ein wahres Medium. Home wurde 1833 in Schottland geboren. Unter den Augen zahlreicher Zeugen konnte er Tische und sich selbst schweben lassen. Er war auch in der Lage, glühende Kohle in seinen bloßen Händen zu halten, und er war der beste Magier des 19. Jahrhunderts. Obwohl sein Name heute nicht allzu bekannt ist, begeisterte er Zuschauer mit verschiedenen paranormalen Kunststücken, wie Levitation (das freie Schweben) oder Hellsehen sowie mit heilenden Kräften. Bis heute ist Homes Leben von einem mysteriösen Schleier umhüllt. Sobald er einen Raum betrat, bewegten sich oft Möbelstücke auf mysteriöse Weise.

In einem gut beleuchteten Raum ließ er vor den Augen von verschiedenen Forschern einen Tisch herumwandern, obwohl er sich nicht in der Nähe des Tisches befand. Als drei Beobachter sich auf den Tisch setzten, schaukelte er immer noch weiter. Keiner konnte eine wissenschaftliche Erklärung zu diesem Phänomen finden. Zeugen beobachteten mit Erstaunen immer wieder, wie Home sich über den Boden erheben konnte. Wenn ihn jemand herunterziehen wollte, wurde er ebenfalls in die Luft gehoben.

Während seiner Séancen konnte Home beliebig oft in der Luft schweben und Jenseitskontakte herstellen. 1857 veranstaltete er sogar für Napoleon III. und dessen Kaiserin Eugénie eine Séance in Paris. Alle waren begeistert! 1868 aber vollbrachte Daniel Dunglas Home in London seine wohl berühmteste Vorführung: Er lief in seinem Apartment umher und erhob sich in die Luft, schwebte kurz danach aus einem Fenster und flog durch ein anderes Fenster wieder herein!

Während vieler seiner Demonstrationen hielt er sein Gesicht in offenes Feuer, was aber keine sichtbaren Spuren hinterließ. Dieser Magier verblüffte viele und wurde als Priester des Lichts bezeichnet.

Unsichtbare Hilfe

Hier ein sehr interessanter Bericht einer Anruferin: "Lieber Vadim, ich hatte letzten Herbst ein seltsames Erlebnis und möchte es dir gerne schildern. Ich lebe auf dem Land und habe ein Häuschen geerbt. In meinem Garten kann ich mich nach der Arbeit immer sehr gut entspannen. Ich ging eines Tages in meinen Garten hoch, um die Hasen zu füttern. Um in den Garten zu kommen, muss man etwa 30 Stufen hochlaufen.

Als ich oben bei den Hasen stand, bin ich rückwärts weggerutscht und gestürzt. Doch auf einmal war, wie von unsichtbarer Hand, eine Wurzel da, die aus der Erde herausschaute. So konnte ich mich an ihr gerade noch festhalten. Ich hatte in diesem Moment das Gefühl, als hielte mich die geistige Welt an den Füßen fest. Gleichzeitig hatte ich eine eigenartige Vision von einem Erlebnis: Ich half einem Mann im Garten und rettete ihm sein Leben. Er stürzte und ich hielt ihn an den Füßen fest ...

Ich stand auf und musste feststellen, dass keine Wurzel mehr zu sehen war. Heute bin ich überzeugt, dass auch diese Vision bestimmt ein Ausschnitt aus einem Vorleben war. Dieses Erlebnis hat mich bis heute nicht losgelassen."

Klarissas Flug

"Im letzten Jahr waren wir mit unserem Auto im Spätsommer unterwegs. Wir hatten schon die rötliche Abendsonne vor uns, als ich meinen Mann anzuhalten bat. Wir schauten fasziniert in die Sonne und merkten, wie sich direkt vor der Sonne eine Wolke gebildet hatte. Diese Wolke sah wie das Logo einer bekannten Fluggesellschaft aus.

Ein paar Monate später bekam ich einen Hilferuf aus dem Ausland. Meine Mutter musste dringend ins Krankenhaus und brauchte mich für ihre Tiere. Mein Mann suchte im Internet nach einem günstigen Flug. Doch alle Fluge waren ausgebucht. Eine Stunde später schaute mein Mann noch einmal ins Internet und fand einen Flugplatz genau bei der Fluggesellschaft, deren Zeichen ich als Wolke gesehen hatte. So bekam ich einen Flug für einen Spottpreis angeboten und saß einige Zeit später im Flieger."

Liebe Leser, wir sehen oft solche oder ähnliche Zeichen und müssen dafür nicht einmal hellsichtig sein. Wir sollten jedoch versuchen, diese Zeichen nicht zu verdrängen, sondern sie einfach anzunehmen. Es kann immer eine nützliche Information in diesen Zeichen verschlüsselt sein.

Mumu

Am 9. März dieses Jahres starb Jessicas kleiner Hund Mumu. Nach seinem Tod hat sie sich ein Video angesehen, auf dem sie mit Mumu zusammen spielte. Sie konnte sich sehr schwer von dem Hund lösen, denn er war ein echter Freund gewesen. Sie sah sich das Video mehrmals an, weinte und war sehr traurig. Beim zweiten Mal ist ein Marienkäfer in die Wohnung geflogen und auf den Boden gefallen. Jessica hob ihn hoch und setzte ihn auf das Fensterbrett. Am nächsten Tag hat sie das Video gemeinsam mit ihrer Tochter erneut angesehen. An dem Tag flogen weitere Marienkäfer ins Fenster. Dies passierte insgesamt neun Mal und nur dann, wenn Jessica ihr Video ansah.

Einen Tag später wollte Jessica aufräumen. Sie war immer noch traurig und weinte um ihren Hund, da fiel plötzlich Mumus Plüschdecke aus dem Schrank - und darauf saß ein Marienkäfer. Ein paar Sekunden später spürte Jessica ein warmes Kitzeln an ihrer Nase, dort wohin Mumu ihr früher immer einen Kuss gegeben hatte. Nun verstand Jessica die Zeichen, dass es Mumu gut geht.

Geopatogene Zonen

1998 habe ich zufällig eine Wohnung in München-Schwabing besichtigt, die seit 30 Jahren nicht vermietet worden war. Alle Leute, die zuvor in dieser Wohnung gelebt hatten, waren auf mysteriöse Weise erkrankt oder sind gar gestorben. Beim Betreten der Wohnung fühlten viele Menschen die Schwere in der Luft und eine Energielosigkeit im Körper, bekamen Hämatome im Gesicht und hatten Schmerzen in den Gelenken. Diese Wohnung befindet sich in einer so genannten geopatogenen Zone.

Was ist eine geopatogene Zone?

In solchen Zonen hält sich die geistige Welt auf; somit macht sie diese Zone unbewohnbar. Ausgeprägte Wasseradern oder erdmagnetische Felder sind hier oft anzutreffen, genauso geologische Besonderheiten und geoenergetische Gitter.

Das geoenergetische Gitter spaltet die Wissenschaftler: Je nach Vorstellung variiert die Größe dieser Gitter zwischen 2 bis 20 Meter. Die Wände dieser Gitter bestehen aus so genannten magnetischen Fäden, die zum Magnetfeld der Erde gehören. Die Schnittstellen des Gitters sind besonders gefährlich, da sich dort sehr viele Elektronen, Ionen und Gasmoleküle befinden, was eine besondere Strahlung erzeugt. Diese magnetischen Fäden verlaufen exakt von Norden nach Süden.

Das es gute und schlechte Plätze gibt, wussten die Menschen schon im Altertum. Das bestätigen auch alte Skripte, die aus der ganzen Welt stammen. Man hat auch schon damals bemerkt, dass an solchen "schlechten" Plätzen einige Baumarten, wie Birken, Linden oder Buchen, erkrankten; sie wurden von Parasiten befallen. Auch Sträucher wie Johannisbeere, Heidelbeere und Himbeere mögen diese Zonen überhaupt nicht. Birnen- und Apfelbäume verloren viel zu schnell ihre Blätter, Efeu wächst dort sehr langsam und Rhododendren sterben komplett ab.

Die Beobachtungen haben ergeben, dass solche Plätze oft von Blitzen angezogen bzw. getroffen werden. Russische Wissenschaftler haben mittlerweile auch bewiesen, dass sich in solchen geopatogenen Zonen die Getreideernte um das Dreifache verringert. Auch Menschen und Tiere sollten diese Zonen meiden (ausgenommen Katzen, Reptilien, Spinnen und Bienen), da sie krank machen können.

Man unterscheidet

- natürliche, d. h. von der Natur erschaffene Zonen, wie z. B. Wasseradern, Kohle- oder Grundwasservorkommen und Stellen, an denen Meteoriten eingeschlagen sind,

und

- unnatürliche Zonen (Kohlebergwerke, Raffinerien, U-Bahn, Masten, Mülldeponien und Friedhöfe).

Bei Friedhöfen hat man beobachtet, dass es öfter zu Aus- und Umzügen in den nahe liegenden Wohngebäuden kommt.

Die geopatogenen Zonen beeinflussen unter anderem den Stoffwechsel und unseren persönlichen Biorhythmus. Nach neuesten Erkenntnissen der Wissenschaft können diese Zonen sogar eine Zellveränderung sowie Veränderungen der genetischen Struktur hervorrufen. Des Weiteren konnte man negative Schwingungen regelrecht spüren.

Glühbirnen

Kann es energetische Ursachen haben, wenn immer wieder mehrere Glühbirnen im Haus durchbrennen? Ja, es kann damit zusammenhängen, solche Fälle sind bekannt. Bei einer Bekannten von mir brannten täglich Glühbirnen in der Anliegerwohnung durch, wo früher ihre Mutter gelebt hat. Seit die Mutter ein paar Monate zuvor in dieser Wohnung gestorben war, ging es mit den Glühbirnen los. Jeden Abend gingen Glühbirnen im ganzen Haus kaputt, man hat Geräusche gehört und immer wieder fiel Geschirr auf den Boden. Alle Hinterbliebenen waren entsetzt und ratlos. Nach einer speziellen Reinigung mittels Weihrauch und Gebeten endete das Phänomen in der Wohnung.

Dieses Phänomen erlebte ich jedoch öfter. So lagen die Ursachen für die durchgebrannten Glühbirnen in einer anderen Wohnung an der Energie eines lebenden Menschen. Katja, ein kleines Mädchen, hatte zu viel Energie in sich, und wenn sie in einem Zimmer war, flackerte das Licht.

Wenn man selbst starke Energien in sich trägt und sie nicht verwendet, werden sie angestaut. Irgendwann werden diese Energien dann, ähnlich wie bei einem Vulkan, einfach aus dem Körper "ausgestoßen". Solche "Entladungen" können dann Elektrogeräte oder Lampen beeinflussen oder gar zerstören.

Ich habe in meinem Leben mehrere weltliche Berufe gelernt und ausgeübt: Ich war in der Gastronomie tätig, absolvierte Ausbildungen zum Fotografen, Fotolaboranten, Zahntechniker und Heilpraktiker. Ich verband jede dieser Tätigkeiten mit meiner Spiritualität, bis aus dem spirituellen Hobby ein Beruf wurde. So habe ich in den neunziger Jahren ein Gewerbe fürs Kartenlegen und energetische Heilen angemeldet und begann, damit zu arbeiten. Das löste eine richtige Kettenreaktion aus, die Leute kamen immer öfter - jeder natürlich mit seinen eigenen Problemen.

Ich behandelte die Menschen in meinen Räumen energetisch, doch immer wieder kam es zu seltsamen Zwischenfällen. Zuerst platzte eines Tages plötzlich mein Aquarium, so dass das ganze Wasser auf den Boden floss und ich die Fische gerade noch rechtzeitig retten konnte. Ein paar Tage danach platzte plötzlich während eines Gespräches eine Fensterscheibe. Dazu kamen verschiedene unangenehme Geräusche und ab und zu sogar unerträgliche Gerüche, die von scheinbar nirgendwoher zu kommen schienen ... Ich war entsetzt und begann, die Räume mit Weihrauch, Eiern, Gebeten und Feuer zu reinigen (Genaueres zu diesem Thema finden Sie beispielsweise in meinem Buch *Das geheime Wissen ...*). Mein Gedanke war: Durch den Energieaustausch und die Belastungen der Klienten sind einige negative Energien in den Räumen verblieben. Diese musste ich beseitigen.

Wolfs- oder Vogelkinder

Hier eine ganz frische Geschichte vom Februar 2008, die in Wolgograd/Russland beobachtet wurde. Die *Pravda* berichtete: "Vergangene Woche machten russische Behörden in einer Zwei-Zimmer-Wohnung in Wolgograd eine bizarre, seltene Entdeckung: Ähnlich wie die berühmten Wolfskinder, wuchs hier ein siebenjähriger Junge unter Vögeln auf." Die Zeitung meldete, dass der Junge nie die menschliche Sprache erlernt hat. Wenn man ihn ansprach, reagierte er nur mit Vogellauten. Wenn er sich falsch verstanden fühlte, flatterte er mit seinen Armen wie ein Vogel mit den Flügeln. Mittlerweile wurde der Junge in einem Kinderheim untergebracht und bekommt psychologische Betreuung.

Solche Fälle sind keine Seltenheit. Insgesamt sind rund 60 Fälle von so genannten Wolfskindern bekannt.

Yeti & Co

Yeti, Schneemensch, Almas, Momo, Bigfoot – all diese Namen bezeichnen ein weltweites Phänomen, eine Mischung aus Tier und Mensch, den "Affenmenschen" oder Schneemenschen. Augenzeugen berichten dabei von einem über 2,5 Meter großen Menschen, der sich bis heute nie erwischen ließ. In Russland ist dieses Phänomen sehr bekannt; besonders in Sibirien wird der "Schneemann" immer wieder gesichtet. Doch nicht nur in Sibirien, sondern auch in Australien, Südamerika, Vietnam, China, Tibet und Nordamerika findet man unheimliche Geschichten von Begegnungen mit diesen Schneemenschen. Und das seit Jahrtausenden!

In Russland nennt man diese Affenmenschen *Snegnji Tchhelowek*, in Amerika bezeichnet man sie als Bigfoot und die Ureinwohner Kanadas kennen ihn unter dem Namen Sasquatch. Man fand immer wieder die Spuren, die über 35 bis 40 Zentimeter lang und über 20 Zentimeter breit sind, und machte mehrere Videoaufnahmen von diesen Menschen oder Tieren.

Weltweit suchen Kryptozoologen nach den legendären Affenmenschen, und es existieren eine ganze Reihe von Organisationen, die die Spuren erforschen. Fast alle sind von der Realität des "Bigfoot" überzeugt. Doch diese Forschung ist ein schwieriges Unterfangen und muss sich meistens mit Fußabdrücken und obskuren Film- und Fotoaufnahmen zufrieden stellen.

Man findet in der Presse genügend Berichte über diese Menschenaffen. Bloß warum konnte man sie bislang nie erwischen? Hier gibt es eine sehr interessante Theorie: Schneemenschen kommen aus einer anderen Dimension und durchbrechen die Grenzen zu unserer Dimension nur kurzfristig. Das heißt, sie kommen und zeigen sich, wenn sie aber merken, dass wir sie gesichtet haben, gehen sie wieder in ihre Dimension zurück, so dass wir sie nicht erwischen können. Sie verschwinden oft vor unseren Augen ... Ist an dieser Theorie etwas dran? Entscheiden Sie selbst.

Vitosha-Geister

Vor Kurzem besuchte Rosalia das in der Nähe der Stadt Sofia gelegene Vitosha-Gebirge. Der Vitosha-Nationalpark ist mit 1800 Metern Höhe gleichzeitig das höchstgelegenste Skigebiet in Bulgarien. An einer bestimmten Stelle hatte sie vor einiger Zeit schon einmal einige Waldgeister gesehen. Sie kommen als Nebel, verändern und verformen sich jedoch immer wieder. Neulich sah sie dort vor einem Baum auch ein weißes Licht. Es sah wie eine riesige Schneeflocke aus. Aber es war im Sommer. Das könnten ihre Engel gewesen sein, denn sie hat diese Art von Energie dann auch noch öfter gesehen.

Waldgeister gibt es in jedem Land. Das sind Naturgeister, die im Wald beheimatet sind. Die geläufigen Namen dieser Geister haben Sie bestimmt schon einmal gehört: Feen, Elfen oder Gnome. Das sind Lichtgestalten, die seit Jahrhunderten nicht nur durch unsere Märchen wandern.

Unheimliche Bilder

“Meine Geschichte passierte schon vor einigen Jahren, ich kann sie aber nicht vergessen. Die Begebenheit war so real ...”, fing Dascha an zu erklären. Dascha, eine Frau Mitte 40, ist sehr gläubig. Sie interessiert sich daneben auch für Astrologie und Naturheilkunde, und so hat sie meine Bücher und auch noch viele andere über spirituelle Themen gelesen. Selbst hat sie jedoch nie etwas in dieser Richtung ausgeübt oder praktiziert.

Daschas Vater starb 1980, und auch nach seinem Tod hatte sie immer noch einen guten Kontakt zu ihm. Bei sich zu Hause hat Dascha einen Raum eingerichtet, wo sie jeden Tag meditiert, dort richtete sie sogar einen Altar für ihren Vater ein. In einem anderen Raum hat sie ein älteres Blumenbild an der Wand hängen. Bei genauerem Betrachten des Bildes entdeckte Dascha, dass ihr Vater sie aus dem Bild heraus anschaut. Sie erkannte sein Gesicht ... und traute ihren Augen nicht.

Dascha dachte, dass das nur eine Täuschung sein könne. Aber auch andere Familienmitglieder konnten das Gesicht auf dem Bild erkennen.

"Seit dieser Zeit sind aber noch mehr von meinen Angehörigen verstorben, und auch diese befinden sich jetzt auf dem Bild", erzählte Dascha weiter. Sie sah ihre Schwiegereltern, ihre Tante Lisa und ihre Mutter Lussy sowie auch die Mutter Maria auf dem Bild. Für Dascha ist es sehr beruhigend, dass sie die Gesichter auf dem Bild sieht.

2007 habe ich einen Jahreskalender auf den Markt gebracht. Das erste Bild davon, das Bild eines Engels, entstand auf eine sehr merkwürdige Art und Weise. Ich male seit Jahren, vorwiegend zur Entspannung, so auch damals. Das Bild sollte Rauch und Wind zeigen, in einer abstrakten Form. Plötzlich klingelte das Telefon. Ich hielt den Pinsel in der rechten Hand und hob den Hörer mit der linken Hand ab. Am Telefon war Helga, die Frau von einem meiner Mitarbeiter, Gabor. Sie sagte mir, dass ihr Mann vor einigen Stunden verstorben sei. In dem Moment, als sie dies sagte, fiel ein Tropfen Wasser vom Pinsel auf das Bild und zerfloss ...

Ich achtete jedoch nicht weiter darauf, sondern legte mein Bild zur Seite und unterhielt mich mit Helga. Erst Stunden später nahm ich das Bild wieder zur Hand und sah es an. Aus dem Bild sah mich ein männliches Gesicht an, es war genau an der Stelle, auf die der Tropfen gefallen war - und es war das Gesicht des Verstorbenen.

Seine Frau sagte mir, dass sie bei einer Fortbildung gewesen und Gabor vor dem Fenster hatte stehen sehen. Diese Fortbildung war jedoch 400 Kilometer von ihrem Zuhause entfernt gewesen. Also konnte er nicht da sein. Sie rannte aus dem Raum, fand aber niemanden. Dann rief sie zu Hause an, doch Gabor ging nicht ans Telefon. Erst danach rief sie seine Mutter an und schickte sie zu sich nach Hause. Die Wohnungstür stand offen. Die Mutter kam in die Wohnung und fand Gabor auf dem Boden liegend. Daraufhin rief Helga sofort mich an.

Nach ein paar Tagen fand die Beerdigung von Gabor statt. Später wollte ich mein Bild fertig stellen. Ich nahm es in die Hand und staunte: Auf dem Bild waren noch weitere Gesichter und ein Flügel zu sehen. Ich besserte das Bild etwas aus und malte einen Engel. Das Gesicht von Gabor bekam also noch zwei Flügel.

Entmaterialisierte und materialisierte Gegenstände

Ich habe neulich auch selbst etwas Seltsames erlebt. Ich war in meinem Arbeitszimmer und schrieb an meinem Buch. Ich mache gewöhnlich sehr viele Notizen und schreibe sie dann um, wie es viele Autoren tun, damit die Ideen nicht vergessen werden. Also nahm ich einen Zettel in die Hand und wollte lesen, was ich notiert hatte. Plötzlich riss etwas den Zettel aus meiner Hand ... Er fiel, kam aber nicht am Boden an, sondern der Zettel löste sich sozusagen in Luft auf! Dass er irgendwo klemmte oder festhing, konnte ich ausschließen.

Ich bin mit solchen Phänomenen nicht alleine, einige Kunden von mir berichteten Ähnliches: Bei einer Kundin verschwand auf diese Art ein Schlüssel. Eine andere Frau hat beobachtet, wie sich ihre Einkaufstasche direkt vor ihren Augen auflöste. Die ganze Familie hat diese vergeblich gesucht - und fand nichts. Ein weiterer Klient erzählte, dass er zwar alleine lebt, aber immer die Anwesenheit irgendeines Wesens spürt. Bei ihm verschwindet immer wieder sein Essbesteck.

Die Dinge können sich selbst oder jemand kann die Sachen entmaterialisieren. Solche Fälle sind weltweit bekannt. Wie das passiert, kann bis heute noch kein Wissenschaftler sagen.

Nicht nur, dass Dinge sich entmaterialisieren können, nein! Sie können sich auch materialisieren. So berichten mehrere Augenzeugen, dass verschiedene Gegenstände in ihren Wohnungen plötzlich auftauchten, die sie nie zuvor gesehen hatten. Eine Kundin erzählte mir, sie hätte eine tote Taube auf ihrem Küchentisch gefunden. Diese Taube konnte jedoch bestimmt nicht in das Zimmer geflogen sein, da alle Fenster seit Wochen geschlossen gewesen waren. Eine andere Frau berichtete von einem Fund in ihrem Schlafzimmer: Als sie morgens aufstand, lag ein Aschenbecher auf ihrem Nachttisch. Die Dame hat nie geraucht und lebt alleine! Wo sollte der Aschenbecher herkommen?

Ähnlich verhält es sich auch beim nächsten Fall: Der Sohn einer anderen Kundin von mir fand eine Kette auf der Straße, die er seiner Mutter mitbrachte. Sie sah sich die Kette an und stellte fest, dass es sich um eine teure Goldkette handelte. Sie nahm die Kette entgegen und verstaute sie erst einmal in ihrer Hosentasche. Doch als sie sich die Kette noch einmal ansehen wollte, war sie nicht mehr in der Hosentasche zu finden, sondern lag auf der Kommode, wo sie sie auch sofort fand. Die Frau war in der Zwischenzeit aber nicht in diesem Raum gewesen, wo die Kette vielleicht hätte aus der Hosentasche fallen können. Sogar wenn - wie hätte sie auf die Kommode gelangen können, denn diese Frau war ebenfalls alleine zu Hause gewesen? Bis heute bleibt diese Begebenheit ein Phänomen für die Familie.

Viele Menschen haben Angst von solchen Dingen. Sie haben auch Angst, das Erlebte jemandem zu erzählen und befürchten, für verrückt gehalten zu werden und schweigen deshalb weiter.

Séancen

Kann man Gegenstände nur durch Gedankenkraft bewegen? Nicht immer, nicht jeder, aber es geht. So wie bei spiritistischen Sitzungen setzen sich Menschen bei einer Séance in meinen Seminaren im Kreis einander gegenüber. Die Hände werden so auf den Tisch gelegt, dass die Finger eines Teilnehmers auf die Finger eines anderen Teilnehmers zeigen. Kurze Zeit danach spüren sie, wie es in den Fingern kribbelt. In meinen Seminaren mache ich dieses Experiment sehr oft. So sehen manche Teilnehmer auf dem Tisch Lichter oder Fäden. Das sind die so genannten Aurafäden. Wenn ich ein Blatt Papier in die Mitte dieses Tisches lege, bewegt sich das Blatt von alleine. Es ist unheimlich, aber unser Geist ist stark ...

Noch unheimlicher ist es, wenn Dinge ohne unser Einwirken von selbst anfangen, sich zu bewegen - durch Geister. So war es bei Vorkommnissen in Rosenheim im Jahre 1967. Damals bewegten sich von alleine Schränke, Lampen, andere Büromöbel und Geräte in einer Rosenheimer Anwaltskanzlei. Selbst Telefone klingelten von selbst ... Viele Wissenschaftler versuchten damals, die Ursachen des Phänomens zu erklären - doch vergeblich. Die Ursache blieb unklar.

Erstaunliches aus dem Pflanzenreich

Reagieren Pflanzen auf elektromagnetische Felder? Ich denke eindeutig "JA". Sie wachsen schneller, wenn wir sie zum Beispiel in der Nähe eines starken Magnets platzieren oder einen Magnet sogar in die Blumenerde, also in den Topf stecken. Schon in den 80er Jahren stellten die Ciba-Forscher Guido Ebner und Heinz Schürch in Rahmen ihrer Studien fest, dass durch ein elektrostatisches Spannungsfeld behandelte Pflanzensamen schneller wuchsen.

Außerdem wachsen Pflanzen viel schneller, wenn wir sie mit Tauwasser gießen. Nehmen Sie dazu eine Flasche aus Plastik, füllen Sie sie mit Leitungswasser, und frieren Sie das Wasser ein. Tauen Sie das Wasser danach wieder ab, und gießen Sie die Pflanze.

Ortsgebundene Energien und Kraftorte

Jeder Ort hat außerdem auch eine eigene so genannte ortsgebundene Energie. Diese Energie wirkt auf uns alle jedoch verschieden. Einige Menschen kommen mit einer Wohnung und andere mit einer bestimmten Stadt nicht zurecht, während wieder andere sie geradezu vergöttern. Ich persönlich reagiere sehr stark auf Kraftorte an einem See oder an einem Fluss.

Zwar sagt schon die Bezeichnung "Kraftort", dass es sich um einen Ort handelt, der Kraft bringt, aber welche Kraft steckt dahinter? Was macht Kraftorte so beliebt?

Kraftorte können sowohl Plätze in der Natur als auch Orte in einer Stadt sein. Es sind einfach besondere Orte, die Kraft ausstrahlen. Man kann sie für bestimmte spirituelle Zwecke, wie z. B. für Heilungen, nutzen. Schamanen bezeichnen diese Orte als "Mesto Boga", was so viel heißt wie "Ort der Götter". Sie tanken dort Kraft und lassen sich inspirieren. Ein Kraftort ist also ein Ort, an dem man Spiritualität spürt. Es ist ein Ort, den wir lieben. Das kann sein: ein Wald, ein Platz unter einem bestimmten Baum, ein bestimmter Weg, ein Platz am Fluss oder in den Bergen, ein Platz zwischen zwei Flüssen, ein besonderes Zimmer oder Haus, das Meer ...

Wie Sie Ihren persönlichen Kraftort finden? Es gibt Plätze, an denen wir uns von Beginn an sehr wohl fühlen. Versuchen Sie deshalb, diese Orte zu erspüren; man kann nach so einem Ort auch in einer Meditation suchen. Aber auch ein Spaziergang kann zur Suche hervorragend beitragen. Ein Kraftort ist natürlich zum Meditieren und zum Auftanken der Energien geeignet. Er bringt uns zu unserer Mitte, zu unserem Wesenskern.

Je öfter man solche Orte besucht, umso mehr Kraft und Informationen bekommt man. Alles am Ort spricht mit Ihnen: Steine, Bäume, Tiere, das Gras oder auch der Wind. Sie erzählen uns ihre Geschichten und Geheimnisse. Nehmen Sie diese Informationen an. Seien Sie dankbar dafür, und beschenken Sie Ihren Kraftort: Pflanzen Sie zum Beispiel ein Bäumchen oder eine Blume, oder legen Sie einen Edelstein hin, und halten Sie den Ort frei von Abfall.

Im Gegensatz zu Kraftorten spüre ich aber auch negativ belastete Stellen bzw. Häuser, was sich in Müdigkeit und Energielosigkeit ausdrückt. Ein Beispiel dazu ist ein Vorort von Dachau. Dort bin ich binnen einer Stunde meistens schon richtig ausgelaugt. Ich denke, dass ich dort die freigesetzten Energien von früher fühle.

Fremdsprachen ohne Unterricht?

Viele Menschen erwerben nach einem Unfall oder Schlaganfall interessante und unerklärliche Fähigkeiten; davon gibt es tausende bekannte Fälle weltweit! So konnte man 1978 in einer russischen Zeitung einen Bericht über Nikolai Lipatow, einen Bauer, lesen, der nach einem Blitzschlag plötzlich drei europäische Sprachen sprach. Auch 1992 berichteten russische Medien über eine Frau, die nach einem Schlaganfall eine unbekannte Sprache sprach. Linguisten erkannten darin eine nicht mehr existierende Sprache, die vor tausenden von Jahren gesprochen wurde. Es gibt auch Fälle, bei denen man nach einem Schlaganfall die eigene Sprache nicht mehr verstehen kann oder die Muttersprache wird mit einem Akzent gesprochen. Auch in Amerika gab es Berichte über solche Fälle. Interessant fand ich einen Bericht über das Medium Laura Edmonde aus den USA. Die Französisch sprechende alte Dame beherrschte in Trance zehn Fremdsprachen und sang Italienisch ohne Akzent! Nach der Sitzung konnte sie sich jedoch nie daran erinnern.

Was geschieht in solchen Fällen? Meiner Meinung nach passieren solche "Verwandlungen" nicht in unserem Gehirn. Anders wäre es, wenn wir uns an etwas aus unserer Kindheit erinnern könnten. Aber es ist doch so: Jemand spricht Sprachen, die er nicht einmal kennt ... Diese Phänomene können daher nur mit Wiedergeburt erklärt werden, da man sich wohl an Wissen aus früheren Leben erinnert.

Unglück

Es ist auch ein Phänomen, dass ein Unglück fast immer vorher angekündigt wird. Es passiert immer etwas, was vorher schon auf Unglück hindeutet. Wenn zum Beispiel ein Spiegel zerbricht, ist das ein solches Zeichen. Passen Sie deshalb beim Umgang mit einem Spiegel auf. Sollte es jedoch passieren, dass ein Spiegel zerbricht, hat man immer noch eine Möglichkeit, das Unglück abzublocken. Sagen Sie dazu folgenden Satz: "Der Spiegel ist kaputt, das Unglück von mir (eigener Name) vergeht." Werfen Sie den alten Spiegel dann sofort weg, und kaufen Sie sich einen neuen.

Spiegel sind darüber hinaus aber Omen für ganz unterschiedliche Dinge. Man sollte so auch nie vor dem Spiegel essen, sonst vergeht die Schönheit, man bekommt Falten und verliert die Gesundheit. Man sollte auch keinen Kindern einen Spiegel in die Hand drücken, besonders, wenn das Kind jünger als ein Jahr ist.

Aberglaube

Nach dem Sonnenuntergang sollte man nie ein neues Brot anschneiden, denn dies bringt Unstimmigkeiten und Wut.

Wenn Sie Salz verstreuen, bringt das auch Unglück. Man sollte auch das Gefäß, in dem Salz ist, nicht von einer Hand in die andere weiterreichen. Der Salzstreuer sollte auf den Tisch gestellt werden, dann kann der Nächste ihn auch selbst in die Hand nehmen.

Zeigen Sie viel Geld nie Menschen, die Sie nicht kennen, denn so fließen die Gelder weg.

Wenn Sie Gäste hatten, sollten Sie die Tischdecke auf der Straße von den Krümeln befreien, dann kommen die Gäste wieder.

Wenn Sie jemanden beim Umzug sehen, der seine Sachen in ein Auto einlädt, können Sie ihm auf jeden Fall helfen. Dies bringt Ihnen Glück. Jemandem zu helfen, der die Sachen aus dem Auto auslädt, bringt jedoch Unglück.

Alles Blödsinn? Ich denke nicht.

Faszination Pendeln

Zum Thema Pendeln habe ich mich in vielen meiner Bücher schon geäußert. Es ist eine Technik, bei der ein Gegenstand, wie z. B. ein Ring, ein Metallstück oder ein Stein, am Ende einer Schnur oder Kette (oder bei einem Tensor am Ende eines Eisendrahts) befestigt wird und so in der Hand gehalten wird, dass er frei hin und her schwingen kann. Diese Pendelausschläge, deren Bedeutungen meist vorab festgelegt werden, können dabei helfen, Unbewusstes bewusst zu machen, indem man dem Pendel Fragen stellt.

Pendelarten

Pendel können ganz unterschiedliche Formen haben. Man unterscheidet zwischen kugel-, tropfen-, stäbchen- oder spiralförmigen Pendeln. Ich bevorzuge eher eine Tropfenform.

Ein Pendel sollte möglichst wenige Ecken oder Kanten haben, und der Schwerpunkt muss beim Pendel selbst liegen. Es macht also keinen Sinn, eine schwere Kette an einem Pendel zu befestigen. Speziell die Arbeit mit spitz zulaufendem Pendel gilt als unkompliziert, weil die Ergebnisse besser ablesbar sind. Ein Spiralpendel wird speziell für magische und Chakra-Arbeiten bevorzugt.

Meistens handelt es sich bei den gängigen Pendeln um ein kleines Gewicht zwischen 30 bis 50 Gramm, das frei an einer Kette oder an einem 15 bis 20 Zentimeter langen Faden aufgehängt ist. Es gibt aber auch riesige Pendel oder so genannte Sandpendel, sie können zwischen 5 und 20 Kilo wiegen. Zum Faden oder der Kette selbst bleibt noch zu sagen: Vermeiden Sie farbige Fäden oder Ketten, und wählen Sie stattdessen lieber ein durchsichtiges Exemplar aus, da sonst die Farbschwingung mit einwirkt und u. U. das Ergebnis verfälschen kann.

Egal ob Holz, Metall, Stein oder sogar Kunststoff: Man kann mit allen Materialien pendeln. Jeder sollte jedoch versuchen, für sich das richtige Material herauszufinden. Denn jedes Material hat seine eigenen Eigenschaften und ist daher je nach Person unterschiedlich in der Wirkung. Einer pendelt deshalb besser mit Holz und der andere mit Glas.

Da jedes Material seinen eigenen Charakter und seine eigene Schwingung hat, sind natürliche Materialien zu bevorzugen. Ich bevorzuge beispielsweise Metall- oder Kristallpendel. Die Eigenschwingungen der Materialien wirken sich auf die Bewegung des Pendels aus. Silber, Gold und Chrom haben einen spezifischeren Charakter und sind daher nicht für jeden geeignet. Messing dagegen ist eine Legierung aus Kupfer und Zink und hat einen neutralen Charakter, deshalb kann nahezu jeder mit einem Messingpendel arbeiten.

Mein erstes Pendel habe ich selbst gebastelt, ich nahm dazu einen ganz normalen Faden und den Ehering meiner Oma. Für den Hausgebrauch reicht das auch. Für das "herkömmliche" Pendeln reicht es erfahrungsgemäß schon, irgendeinen Gegenstand zu benutzen, der schwungfähig ist, das könnte u. U. auch ein an einem Faden hängender Knopf sein. Mit der Zeit wird man für sich selbst schnell feststellen, was für einen in Frage kommt. Sie sollten einfach mehrere Pendelarten ausprobieren.

Grundlegendes

Man sollte beim Pendeln versuchen, sich zu entspannen und geistig abzuschalten, denn nur so werden die Aussagen stimmig und nicht verfälscht. Beim Pendeln stellt man zunächst die Frage, danach pendelt man ruhig und gelassen über einer glatten Fläche. Halten Sie das Pendel dabei immer ruhig in einer Hand.

Um klare Antworten zu erhalten, ist es beim Pendeln wichtig, hierfür in der richtigen Verfassung zu sein. Für manche Personen ist es ratsam, kurze Zeit vorher zu fasten. Denn das Pendeln ist im Grunde genommen eine Form von Magie, mit der man Lösungen für viele Problemsituationen finden kann.

Bevor Sie mit den ersten Übungen beginnen, sollten Sie bestimmen, wie das Pendel ausschlagen soll, wenn es mit "ja" antwortet, und wie, wenn es "nein" sagt. Also Sie können festlegen: Rechtsherum im Uhrzeigersinn heißt "nein", und gegen den Uhrzeigersinn bedeutet "ja" - oder umgekehrt.

Vor Beginn der Übungen atmen Sie einige Male tief durch und sammeln Ihre Gedanken.

Noch ein Knackpunkt ist, sich beim Pendeln zu schützen und zu erden. Ein einfacher Tipp: Ziehen Sie dazu einfach schwarze Pantoletten an. Wichtig ist auch, nicht in der Nähe von starken elektrischen Geräten zu pendeln; pendeln Sie also nie in der Nähe von Fernsehern oder Computern.

Wieso pendelt ein Pendel, und was kann man damit tun?

Beim Pendeln werden unsere eigenen Energien und/oder Energien von außen, z. B. ein Geistwesen oder fremde Seelenanteile, genutzt. Diese Schwingungen bewegen dann das Pendel. Je nachdem welche Pendelbewegung zustande kommt, kann uns ein Pendel so Fragen beantworten.

Jeder kann übrigens das Pendeln erlernen. Wenn man sich zum ersten Mal mit dem Pendel beschäftigt, fühlt man in der Regel kaum etwas. Doch im Laufe der Zeit spürt man, dass das Pendel sich bewegt. Man empfindet dies so, als würde jemand das Pendel zur Seite ziehen.

Mit einem Pendel oder Tensor kann man Fragen beantworten, Produkte austesten und Chakren im Körper ausgleichen. Daktilomantie oder das Vorhersagen mittels eines pendelnden Gegenstandes ist eine der ältesten Wahrsagemethoden. Wenn man mit dem Pendel arbeitet, hat man auch Zugriff auf die so genannte Akasha-Chronik, in der jedes Leben jedes einzelnen Menschen abgespeichert ist.

Besonders das Auspendeln von Gegenständen oder des Körpers ist eine verlässliche Methode der Diagnostik geworden. Die Wahl des richtigen Pendels ist dabei allerdings sehr wichtig.

Das Pendel kann sich nicht von alleine bewegen. Um zu schwingen, wird unsere eigene und dazu eine fremde Energie benötigt. Würde man das Pendel an einer Tischkante mit Tesafilm befestigen und hängen lassen, dann würde rein gar nichts passieren. Legt man aber einen Finger auf den Faden des angeklebten Pendels, so schwingt es. Dies zeigt auch: Die Pendelbewegung ist nicht von unseren Körperbewegungen abhängig.

Grundsätzlich gilt: Es kommt nicht auf das Pendel, sondern auf den Menschen an, der pendelt!

Es gibt unzählige Theorien, die zu erklären versuchen, warum ein Pendel schwingt. Manche dieser Erklärungen sind sehr interessant, wenn auch nicht wahr ...

All dies beeinflusst das Pendel NICHT:

- Ihr Atem. Viele vermuten, dass sich das Pendel beim Atmen bewegt - wegen der Bewegung des Brustkorbs, die sich über den Arm in den Pendelfaden übertragen soll. Doch dem ist nicht so.

- Emotionen. Andere nehmen an, dass das Pendel sich bewegt, weil man Freude oder Angst empfindet und diese Gefühle unsere Atmung erregen und den Puls rasen lassen, was sich wiederum auf den Arm übertragen könnte, der den Pendelfaden hält. Aber auch das ist nicht der Fall.

- Muskelbewegungen der Fingerkuppen. Manche vermuten schließlich, dass sich das Pendel wegen der unbewussten Bewegung der Muskeln in den Fingerkuppen bewegt; doch diese sind schlicht nicht in der Lage, ein Pendel zu bewegen.

Pendeltests

- ***Pendel-Test mit Wasser und Limonade***

Nehmen Sie zwei ähnliche Gläser, und füllen Sie diese mit Leitungswasser, wobei die Menge des Wassers auch unterschiedlich sein kann. Stellen Sie sie nun nebeneinander vor sich auf einen Tisch, mit einem Abstand von etwa 25 Zentimetern. Nehmen Sie anschließend das Pendel in Ihre Hand. Halten Sie es zwischen die beiden Gläser, und fragen Sie es: "Ist der Inhalt beider Gläser gleich?" Das Pendel fängt an zu schwingen, von einem Glas zum anderen, von links nach rechts. Damit wird angezeigt, dass der Inhalt gleich ist.

Leeren Sie danach eines der beiden Gläser, trocknen Sie es ab und füllen Sie Limonade hinein. Stellen Sie nun dieselbe Frage wie bei dem ersten Versuch. Das Pendel schwingt jetzt aber zwischen den beiden Gläsern wie eine Trennlinie vor- und zurück, von oben nach unten. Es zeigt damit an, dass der Inhalt nicht gleich ist.

- ***Pendel-Test mit einem Löffel***

Für diese Übung benötigen Sie einen Löffel aus Metall und eine Holzschachtel. Legen Sie den Löffel in die Schachtel, schließen Sie den Deckel und schütteln Sie die Schachtel so, dass Sie nicht mehr wissen, wie der Löffel in der Schachtel liegt. Sie können das auch eine andere Person tun lassen. Jetzt halten Sie das Pendel über die Schachtel und stellen die Frage: "Wo in der Schachtel liegt der Löffel?" Das Pendel schlägt eindeutig über dem Platz aus, wo sich der Löffel befindet. Überprüfen Sie dann das Ergebnis, indem Sie die Schachtel öffnen und nachschauen.

Die Pendelhaltung und das Programmieren des Pendels

Zeichnen Sie sich nun auf einem Blatt Papier die folgende Figur auf.

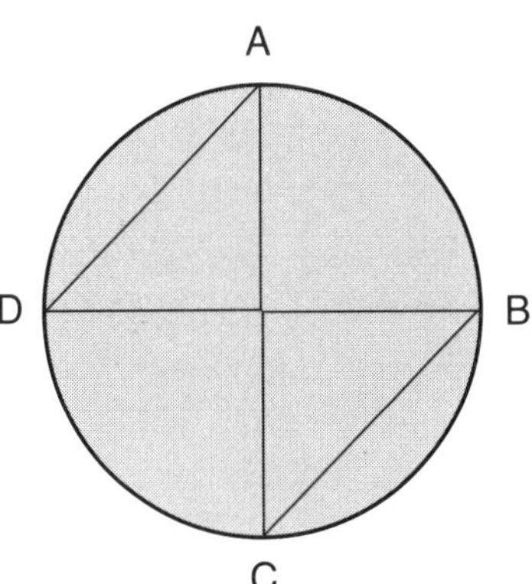

Setzen Sie sich dann bequem auf einen Stuhl, ohne sich anzulehnen. Eine lockere Körperhaltung ist wichtig. Nehmen Sie das Pendel in die Hand. Die andere Hand legen Sie neben sich.

Sie können die Pendelschnur in die Hand nehmen, wie es Ihnen gefällt. Man kann den Faden mit der ganzen Hand greifen oder ihn nur mit Daumen, Zeige- und Mittelfinger halten. Zwischen welchen Fingern Sie den Faden halten, spielt keine Rolle. Man kann sogar das Ende des Fadens über einen einzelnen Finger hängen lassen. Beugen Sie Ihren Oberkörper leicht nach vorne, und stützen Sie, wenn das angenehm ist für Sie, den Ellbogen Ihres Führarmes auf dem Tisch ab.

Führen Sie das Pendel zum Mittelpunkt des Kreises, und beginnen Sie zu pendeln. Sie müssen ganz entspannt sein und sich konzentrieren, konzentrieren Sie sich am besten auf die gestellte Frage. Fällt es Ihnen schwer, versuchen Sie später zu pendeln. Die Augen müssen geöffnet bleiben. Nach ein paar Sekunden können Sie den Kontakt mit der unbewussten Kraft aufnehmen. Bitten Sie Ihren Schutzengel, Ihnen zu helfen, und lassen Sie das Pendel frei schwingen. Sehen Sie zu, wie sich das Pendel bewegt.

Schwingt es im Uhrzeigersinn, also von A über B, C und D nach A zurück (oder umgekehrt), dann legen Sie fest, dass diese Bewegung beispielsweise "nein" heißt. So nimmt das Pendel Ihre Schwingung an und "lernt", ein "Ja" von einem "Nein" zu unterscheiden. Lassen Sie danach das Pendel in die entgegengesetzte Richtung kreisen, und programmieren Sie dies auf "ja". Denken Sie: "Diese Bewegung heißt ja", bis es in Ihrem Unterbewusstsein gespeichert ist. Wiederholen Sie diese Übung drei Tage lang, mindestens eine halbe Stunde am Tag. So wird der Bewegungsablauf des Pendels programmiert.

Sie können selbstverständlich auch andere Bewegungen einprogrammieren, zum Beispiel eine Pendelbewegung von B nach D für ein "Nein" oder Ähnliches.

Die Beantwortung von Fragen

Wenn Sie sich mit dem Pendel vertraut gemacht haben, können Sie sich mit der Beantwortung verschiedener Fragen befassen. Sie können über verschiedene Objekte pendeln und das Pendel befragen, ob diese Objekte für Sie gut sind. Sie können somit also beispielsweise über Lebensmitteln oder auch über Kosmetika pendeln, um die optimalen Produkte für sich herauszufinden. Doch auch Krankheiten, vermisste Personen, Arzneien und alles Übrige, was uns wichtig ist, kann man durch ein Pendel, einen Tensor oder eine Rute ermitteln.

• *Pendeln mit Diagrammen*

Mit Unterstützung eines Pendeldiagramms kann man die Antwortmöglichkeiten erweitern. Es gibt verschiedene Tafeln, die man selbst herstellen kann. Auf einer solchen Tafel werden die verschiedenen Antwortvarianten in einem Kreisausschnitt in Sektoren aufgefächert, manche sind auch in Kreisform dargestellt. Wie viele Felder Sie in solch eine Diagramm einbauen, bleibt Ihnen überlassen. Ich persönlich bevorzuge Diagramme, die zwischen acht bis zwölf Felder haben.

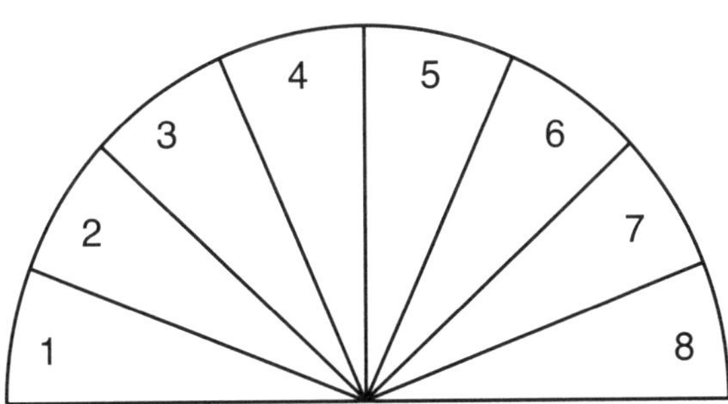

Im Anhang dieses Buches finden Sie dieses Diagramm so vergrößert, dass Sie es kopieren und verwenden können.

Die kreisförmigen Diagramme bieten den Vorteil, dass sie mehr Antwortmöglichkeiten zulassen, aber den Nachteil, dass das Ergebnis schwieriger abzulesen ist, weil das Pendel vom Mittelpunkt des Kreises aus schwingt und hiermit immer zwei Sektoren durchläuft. Deshalb empfehle ich für Anfänger eher ein Halbkreisdiagramm.

Zum Entwurf eines Pendeldiagramms benötigt man lediglich ein Blatt Papier, ein Lineal und Stifte, eventuell noch einen Zirkel. Ich empfehle, nicht mehr als zwölf Sektoren für ein Halbkreisdiagramm und nicht mehr als 20 für ein Kreisdiagramm zu verwenden, denn je schmaler die einzelnen Bereiche sind, desto schwieriger ist es, das richtige Ergebnis eindeutig abzulesen.

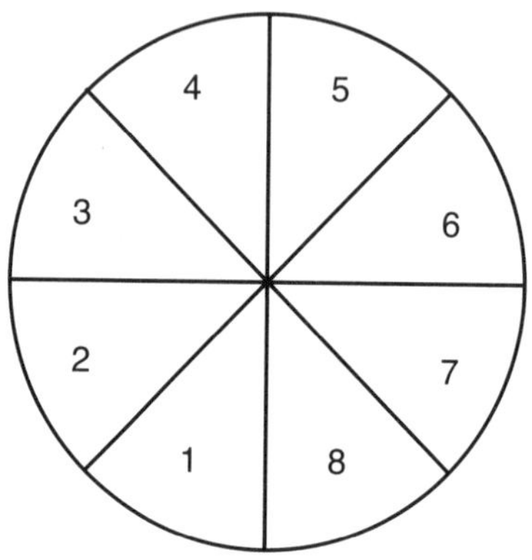

Verlorene Gegenstände auffinden mit dem Pendel

Mit einem Pendel lassen sich verschwundene Gegenstände perfekt auffinden; es ist ein geradezu ideales Instrument zum Auffinden von verschiedenen Objekten. Man unterscheidet dabei zwei Suchmethoden: die Triangulation und die Pendelverfolgung.

- *Triangulation*

Erstere wird verwendet, um den Lagepunkt eines bestimmten Objektes zu ermitteln. Dabei geht man mit einem Pendel zu zwei verschiedenen Punkten, die sich weit voneinander entfernt befinden. Dann fragt man an jedem dieser beiden Punkte: In welcher Richtung liegt der gesuchte Gegenstand? Das Pendel zeigt nun an beiden Punkten eine bestimmte Richtung an. So entstehen zwei Linien, die sich kreuzen bzw. überschneiden. Am Schnittpunkt der sich ergebenen Linien befindet sich der gesuchte Gegenstand.

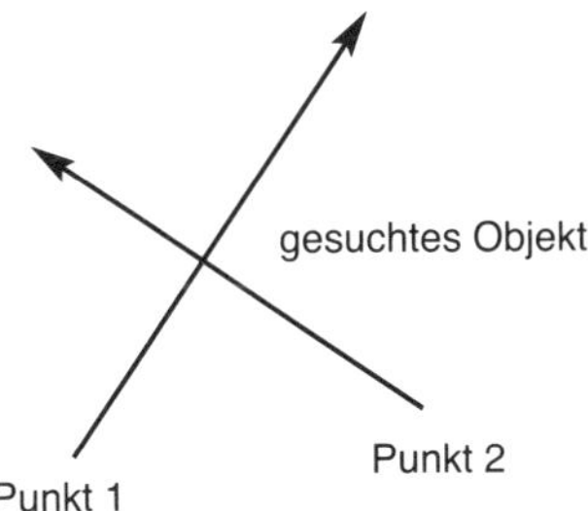

- *Pendelverfolgung*

Die zweite Methode ist die Pendelverfolgung. Man beginnt hier mit einer Fragestellung wie bei der Triangulation. Das Pendel fängt an auszuschlagen, in eine bestimmte Richtung. Man folgt dieser Richtung und stellt immer wieder die Frage: "Wo befindet sich das bestimmte Objekt?" Wenn man am Ziel ankommt, wechselt der Pendelausschlag gewöhnlich von der Richtungsanzeige in eine Links-rechts-Schwingung über.

Machen Sie doch einfach einen Versuch: Verstecken Sie einen Gegenstand, den Sie gut kennen in Ihrer Wohnung, und suchen Sie dann mit dem Pendel danach.

Pendel-Ethik

Es gilt noch ein paar Worte zur Einstellung des Mediums zu sagen. Wenn Sie mit dem Pendel oder mit dem Tensor arbeiten, wollen Sie etwas über sich oder andere erfahren. Es sollte aber nicht dazu führen, dass man ohne Pendel keine Entscheidungen mehr treffen kann und sich völlig abhängig macht. Man sollte immer noch imstande sein, die einfachsten

Fragen für sich selbst zu beantworten, man darf es nie übertreiben und nur nach den Aussagen eines Pendels oder eines Kartendeuters leben. Man sollte sich stets genau überlegen, wann es sinnvoll ist, ein Pendel einzusetzen - und wann nicht. Karten oder ein Pendel ersetzen nicht das Denken, aber das Pendel weiß, was wir brauchen. Das Pendel bewegt unsere Hand - nicht umgekehrt.

NACHWORT

Sehen, was nicht sichtbar ist ... Ist das möglich? Ich hoffe, dass ich Ihnen in diesem Buch genügend Mut gemacht habe, die Dinge zu erkennen, die Sie bis jetzt angezweifelt haben. Unheimliche Begegnungen, Phänomene und Besucher aus dem Jenseits, Engelkontakte und Nahtoderfahrungen - all diese Dinge existieren. Was unser Kopf nicht immer verstehen mag oder kann - es ist bereits vorhanden. Verborgene Informationen und die universellen Kräfte existieren und funktionieren, trotz unseres Unwissens.

Ich hoffe, dass Sie sich, angeregt durch dieses Buch, Fragen stellen werden wie: "Warum bin ich geboren?" und "Wo liegt meine Aufgabe in dieser Welt?" Denn genau dafür ist dieses Buch gedacht ...

Ihr Vadim Tschenze

Zum Autor

Vadim Tschenze wurde am 10.08.1973 in Usbekistan geboren und lebte dort viele Jahre, bevor er ins Allgäu und nach München übersiedelte; nun lebt und arbeitet er in Kreuzlingen (CH) am Bodensee.

Bereits seit sechs Generationen arbeitet Vadims Familie im Bereich Heilen, Vorhersagen, Magie und spirituelle Beratung. Dieses Können wird von Generation zu Generation weitergegeben. Vadim Tschenze arbeitet seit seinem zwölften Lebensjahr mit Ritualen und Magie.

In diesem Buch offenbart er wieder seine Geheimnisse, was er mit Freude tut, ermöglicht er es seinen Lesern doch so, die wichtigsten spirituellen Themen zu verstehen und anzuwenden. Wie alle anderen seiner Bücher, so ist auch dieses Werk sehr einfach zu lesen, weil es ihm am Herzen liegt, dass auch Laien die Materie verstehen lernen.

Eine Auswahl von weiteren Büchern des Autors:

"Russisch-tibetische Honigmassage", Videel 2001

"Das geheime Wissen - Einführung in die Welt der Esoterik", Silberschnur 2006

"Russisches Orakel", Urania 2007

"Orientalisches Wahrsagen - Kaffeesatzlesen", Silberschnur 2007

"Karma-Orakel - der Mensch und die karmischen Gesetze", Urania 2007

"Träume - Deutung unserer Zukunft. 900 Traumsymbole von A-Z", Urania 2008

Literatur

Arroyo, Stephen, "Astrologie, Psychologie und die vier Elemente", Hugendubel 2001

Bachler, Käthe, "Erfahrungen einer Rutengängerin", in: "Geobiologische Einflüsse auf den Menschen", NP 2004

Buchholz, Andrea, "Der geheime Code", Silberschnur 2006

Moody, Raymond A., "Leben nach dem Tod", Das Beste aus Reader's Digest 1977

Moody, Raymond A., "Leben vor dem Leben", Rowohlt 1997

Moody, Raymond A., "Nachgedanken über das Leben nach dem Tod", Rowohlt 2002

Silver Raven Wolf, "Die schützende Kraft der Engel", Ullstein 2004

Sollten Sie Interesse an einer Weiterbildung bei mir haben, dann schreiben Sie bitte eine E-Mail an

vadim@vadimtschenze.de oder besuchen Sie meine Homepage **www.vadimtschenze.de**

Für weitere Fragen steht Ihnen mein Sekretariat zur Verfügung:
0041 (0) 71 670 1785

Ausbildungen: Grundseminare mit Vadim Tschenze

Wenn Sie fühlen oder wissen, dass Geistheilen, Schamanismus, Parapsychologie oder Kartenlegen Ihre Berufung ist, dann besuchen Sie Vadim Tschenzes Seminare und machen Sie die Ausbildung zum Diplom-Kosmoenergetischen Geistheiler und Wahrsager.

- Russischer Schamanismus, Heilseminar
- Geistheilung und Blockadenlösung
- Kartenlegen nach Mlle Lenormand, russischer und sibirischer Tradition
- Moderne Karmalehre und Numerologie
- Engelweisheiten, Traumarbeit und Kaffeesatzlesen
- Geheimnisse der Magie, Hellfühlen
- Channelingausbildung
- Reinkarnation und Hypnose-Coach
- Meditationsausbildung
- Heilstein-Coach

Fordern Sie bitte unser Gesamtverzeichnis an!
Astroint Vadim Tschenze
Eichhornweg 8
CH-8280 Kreuzlingen
Schweiz
E-mail: vadim@vadimtschenze.de
www.vadimtschenze.de
Tel: 0041 (0) 71 670 17 85

Anhang

Pendeldiagramm

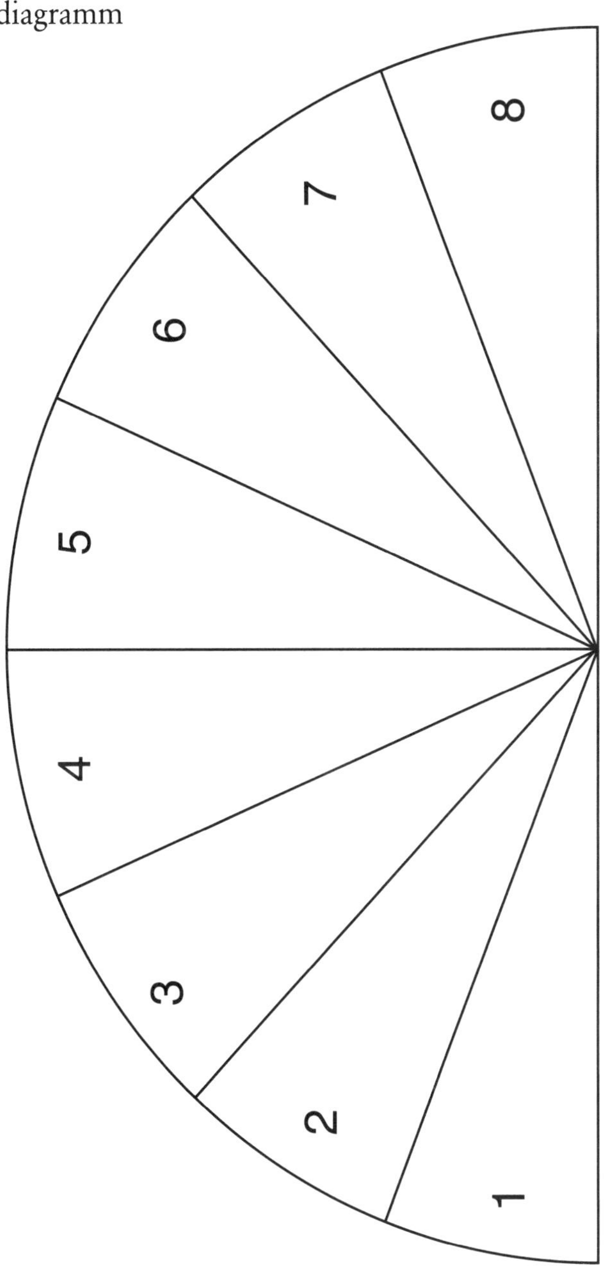

€ [D] 14,90
208 Seiten, broschiert
ISBN 978-3-89845-151-2

Vadim Tschenze

Das geheime Wissen

Einführung in die Welt der Esoterik

Das Buch der Antworten ... Der bekannte TV-Wahrsager Vadim Tschenze offenbart Ihnen in diesem Buch die Geheimnisse der Hellseher der ganzen Welt auf anschauliche und einfache Art und Weise. Erlernen Sie Besprechen, Geistheilung, Handauflegen, Kerzenschattenlesen, Rauchdeuten, Wasserlesen, Pendeln, Handlesen, Gesichtslesen u.v.m.
Denn wer weiß, was morgen passiert, lebt leichter ...

€ [D] 17,90
36 farb. Karten, 64 Seiten
Handbuch,broschiert
in Stülpschachtel
ISBN 978-3-89845-213-7

Vadim Tschenze

Orientalisches Wahrsagen

Kaffeesatzlesen

Ihr Schicksal liegt in Ihrer Tasse! – Es ist wahrhaft faszinierend, wie der Kaffeesatz die jeweilige Situation, die gedanklichen und emotionalen Energien des Deutenden in den Symbolen widerspiegelt! Das Innere zeigt sich im Äußeren – und wird somit deutbar. Der aus dem TV bekannte Hellseher Vadim Tschenze greift in seinem neuesten Kartenset auf das alte, geheime Wissen seiner russischen Vorfahren zurück, um Ihnen exklusiv die wichtigsten Symbole und deren Deutungen nahe zu bringen, mit deren Hilfe sich Ihnen sowohl Vergangenheit, Gegenwart als auch die Zukunft erhellen...
Ein Set, das sich gerade für Einsteiger hervorragend eignet!

€ [D] 6,95
240 Seiten, broschiert,
ISBN 978-3-89845-252-6

Vadim Tschenze

Die Geheimnisse der Liebesmagie

10 x 13 lichtvolle Rituale

Wir alle wissen: Es ist schon schwierig genug, einen Partner fürs Leben zu finden – doch selbst wenn man endlich das passende Exemplar im Auge hat, heißt das noch lange nicht, dass dem Happy End damit nichts mehr im Wege steht ... Damit Sie Ihren Wunschpartner fortan nicht mehr ziehen lassen müssen, hat Bestsellerautor Vadim Tschenze unzählige Liebesrituale für Sie zusammengestellt, die Ihnen dabei helfen, die Liebe in Ihrem Leben zu halten, unliebsame Konkurrenten lahmzulegen oder auch die Zuneigung zwischen Ihnen und Ihrem Partner zu intensivieren. Die Rituale selbst sind dabei bewusst sehr einfach gehalten, damit Ihnen das "Nachzaubern" keinerlei Probleme bereitet und Ihrem Glück nichts mehr im Weg steht ...

€ [D] 16,90
128 Seiten, gebunden, mit Regenbogen-Wasserkarte
ISBN 978-3-89845-246-5

Gabriela Hilf

Aqua Blau – Lebendiges Wasser

mit energetisierter Regenbogen-Wasserkarte

Wasser als Energiespeicher ist spätestens seit Masuru Emotos Forschungen vielen ein Begriff, und auch nahezu jeder weiß, wie wichtig es ist, seinem Körper nur hochwertiges Wasser mit harmonischer Ladung zuzuführen. – Dem steht nun nichts mehr im Weg, denn Gabriela Hilf stellt in ihrem neuen Buch nicht nur eindrucksvoll vor, welch tief greifende Rolle Wasser als Balsam für Körper und Seele in unserem täglichen Leben spielt, sondern hat auch spezielle Wasser-Energie-Karten mit inliegendem Chip entwickelt, mit deren Hilfe selbst Leitungswasser zu Heilwasser umgewandelt werden kann ... Eine energetisierte Regenbogen-Energie-Karte liegt jedem Buch bei.

€ [D] 17,90
188 Seiten, gebunden
ISBN 978-3-89845-242-7

Brenda Barnaby

The Secret

Das Geheimnis hinter dem Geheimnis ...

Einen Blick hinter die Geheimnisse des Weltbestsellers "The Secret" wirft die englische Psychologin und Autorin Brenda Barnaby und liefert damit eine willkommene Ergänzung und Erweiterung, die die Erkenntnisse von "The Secret" hinterfragt und den tieferen Sinn der Erklärungen deutlicher macht. Damit ist ein Führer zum besseren Verständnis der eigenen geistigen Fähigkeiten entstanden, der es jedem erlaubt, ein Leben voller Erfolg, Wohlstand und Gesundheit zu führen.

Ein seltenes und wertvolles Buch, das das Leben wahrhaft verändern und geheime Wünsche realisierbar machen kann.

€ [D] 14,90
240 Seiten, broschiert,
ISBN 978-3-89845-253-3

Vadim Zeland

Transsurfing 3

Vorwärts in die Vergangenheit

Im dritten Band der Erfolgsreihe beschäftigt sich Vadim Zeland damit, wie man sich auf der Zeitskala sowohl vorwärts als auch rückwärts bewegen kann. Das ist kein Trick und auch kein reines Gedankenexperiment, das hat nichts mit Astralreisen oder einfach nur mit dem Reich der Träume zu tun. Vielmehr kann jeder seine Bewegungen durch Raum und Zeit tatsächlich spüren, denn der Vorgang beruht auf einer einfachen Handlung: der Transaktion, die Sie in diesem Buch erlernen können. Sie werden dabei schnell erkennen, dass Ihre Möglichkeiten allein durch Ihre eigenen Absichten begrenzt sind ...

€ [D] 14,90
232 Seiten, broschiert
ISBN 978-3-89845-243-4

Svetlana Peunova

Die Methode der Svetlana Peunova

Ein neues System zum ganzheitlichen Heilen

In Russland ist sie bereits Kult, ihre Bücher verkaufen sich massenweise und über zehntausend Menschen kamen schon zu ihrer "Schule für geistige Entwicklung und Heilkunst". Dieses bewusst einfach gehaltene Buch, das nun endlich auch in deutscher Sprache erschienen ist, setzt dort an, wo andere enden: Es versucht, den Menschen von innen heraus zu verstehen. Es will keine Lehrmeinungen darlegen, sondern die Erkenntnisse werden von selbst in jedem Leser aufsteigen! Ein gelungenes Buch, angereichert mit einer großen Menge an Energie und Information, das alle essenziellen Themen wie Glück, Familie, Gesundheit, Geld, Karriere oder Partnerschaft auf einzigartige Art und Weise behandelt.

€ [D] 6,95
152 Seiten, broschiert,
ISBN 978-3-89845-250-2

Elizabeth Clare Prophet & Mark L. Prophet

Saint Germain

Aus der Fülle schöpfen

Fülle ist mehr als nur Geld. Fülle bezeichnet den Energiefluss, der sowohl als spiritueller als auch als materieller Reichtum aus der kosmischen Quelle zu uns herabströmt. Fülle bedeutet Liebe und Weisheit, Talente und Fähigkeiten, Geld und materielle Besitztümer – all das, was wir benötigen, um unsere Lebensaufgabe zu erfüllen. Die Möglichkeiten, aus der Fülle zu schöpfen, sind unbegrenzt, und anhand der Anleitungen eines der größten Meister, St. Germain, und der einfachen, detailliert beschriebenen Techniken ist es auch Ihnen möglich, aus Ihrer persönlichen Alchemie der Fülle schöpfen zu können ...

€ [D] 17,90
32 farbige Karten,
64 Seiten Begleitbuch,
broschiert, in Box
ISBN 978-3-89845-248-9

Gerhard von Lentner

Die Sibylle-Wahrsagekarten

Das Original nach Jegel

Fast vergessen war dieses wunderschöne Kartenspiel aus der zweiten Hälfte des 19. Jahrhunderts, das in einem Museum schlummerte und eine Bildsprache aufweist, die in ihrer Formsprache ihresgleichen sucht ...

Das Besondere an diesen 32 Karten, die wir als Original-Reprint wieder aufleben lassen haben, ist ihre spezielle Darstellungsweise: So werden Themen wie Liebe oder Glück als vollständige Szenen abgebildet, d. h. es werden nicht mehr nur Symbole dargestellt, sondern das Deck erzählt ganze Geschichten bildhaft nach, was die Interpretation ungemein erleichtert.

Ein Buch im Set erläutert die mit diesem schönen und einmaligen Spiel möglichen Legetechniken und die Aussagen der verschiedenen Karten auf alle wesentlichen Fragen des Lebens ...